应用型本科经济管理类专业基础课精品教材
“十三五”江苏省高等学校重点教材（编号：2016—2—102）
江苏高校品牌专业建设工程资助项目（TAPP）成果

统计咨询——应用案例

主　编　王　庚　王　芳　詹　鹏
参　编　柳杰民　管于华　白先春
徐立霞　史兴杰　张艳芳
李庆海　黄莉芳

北京理工大学出版社
BEIJING INSTITUTE OF TECHNOLOGY PRESS

内容简介

本书包含统计专业课程研究性教学的应用案例、统计咨询，以及编者近年来开设统计工程实验课程的工作经验。其中，第一篇是统计应用案例及分析，分小、中、大案例三部分，便于教学与应用；第二篇是统计咨询、统计咨询公司与案例，属于应用统计实务；第三篇是统计工程实验课程介绍与选题说明，案例与实例均具有趣味性、实用性。三篇均融入了具有时代气息的统计科学文化、统计建模、统计软件三大元素。

本书可作为高等院校统计类专业（经济统计学专业、统计学专业、大数据类专业）和经管类非统计专业高年级学生的教材，也可作为企事业单位统计人员、经济管理人员的培训用书，还可作为相关行业（如市场调研和咨询公司等）工作人员的参考用书。

图书在版编目（CIP）数据

统计咨询：应用案例/王庚，王芳，詹鹏主编. —北京：北京理工大学出版社，2019.1
ISBN 978-7-5682-6658-1

Ⅰ. ①统…　Ⅱ. ①王…　②王…　③詹…　Ⅲ. ①统计学-高等学校-教材　②咨询-高等学校-教材　Ⅳ. ①C8　②C932

中国版本图书馆 CIP 数据核字（2019）第 012043 号

出版发行／北京理工大学出版社有限责任公司
社　　址／北京市海淀区中关村南大街 5 号
邮　　编／100081
电　　话／（010）68914775（总编室）
（010）82562903（教材售后服务热线）
（010）68948351（其他图书服务热线）
网　　址／http：//www. bitpress. com. cn
经　　销／全国各地新华书店
印　　刷／河北鸿祥信彩印刷有限公司
开　　本／787 毫米×1092 毫米　1/16
印　　张／14. 5
字　　数／349 千字
版　　次／2019 年 1 月第 1 版　2019 年 1 月第 1 次印刷
定　　价／42. 00 元

责任编辑／高　芳
文案编辑／赵　轩
责任校对／周瑞红
责任印制／李志强

前 言

统计咨询课程是一门创新课程，开设统计咨询课程主要基于以下背景：

一是南京财经大学经济统计学专业培养目标为：将学生培养成健康、活泼、阳光、成熟、有爱心、懂感恩、爱家、爱校、爱国的人以及掌握应用统计技术（数据分析技术）的专业人才。教学特色之一是在各门专业课程中融入研究性教学，加强应用案例的教学；特色之二是在各门专业课程中融入统计软件教学，加强统计技术的教学；2013 年，王庚主持的“统计学专业课程研究性教学与学生科研能力培养的研究与实践”被评为南京财经大学校级教学成果培育项目重点项目；2013 年“构建与实施实践教学体系，提高统计学专业学生的就业竞争力”获江苏省高等教育教学改革成果一等奖，经济统计学专业获江苏省品牌专业；2017 年“创新课程体系，突出培养经济统计专业学生的创新实践能力”获南京财经大学教学成果一等奖。

二是自 2006 年以来统计应用在各行各业应用广泛，以应用统计为主的大量咨询公司应运而生。在这些公司中对统计类大学生的需求越来越大。

三是南京财经大学经济统计学专业 5 年前就对专业实践进行了教改，原本暑期两周在机房由学生选题完成一份统计分析报告的模式，改为大三上学期（即第五学期）每周二，由两位专任教师指导的课程统计工程实验，通过举办公开指导讲座和提供选题指导等形式取得了一定成效，柳杰民等主持了学校相关重点项目；但这一形式仍需开设一门相应课程，进一步加强应用案例指导。

统计咨询通常是指统计人员或各类统计机构根据用户的咨询项目，运用科学的统计方法，进行统计信息搜集，或者利用已有的统计信息资源开展深入的综合分析与专题研究，从而为管理和科学决策提供各种合理的咨询建议或决策方案的活动过程。

统计咨询这门课程应提供三方面的指导：一是统计专业课程的应用案例，二是统计咨询实务，三是统计工程实验选题。为此，我们组织统计系的教师和部分研究生将多年来在教与学中的宝贵案例整理出来；同时走访与调查了一些统计咨询公司，收集它们的工作实务与实例；并根据近三年的统计工程实验，将相关的选题及要求、指导编入教材。

本书由11位统计系教师（王庚、王芳、詹鹏、柳杰民、管于华、白先春、徐立霞、史兴杰、张艳芳、李庆海、黄莉芳）和部分研究生（李文涛、李冰欣、周正全、杨博文等）共同编写。其中王庚负责策划，王庚、詹鹏负责统稿，王芳负责组织，部分研究生和陈枫（都在咨询公司工作）主要编写了部分有关咨询公司的内容和统计咨询案例。由于案例较多，受教材篇幅限制，我们将其他未收入教材的案例一并放在专属慕课（SPOC，https：//mooc1 -1. chaoxing. com/course/200008606. html）中。

由于编者水平有限，书中不当之处在所难免，敬请各位读者批评指正。

编　者

目 录

第一篇　统计应用案例及分析

第二篇　统计咨询、统计咨询公司与案例

第三篇　统计工程实验课程介绍与选题说明

第一篇

统计应用案例及分析

名人名言

胸中有“数”。就是说，对情况和问题一定要注意到它们的数量方面，要有基本的数量分析。任何质量都表现为一定的数量，没有数量也就没有质量。我们有许多同志至今不懂得注意事物的数量方面，不懂得注意基本的统计、主要的百分比，不懂得注意决定事物质量的数量界限，一切都是胸中无“数”，结果就不能不犯错误。

——毛泽东：《党委会的工作方法》，选自《毛泽东选集》第 4 卷，第 1380 — 1381 页

量和质。数字是我们所知道的最纯粹的量的规定。但是它充满了质的差异。

——恩格斯：《自然辩证法》，选自《马克思恩格斯选集》第 3 卷，第 69 页

统计工作不是把数字随便填到几个格格里去，而应当是用数字来说明所研究的现象在实际生活中已经充分呈现出来或正在呈现出来的各种社会类型。

——列宁：《莫斯科省的工作日和工作年》（1912 年 8 月 12 日），选自《列宁全集》第一版，第 18 卷，第 254 页。

目前，“统计咨询”一词在学界、业界并无统一的定义，通常认为其含义有广义、常义、狭义之分。广义的统计咨询包含咨询服务、统计应用、数据分析；常义的统计咨询包含咨询服务、统计应用；狭义的统计咨询包含咨询服务（即针对实际问题，运用统计科学方法，给出各种可供选择的咨询建议与决策方案）。

统计咨询者通常应该兼备咨询顾问、统计应用专业人士、数据分析师三重身份。要想成为一名合格的统计咨询者，一方面要熟悉咨询服务、统计应用、数据分析基础知识和常用方法，另一方面要通过案例的学习提高自身的实务能力。

针对广义的统计咨询，本篇主要通过小型案例、中型案例、大型案例的示范来展开统计应用、数据分析的相关内容。

第一部分

小型案例

本部分选择的案例短小精悍且富有趣味。

案例 1　狄青占卜

制作人：王庚；

适用课程：统计学，概率论与数理统计，统计模型与统计实验；

使用说明：可作为教与学的一个案例。

公元 1053 年，宋朝名将狄青率重兵征讨南方叛军。在决战前夕，狄青导演了历史上蔚为壮观的一幕。

在月黑风高的一个夜晚，狄青精心准备了一百枚“宋元通宝”铜币，当众向将士殷殷许愿：“把这些钱币扔在地上，如果钱面（有字的一面）全部朝上，那么这次出兵就一定可以打败敌人，愿神助我一臂之力！”在众将士的注目下，狄青奋力向空中抛出那一百枚铜币。奇迹发生了：一百枚铜币参差排列，钱面全部朝上。众将士相顾失色，惊愕之后，全军欢呼声响彻山野，将士个个认定有神灵保佑战争胜利，士气顿时高涨。狄青立即出兵，势如破竹般平定了叛乱。

扔出一百枚铜币竟然枚枚钱面朝上，是神灵真的显灵了吗？在狄青得胜回师，取回那一百枚铜币时，真相大白于天下，原来那一百枚铜币都是正反面一样的“假币”。狄青做出如此举动，说明他十分清楚，正反面不一样的一百枚铜币全部出现钱面向上的情形，可能性基本是零。

但他又多么希望发生这样一件“小概率事件”（今人称之），当然，狄青还不清楚今人眼中 1/2 的 100 次方是什么样的概念，但他还是意识到那种机会的渺茫，狄青做出史无前例之一抛，利用古人视“小概率事件”的发生为神灵相助的心理，给予了士兵必胜的信念。

狄青事实上与一件在科学史上的重要发现失之交臂，那就是“概率论”中的著名概念——随机试验。

案例2　什么样的男人最完美？

制作人：王庚；
适用课程：统计学，概率论与数理统计，统计模型与统计实验；
使用说明：可作为教与学的一个案例。

概率统计课上教授问：“什么样的男人最完美？”

课堂气氛立即活跃起来，所有的女生都很兴奋：“他要富有！”

“一年至少挣100万元！”

“大概30个男人里会有这么一个。”教授用力在黑板上写下1/30。

“要英俊！”一个矮胖的女生说。

“50个男人里能找出一个。”教授微笑说，“能不能宽容些？”于是写下1/20。

大家接着说了下面的几条：幽默、性感、浪漫、成功、健康。这些分别对应的数字是：1/20、1/40、1/30、1/30、1/1。

后排传出一个声音：“忠诚！”女生们笑了一阵，确定对应的数字是1/60。

教授在黑板上写下：

$\frac{1}{30}\times\frac{1}{20}\times\frac{1}{20}\times\frac{1}{40}\times\frac{1}{30}\times\frac{1}{30}\times\frac{1}{1}\times\frac{1}{60}$。

计算结果是1/25 920 000 000。“找这样一个男人比中彩票还难！”教授笑着说，“问题是，当你有幸遇到这样一个男人时，他会选择你的可能性有多大呢？”教室里先是一阵安静，然后响起稀稀落落的笑声。

这是那天的统计课上讲的“可能性”。

教授说，当我们发现一个人或一件事有 A 或 B 两种可能性时，概率比同时有 A 和 B 的可能性要大。

其实概率论与统计学想说的是每个这样的人出现的概率是“1/25 920 000 000”，而不是每25 920 000 000个男人中会有一个这样的完美男人。

也就是说，每一个男人都有可能成为这样的完美男人！

概率统计与统计学是一个很奇怪的东西，说某事件概率为零并不代表它完全不可能发生，所以，所有的概率统计与统计学得出的结果都是仅供参考的。

案例3　诺曼底登陆与泊松分布的故事

制作人：王庚；
适用课程：统计学，概率论与数理统计，统计模型与统计实验；
使用说明：可作为教与学的一个案例。

1944年6月13日，纳粹德国新研制的重达2.2吨的V1导弹越过英吉利海峡，从法国北部向英国开始发射，数月内共发射了1万余枚。1/3的火箭击中英国本土，其中大部分击中英国首都伦敦，造成了民众人身和财产的巨大损失。英国人第一次看到这种发出强烈噪声、威力强大的超视距武器，把它叫作“嗡嗡弹”。

6月是著名的诺曼底登陆战役发起的关键时期，尤其是6月13日，这一天盟军登陆的各滩头阵地刚刚连成一片，是大量的增援渡海部队在海面上或是在英国海岸集结的重要日子。这些部队如果遭受“嗡嗡弹”的袭击，后果将不堪设想。问题的关键是这些“嗡嗡弹”是否“长眼睛”，即是否具有现在所说的较精确的制导系统。如果有，那么盟军统帅部就要改变整个作战计划。为了搞清楚这个问题，盟军统帅部请来了几位统计学家，统计学家将伦敦分成576个地区。在每个地区，被炸次数的记录如下：

被炸次数	0	1	2	3	4	5
地区数	229	221	93	35	7	1

上面的数据说明：229个地区没有被炸过，7个地区被炸过4次，每个地区被炸的均值是0.93。利用泊松分布函数，得到地区期望的被炸次数，如下：

被炸次数	0	1	2	3	4	5
地区数	227.3	221.3	98.3	30.5	7.1	1.6

因为实际的数据非常接近期望值，因此弹着点的分布是泊松分布，是一种随机分布。统计学家得出结论：“嗡嗡弹”没有“长眼睛”。丘吉尔心中的一块石头终于落地了。于是，渡海部队继续像潮水一样涌上诺曼底海滩，完全不去理会头顶上呼啸而过的当时最先进的导弹。

靠统计推断来解决战争中的难题，十分精彩。

案例4　飞机上什么部位应该加装防弹钢板

制作人：王庚；

适用课程：统计学，概率论与数理统计，统计模型与统计实验；

使用说明：可作为教与学的一个案例。

第二次世界大战后期，美国空军展开了对德国和日本的大规模战略轰炸。然而，战斗机返回时往往弹痕累累，损失惨重。空军当局因此下决心在飞机上加装防弹钢板以减少损失。可是，如果整个飞机都加装钢板的话，飞行速度、航行距离、载弹量等都会受到影响，势必会降低飞机的战斗性能。防弹钢板应该加装在飞机的什么部位呢？哪儿的防弹效率最高呢？

图1-1　沃尔德

经过研究，美国空军请来了当时有名的统计学家亚伯拉罕·沃尔德（Abraham Wald，1902—1950）（图1-1）帮忙解决防弹钢板加装在何处的问题。

沃尔德临阵受命，把统计表发给地勤技师，让他们陆续把返航战斗机上弹孔的位置汇总上来。然后，他在一张大纸上画出飞机的轮廓，把地勤技师汇总上来的弹孔位置一一标出。最后的结果是，除了飞行员座舱和尾翼部位没有标记之外，机身上下其他位置几乎都被标满了。怎么会偏偏座舱和尾翼两处没有中弹呢？

这明显不符合分布规律呀？真是不可思议！据此图分析，是不是除了座舱和尾翼两个地方外，飞机全部加装钢板就解决问题了呢？恰恰相反，沃尔德的直觉告诉自己：座舱中弹，飞行员就会伤亡；尾翼中弹，飞机就会失去平衡而坠落。这两个地方中弹，飞机也就回不来了。因此，正确的结论是：座舱和尾翼两个部位最需要加装防弹钢板。

美国空军采纳了沃尔德的建议，挽救了数以万计的美军飞行员的生命。

统计是研究如何合理收集、整理、分析数据的学科，它可以为人们制定决策提供依据。

统计学最关心的是数据能提供哪些信息。具体来讲，统计学关心的是如下三个问题：①如何抽取数据；②如何从数据中提取信息；③所得结论的可靠性如何。

案例5　本福特定律

制作人：王庚；

适用课程：统计学，概率论与数理统计，统计模型与统计实验；

使用说明：可作为教与学的一个案例。

本福特定律也许是反映统计科学应用的最好例证。1935 年，美国的一位叫本福特的物理学家在图书馆翻阅对数表时发现，对数表的前几页比后面的更脏一些，这说明前几页在平时被更多的人翻阅。

本福特进一步研究后发现了第一数字定律。第一数字定律描述的是自然数 1 到 9 的使用频率，公式为 $F(d)=\lg[1+(1/d)]$（d 为自然数），数字中以 1 开头的数字出现的频率并不是 1/9，而是 30.1%。而以 2 为首的数字出现的频率是 17.6%，往后的数字出现频率依次减少，以 9 为首的数字出现频率最低，只有 4.6%。

本福特开始对其他数字进行调查，发现各种完全不相同的数据，比如人口、物理和化学常数、棒球统计表以及斐波那契数列数字中，均有这个定律的身影。

1961 年，一位美国科学家提出，本福特定律其实是数字累加导致的。比如，假设股票市场上的指数一开始是 1 000 点，并以每年 10% 的程度上升，那么要用 7 年多时间，这个指数才能从 1 000 点上升到 2 000 点的水平；而由 2 000 点上升到 3 000 点只需要 4 年多时间；但是，如果要让指数从 10 000 点上升到 20 000 点，还需要等 7 年多时间。因此我们看到，以 1 为开头的指数数据比以其他数字开头的指数数据出现的频率要高很多。

数学家们发现，账本上的数据的开头数字出现的频率符合本福特定律。如果做假账的人更改了真实的数据，就会让账本上开头数字出现的频率发生变化，偏离本福特定律中的频率。

非常有趣的是，数学家们发现，在那些假账中，数字 5 和 6 居然是最常见的开头数字，而不是符合定律的数字 1，如果审核账本的人掌握了本福特定律，伪造者就很难制造出虚假的数据了。2001 年，美国最大的能源交易商安然公司宣布破产，当时传出该公司高层管理人员涉嫌做假账的丑闻。事后人们发现，安然公司在 2001 年到 2002 年所公布的每股盈利数字就不符合本福特定律，这说明了安然公司的高层领导确实改动过这些数据。

最近数学家还把本福特定律用于选举投票，票数的数据也符合这个定律。如果有人修改选票数据，就会露出蛛丝马迹。数学家依据这一定律发现，在2004年美国总统选票中，佛罗里达州的投票存在欺诈行为；在2004年委内瑞拉和2006年墨西哥的总统选举中也有类似现象。

虽然本福特定律是一个统计规律，它形成的原因还没有得到最终解释，但这并不妨碍人们把它运用到越来越多的生活领域，帮助人们去伪存真。

案例6　统计学家献计炸德军

制作人：王庚；
适用课程：统计学，概率论与数理统计，国民经济核算；
使用说明：可作为教与学的一个案例。

第二次世界大战后期，盟军为开辟第二战场做准备，想利用轰炸尽可能多地摧毁德军的工业设施及军事目标，同时减少自己空中力量的损失。但由于美国本土与德国远隔重洋，空军只能部署在英国、北非等少数地域，而需要打击的德军目标几乎遍布整个欧洲，同时，德军又组织了强大的防空体系。美国空军长途奔袭，或者劳而无功，或者折戟损兵。

为此，盟军组织了包括统计学家在内的参谋智囊团以寻求对策。最后，智囊团针对上述两个目标，运用统计方法对敌我双方的力量及实战资料做出综合分析，提出了两个作战方案。

一是釜底抽薪，集中力量轰炸德国防卫薄弱但有巨大潜能的基础工业。统计学家运用投入产出原理，研究德国军事工业及民用工业之间的相互关系，认为在高度相关的情况下，每个工业部门都在很大程度上依赖其他部门，如果破坏其中关键的一环，就会产生多米诺骨牌效应，足以使其整个军事工业瘫痪。因此盟军对滚珠轴承等十几个防空力量较弱但很关键的工厂、仓库实施了猛烈的轰炸。这样一来幸存的兵工厂因缺少滚珠轴承而无法制造新的飞机、坦克，东部战线开动的坦克、装甲车等也因为缺少补给而变成一堆废铁。一度以机械化闪电战自诩的德军像被斩断了双脚，有时不得不靠征用骡马来完成部队的集结，常常贻误战机。

二是实施“钟摆轰炸”，以减少己方飞机的损失。智囊团中的统计学家根据被德军击伤、击落飞机的统计发现，飞机在实施轰炸前和轰炸时被击中的比例低于返航途中的损失。德军往往采取守株待兔的策略，在受到轰炸后，立刻调动战斗机在盟军的返航路线上控制有利位置，严阵以待。盟军轰炸机因此损失不少。统计学家因此提出了一个“钟摆轰炸”计划。盟军飞机从英国机场起飞，完成轰炸后并不向西返回英国基地，而是继续向东飞至盟友苏联境内，在苏军飞行基地休整一段时间，补充燃料弹药后再进行反向轰炸，而后返回英国，就好像钟摆从一端摆向另一端，然后摆回来，周而复始，这样常造成德军防空系统判断失误，无法做出有利的回击。经过历时一年多的“钟摆轰炸”，盟军飞机穿梭于东西方各个机场，向德国投下了近10万吨炸药，给德军造成了重大损失。

案例7　盐量的统计研究

制作人：王庚；
适用课程：统计学，概率论与数理统计，国民经济核算；
使用说明：可作为教与学的一个案例。

著名统计学家C・R・劳（C. R. Rao）是美国科学院院士、英国皇家统计学会会员，是当今仍健在的国际上最伟大的统计学家之一。他于1920年9月10日出生于印度的一个贵族家庭，1940年获印度安德拉大学数学学士学位，1943年在印度统计研究所获统计学硕士学位，随后赴英国剑桥大学学习，师从现代统计学的奠基人R・A・费歇（Fisher）教授，并于1948年获得剑桥大学博士学位。迄今，C・R・劳教授已著书14部，发表学术论文350余篇，已经获得包括美国统计协会、英国皇家统计学会以及印度科学院在内的10余项重大统计学大奖。2002年C・R・劳教授又获得美国总统科学大奖。C・R・劳教授对统计学发展的杰出贡献主要表现在估计理论、渐进推断、多元分析、概率分布的设定、组合分析等诸多方面。

一、红色城堡中的避难者人数

1947年印度刚独立，德里就发生了暴乱。一个少数民族团体中的大多数人避难到被称为红色城堡的地方，这是一个被保护的区域，少部分人逃到另一个地区的修姆因庙，这个庙临近一个古建筑物。政府有责任提供食物给这些避难者。这个任务委托给了承包商，由于没有任何关于避难者人数的信息，政府被迫接受和支付承包商所提出的为避难者所购买的各种日用品和生活保证品的账单。承包商可以随意做账，巨额开支让政府官员对承包商产生了怀疑。政府决定设法核查红色城堡中的避难者的正确人数，有人建议寻求统计学家的帮助。

在当时的混乱条件下，这个问题看起来很困难。政府所请的统计学家与避难者在政治上分别属于对立的派别，因而如果要进入红色城堡的话，这些统计学家的安全没有保证。所以统计学家不能进入红色城堡进行实地调查。

那么统计学家面临的问题是：在没有任何避难者人数的先验信息、没有任何机会直接了解那个地区人口密度的情形下，将不能使用任何已知的用于统计调查的抽样技术，在这种条件下，他们不得不估计一个给定地区的人口数量。

统计学家手中只有承包商交给政府的账单，这些账单记录了提供给避难者的不同的生活用品，如所购入的米、豆类和盐。能否利用这些资料进行估计呢?

二、巧妙的统计分析

假设全体避难者一天所需要的米、豆类和盐的总量分别为R、P、S。由消费调查，每人每天所需要这些食物的量分别为r、p、s。因而R/r、P/p、S/s提供了一个集团中相同人数的平行估计量，也就是说，这三个值无论哪一个均是等价有效的。统计学家利用承包商提出的R、P、S计算了这些值，发现S/s最小，而R/r最大。与盐相比，商品中最贵的大米的量有可能被夸大了（当时在印度盐的价格非常低，因而不会夸大盐的用量）。因此，统计学家提出估计值 S/s 为红色城堡中避难者的人数。对所提出的这种方法的验证是用同样的方法独立地估计了修姆因庙的避难者人数（这里的人数要少得多），得到了很好的近似值。

这个基于盐量的估计方法的思想来自森古普塔（J. M. Sengupta），他长期在印度统计研究所工作。由统计学者所给出的估计值对政府做出行政管理决策非常有用，这也提高了统计学的地位，从那以后，统计学受到政府的大力支持，可以说，这个估计方法对印度统计学的发展做出了极大的贡献。

这里所用的方法在任何教科书中都没有记载，是一个非惯例且很巧妙的方法。这个思想的背后是统计的推理或定量的思考，或许也包含了一种艺术成分吧。

案例 8　巴尔的摩的股票经纪人

制作人：王庚；

适用课程：统计学，概率论与数理统计，统计模型与统计实验；

使用说明：可作为教与学的一个案例。

一、股票经纪人的话该不该听

有一天，一位巴尔的摩的股票经纪人主动给投资者发来一份行业资讯，透露了某只股票将要大涨的内部消息。1 周之后，这位巴尔的摩股票经纪人的预言应验了，这只股票真的涨了。第 2 周，投资者又收到一份行业资讯。这一次，这位经纪人认为某只股票会跌。结果，这只股票真的跌了。10 周过去了，这份神秘的行业资讯每期都有新预测，而且它们全都应验了。

第 11 周的行业资讯又到了，劝说投资者将钱交给这位巴尔的摩的股票经纪人帮他做投资。由于连续 10 期行业资讯的预测都非常成功，这充分说明这位经纪人眼光敏锐，能捕捉到股票市场上稍纵即逝的良机，因此，应当将钱交给他来做投资。问题是，事情真的是这样吗？

二、概统解答

假设巴尔的摩的股票经纪人是一个股票外行，他第一次预测正确的概率是 50%，他前两次预测正确的概率就是一半的一半，即 1/4，前三次都正确的概率是 1/4 的一半，即 1/8，以此类推，连续 10 次预测全部命中的概率 p 为

$$(1/2)\times(1/2)\times(1/2)\times(1/2)\times(1/2)\times(1/2)\times(1/2)\times(1/2)\times(1/2)\times(1/2)=1/1\,024$$

换言之，他取得这个成绩的概率几乎为零。

但是，如果从那位巴尔的摩的股票经纪人的视角来讲这个故事，情况就大不一样了。第 1 周，投资者不是该经纪人的行业资讯的唯一接收对象，因为他一共发出了 10 240 份。但是这些行业资讯的内容并不一样，其中一半人收到的资讯与投资者的一模一样，预测那只股票会涨；而另一半行业资讯的内容则正好相反。收到后一种行业资讯的 5 120 人，再也不会收到第二份行业资讯。但是，包括投资者在内的收到前一种行业资讯的 5 120 人，第

2 周会收到第 2 期行业资讯。在这 5 120 人中，有一半人与投资者收到的第 2 期行业资讯相同，另一半人则正好相反。因此，第 2 周过后，有 2 560 人收到了连续两次预测正确的资讯。

到了第 10 周，有 10 名幸运儿会连续 10 次收到这位巴尔的摩的股票经纪人的正确预测（无论股市是什么情况，这个结果都不会改变）。无论经纪人密切关注股市动态，还是通过掷骰子的方式随便选一只股票，都会有 10 个人在收到 10 期行业资讯后认为这位经纪人是个天才。这位经纪人很有可能会从这 10 个人身上狠赚一笔，但是对这 10 个人而言，前面 10 次的正确预测并不能保证后面的预测也是正确的。

巴尔的摩的股票经纪人的这套把戏之所以能够奏效，是因为它并不是彻头彻尾地骗投资者，其原理与精彩的魔术非常相似。也就是说，它告诉投资者的不是虚假信息，而是真实信息，但是这些真实信息会让投资者形成错误的结论。连续 10 次选择的股票都涨了，这的确不大可能发生。但是，投资者之所以会得出错误的结论，就是因为这种“不大可能”真的会发生，并且令他们感到惊讶不已。宇宙之大，无奇不有。只要他们尝试足够多次，总会遇到这些发生概率极小的事件。

一旦真正地掌握了这条基本真理，巴尔的摩的股票经纪人的那套把戏就毫无作用了。尽管这位股票经纪人为投资者连续选对 10 只股票的可能性非常小，但是他为某些人给出建议时，考虑到共有 1 万种可能性，所以连续猜中根本不足为奇。英国统计学家费歇（R. A. Fisher）有一个著名的论断：“概率为‘百万分之一’的事件如果发生在我们身上，我们可能会感到非常吃惊。但是，无论我们有多么吃惊，这件事都肯定会发生，而且发生的概率不会超过其应有的范围。”

案例 9　与时俱进——公司决策之魂

制作人：白先春；
适用课程：统计学，统计预测与决策；
使用说明：可作为教与学的一个案例。

梅西百货公司创业之初提出了一个别出心裁的口号：“用现款买便宜货。”“便宜货”这三个字瞬间打动了顾客，无数顾客像潮水般地涌了进来，梅西百货公司刚开业就走到了同行前面，赚了一大笔钱。随着社会的发展，顾客手里的钱越来越多了，但工作也都更忙了，顾客们都不愿拿出太多时间耗在挤商店上。梅西百货公司针对顾客这一普遍心理，1910 年又首创了“信用卡购物”制度，顾客只要到梅西银行办一张信用卡，便可凭卡随时在该公司的任何一家商店电话预订或购取商品，大大方便了顾客，节省了时间。同行为对付梅西百货公司的信用卡，推出“分期付款”方式，便于顾客用零星小钱买到大件商品，抢走了不少生意。这迫使梅西百货公司研究对策，1939 年梅西百货公司又推出了“限时分付”方式，即较大件商品允许顾客在限定时间先试用，然后分期付款，才又把顾客重新拉了回来。20 世纪 60 年代，美国进入了信用卡时代，梅西百货公司的对手又使出新招，用“一月一付”方式又把顾客拉了过去，导致梅西百货公司的营业额节节下降。这使梅西百货公司陷入苦苦的思索，终于明白是自己的经营方式已经落后于时代。于是，梅西百货公司又推出了一套新的经营方式：顾客不仅可以凭信用卡购物，并可在 10 天内付款，还提供售后服务；如果无力一次付清，可以首付1/5，其余部分分期支付。结果又一次压倒了对手，把顾客拉了回来，营业额重新节节上升。

现在一百多年过去了，梅西百货公司至今仍然处于同行的“领头羊”位置。他们在总结自己的成功经验时说：“跟上时代的变化，就是我们的生命。”

案例 10　吸烟与肺癌的统计关系

制作人：王庚；

适用课程：统计学，统计预测与决策，统计模型与统计实验，统计科学文化；

使用说明：可作为教与学的一个案例。

吸烟与肺癌是什么关系？这个问题一直困扰着人们，统计学不但帮助科学家们找到了根治肺结核的方法，还帮助医生们发现了吸烟和肺癌之间的关系。

图 1-2　希尔

1945 年，英国生物统计学家布拉德福德·希尔（Bradford Hill）（图 1-2）运用统计学原理，设计了一个精妙的实验，证明了链霉素能够杀死结核杆菌。

从此，肺癌的死亡率首次超过了肺结核，成为人类最致命的肺病。

1947 年，英国医学研究委员会又给希尔布置了一个新的任务：找出肺癌和吸烟之间的关系。那一年英国的肺癌死亡率比 25 年前提高了 15 倍，这个数字引起了广泛的关注。人们都想找出其中的原因，有人说这是工业化造成的空气污染导致的，还有人说这是新式柏油马路散发的有毒气体造成的，只有少数医生怀疑是吸烟造成的。

众所周知，两次世界大战造就了大批吸烟者，据统计，英国当时有超过 90% 的成年男子都是香烟的瘾君子。正是因为吸烟人数实在太多，希尔犯了难。他不可能去统计得肺癌的人当中抽烟的有多少，不抽烟的有多少，因为他几乎找不到不吸烟的人。

怎么办呢？希尔想出了一个变通的办法。首先，他做了一个合乎情理的假设：如果吸烟确实能引起肺癌，那么吸烟越多的人得肺癌的概率就越大。其次，他认为必须排除其他的致癌因素，比如空气污染、初次吸烟年龄、居住环境等。换句话说，他必须找出一群人，其他方面都比较相似，只有吸烟的量不同。

1948 年，他从伦敦的医院里找出了 649 个肺癌病人，以及同样数量的情况相似的其他病人。然后他雇用了一批富有经验的调查人员，挨个询问病人的吸烟史，把结果做成了一个统计表。结果显示，肺癌病人中有 99. 7% 的人吸烟，其他病人则有 95. 8% 是香烟的瘾君子。这两个数字当然说明不了什么问题，可当他把病人按照吸烟数量的多少分成不同的组之后，情况发生了变化。有 4. 9% 的肺癌病人每天吸 50 支烟以上，而只有 2. 0% 的其他病人每天吸这么多烟。也就是说，吸烟越多的人患肺癌的概率就越大。

1950 年，希尔把这个实验结果发表在《英国医学杂志》上，首次科学地证明了吸烟和肺癌的对应关系。但是这个结果相当微妙，不懂统计学的人很难理解其中的重大意义。为了进一步说明这个问题，希尔又设计了一个全新的实验。他给 6 万名英国医生发了一张调查表，请求他们把自己的生活习惯和吸烟史详细记录下来寄还给他。之所以选择医生作为调查对象，完全是因为希尔相信医生们对自己生活状况的描述能力肯定比普通老百姓更精确，也更诚实。

有 4 万名医生寄回了调查表。希尔把他们按照吸烟数量进行了分类，并要求他们（或者他们的家属）及时汇报自己的健康状况。两年半后，有 789 名医生因病去世，其中只有 36 人死于肺癌。但是当他把医生们的吸烟量和发病率联系起来后，发现只有肺癌的死亡率和吸烟量有对应关系，其余疾病都和吸烟量没有任何关联。比如，每天吸 25 克烟草的人的肺癌死亡率比每天吸 1 克烟草的人多 2 倍以上，而其他疾病的死亡率只比后者多 20%。

1993 年，大约有 2 万名当初接受调查的英国医生去世了，其中有 883 名医生死于肺癌。如果把他们的吸烟数量和肺癌发病率联系起来的话，就可以得出一个惊人的结论：每天吸 25 根烟以上的人得肺癌的概率比不吸烟的人高 25 倍！后来其他一些类似的研究也都得出了相似的结论。现在，吸烟和肺癌的关系已经是家喻户晓了，发达国家的烟民数量正在逐年下降，其肺癌的发病率也呈现出下降的趋势。那些因为戒烟而免于肺癌的人真应该感谢希尔当初所做的贡献。

希尔使用的第一种方法叫作“对照研究”（case-control study），第二种方法叫作“定群研究”（cohort study）。这两种方法是目前群体医学研究领域最常用的两种生物统计学方法，我们所熟悉的大部分关于健康的忠告都是经过这两个方法的验证才能被认为是科学的。

事实上，我们每天都会从报纸上读到大量这类忠告，有些忠告根据的是确凿的科学实验，有着确凿的因果对应关系。但更多的忠告来自统计学，因为它们所涉及的病因都十分复杂，必须运用希尔发明的“对照研究”和“定群研究”等方法找出内在的规律。就拿吸烟和肺癌来说，我们并不能说“吸烟能够引起肺癌”，因为我们经常能在生活中找到吸了一辈子香烟也没有得肺癌的人。我们只能说“吸烟会提高肺癌的发病率”，这才是科学的描述方法，因为肺癌的发病机理到现在还没有完全搞清楚。

案例 11　学生成绩相关系数矩阵与因子分析

制作人：王芳；
适用课程：统计学，多元统计分析；
使用说明：可作为教与学的一个案例。

因子分析是指研究从变量群中提取共性因子的统计技术。最早由英国心理学家 C·E·斯皮尔曼（C. E. Spearman）于 1904 年提出。

斯皮尔曼在研究 33 名学生古典语、法语、英语、数学、判别和音乐 6 门课程考试成绩之间的相关性时发现，学生的各科成绩之间存在着一定的相关性，某门课程成绩好的学生，往往其他课程成绩也比较好，从而推想可能存在某些潜在的共性因子，或称某些一般智力条件影响着学生的学习成绩。

根据 33 名学生的 6 门课程考试成绩，他得到的相关矩阵为

$$\begin{bmatrix} 1.00 & 0.83 & 0.78 & 0.70 & 0.66 & 0.63 \\ 0.83 & 1.00 & 0.67 & 0.67 & 0.65 & 0.57 \\ 0.78 & 0.67 & 1.00 & 0.64 & 0.54 & 0.51 \\ 0.70 & 0.67 & 0.64 & 1.00 & 0.45 & 0.51 \\ 0.66 & 0.65 & 0.54 & 0.45 & 1.00 & 0.40 \\ 0.63 & 0.57 & 0.51 & 0.51 & 0.40 & 1.00 \end{bmatrix}$$

斯皮尔曼注意到一个有趣的规律，如果不考虑对角线上的相关系数，任意两列相关系数值大致成比例，例如取第 1 列和第 3 列的比值，有

$$\frac{0.83}{0.67}\approx 1.24 \quad \frac{0.70}{0.64}\approx 1.09 \quad \frac{0.66}{0.54}\approx 1.22 \quad \frac{0.63}{0.51}\approx 1.24$$

于是斯皮尔曼指出每一课程的考试成绩都遵从以下形式：

$$X_i = a_i F + \varepsilon_i$$

式中，X_i 为第 i 门课程标准化后的考试成绩，均值为 0，方差为 1；F 为公共因子，对各门课程考试成绩均有影响，也是均值为 0，方差为 1；ε_i 为仅对第 i 门课程考试成绩有影响的特殊因子，F 与 ε_i 相互独立。也就是说，每一门课程的考试成绩都可以看作一个公共因子（可以认为是一般智力）与一个特殊因子的和。

这个模型就是后来人们进行因子分析的模型了，因子分析可在许多变量中找出隐藏的具有代表性的因子，将相同本质的变量归入一个因子，可减少变量的数目，还可检验变量之间关系的假设。

案例 12　盖洛普的民意抽样调查与总统竞选

制作人：王庚；
适用课程：统计学，现代抽样技术，统计模型与统计实验；
使用说明：可作为教与学的一个案例。

影响美国政治走向的有三大力量，即总统、国会和民意。总统是一国元首，国会负责立法，它们具有影响力容易理解。民意在美国政治的作用中究竟有多大呢？美国的民意调查是怎么进行的？

民意调查的发源地就是美国，美国的民意调查由来已久。早在 1810 年，北卡罗来纳州明星报的两位编辑以传阅信件的方式进行问卷调查，被认为是世界上第一次民意调查。

真正的民意调查是随着科学抽样方法的问世而诞生的。1932 年，乔治·盖洛普的岳母出马竞选州长，他利用这次机会在博士论文中提出一种科学抽样方法，结果准确无误地预测出选举结果。

在 1936 年的美国大选中，盖洛普再次使用科学抽样法进行选情调查，调查结果显示富兰克林·罗斯福的得票率将是 55.7%，而大选的结果是罗斯福赢得 62.5% 的选票。从此，民意调查越来越受到美国公众和各界人士的关注。

为了准确掌握民意动向，美国的政府机构、商业部门和民间团体都很注重民意调查，以作为决策的重要依据。为了保证调查结果的准确性，同时又不致花费太大，美国的民意调查机构一般都把调查对象的人数限定在 500 ~ 1 000 人。专家认为，成功的民意调查的误差应

当在 ±3% ~ ±4.5%，如果误差超过 ±5%，调查就失去了意义。

目前，美国的职业民意调查机构数量极多，数不胜数，其中以盖洛普民意调查所的名气最大。

在美国，民意调查早已成为一个规模庞大的行业，每年用于民意调查的开支高达数十亿美元，其中大多数是工商界主持的民意调查，但政治方面的民意调查也占有很大分量，而且更受公众的关注。从竞选总统到选举数千名小城市的市长，每年要进行成千上万次民意调查。

出于了解民意动向的需要，几乎每个总统候选人都有自己的民意调查班子，都要依赖民意调查机构提供的咨询服务。此外，美国各州和地区的民意调查机构定期公布民众意向报告。目前，关于美国总统的民意调查准确性非常高，误差仅在 ±2.2%。

经过多年的发展和改善，民意调查已经被西方各国普遍采用，其他一些国家也开始加以仿效。

早在 1824 年，美国报纸就举办过模拟投票活动。在很长一段时间里，人们主要是通过模拟投票、亲自走访和寄发邮件等方法来进行民意测验。手段比较单一，取样极有可能缺乏代表性，从而容易导致结论错误。颇为典型的例子是美国《文摘周刊》在 1936 年进行的民意调查。此前，它已经成功地预测出 5 次总统选举的结果，然而 1936 年调查的结论和实际的结果大相径庭。它预言共和党人兰登将击败寻求连任的罗斯福，结果罗斯福以压倒多数的票数优势再次当选。其失败原因是抽样样本缺乏代表性，同时没有注意到选民态度的动态变化。不过，著名的盖洛普公司和罗珀公司成功地预测了这次选举，并开始崭露头角。正因为如此，民意调查机构在美国日益兴起。民意调查已经成为美国政治经济生活的一个重要组成部分。

抽样是选择研究对象以及收集和运用统计材料常常涉及的问题，例如，研究小学生错别字的情况，如何去挑选研究对象？怎样从数以万计的作文本中正确地挑选出能代表全体情况的若干本子以便集中研究？应当挑选多少？这就是抽样的问题。

在西方，抽样法是与政治选举预测一起发展起来的。在选举预测中，社会科学家要对选举结果做出准确的估计，抽样的科学性、代表性是关键的一环。其实 1936 年，美国《文摘周刊》为了预测总统竞选的结果，曾根据电话簿和私人汽车登记簿上的名单寄出了1 000万张询问卡，进行调查预测，从调查情况看，共和党候选人奥夫・兰登以 57% 的得票率超过仅占 43% 的民主党候选人富兰克林・罗斯福。但选举结果是罗斯福获胜，连任总统。预测不准确，问题主要出在抽样方法上：在大萧条时期拥有汽车、电话的是富人，从电话簿和私人汽车登记簿上抽样必然导致样本中富人过多，而穷人基本上都为罗斯福新政投了赞成票。与《文稿周刊》不同，1936 年，乔治・盖洛普运用抽样调查，却正确地预测到罗斯福当选。他之所以成功，是由于运用了分类抽样法，保证了样本的代表性。分类抽样是建立在了解抽样总体性质的基础上，从各阶层各种类型的人中按比例进行抽样。此外，他还运用分类抽样法正确地预测了 1940 年和 1944 年大选的结果。但是，在 1948 年，他用分类抽样法也曾导致预测失败，他预言共和党候选人战胜民主党候选人，结果却相反，主要原因是样本的代表性出了偏差。因为到了 1948 年，经过第二次世界大战，美国大量人口从农村流向城市，而盖洛普对人口总体的认识仍停留在 1940 年的状况。城市居民倾向于投民主党的票，因此，样本中过大的农村人口比例造成了对民主党投票人数的过低估计。在 1948 年，一些研究者开始采用随机抽样方法，结果比分类抽样方法更成功。现在，随机抽样已成为抽取样本的基本方法。

案例 13 开普勒第三定律

制作人：王庚；
适用课程：统计学，统计模型与统计实验；
使用说明：可作为教与学的一个案例。

德国天文学家、数学家开普勒（Johannes Kepler，1571—1630）（图 1-3）曾说："数学是上帝用来书写宇宙的文字！"而他所发现的三大定律就是明证。

在 1609 年开普勒用数学方法发现了开普勒第一、第二定律之后，整个德国政局不稳，宗教战争频仍，炮火连天，哀鸿遍野。开普勒被迫离开布拉格，居住在多瑙河边的一个叫林茨的小城里，任数学教师。

几年后的一天早晨，他凭桌傍窗而坐，望着窗外多瑙河面上粼粼水波，不觉犯了愁思，直瞅着那河，像个木头人似的呆坐了很久。他过去是绝没有这种情况的，只要一靠近桌子，就像磁石遇见铁一样埋头写作、计算，而近来他有说不出的烦躁和凄凉。他这个数学家已名存实亡。他想起 1611 年——那个最使他辛酸的年头。这年 2 月 29 日，他最心爱的小女儿夭折；3 月 24 日，政变部队拥进首都，他的靠山鲁道夫皇帝退位，不久身亡；7 月 8 日，他的夫人去世。他离开首都来到这个小地方，家破人亡，靠山倒台，他的境遇十分艰难。恩人鲁道夫死了，但以他的名字命名的《鲁道夫星表》还未编成。开普勒本想隐居此地埋头整理《鲁道夫星表》，但是 1618 年开始了"三十年战争"。他的薪水总是被一再拖欠，他穷得连一个助手也雇不起。现在只有第谷的那些资料。可是身无分文，连那个他视为知己的伽利略，近来也拒绝与他通信了。他这样对着多瑙河想了一番心事，叹了几口气，也无可奈何，又提起笔，对着第谷留下的那一堆数字去思考。

图 1-3 开普勒

行星是在做着椭圆运动，但是它们绕太阳一周到底要多少时间，为什么有的快，有的慢呢？这茫茫宇宙是无法丈量的。多病、穷困但又十分聪明的开普勒想出了一个妙法，它将人们最熟悉的地球到太阳间的距离 R 定为 1，地球绕太阳的公转周期 T 是 1 年，这样以此为标准，再换算其他行星的周期和距离，便得到这么一堆数字：

行星	T	R
水星	0. 241	0. 387
金星	0. 615	0. 723
地球	1. 000	1. 000
火星	1. 881	1. 524
木星	11. 862	5. 203
土星	29. 457	9. 539

它们之间到底有什么联系？开普勒看来看去，这些数字四散在桌子上，它们之间就像多瑙河里的鱼、桌上的蜡烛与顶棚上的尘土一般，看不出一点联系。但是开普勒坚信宇宙是一个和谐的整体。他和数学家毕达哥拉斯一样，认为世间一切物体都有一定的和谐的数量关系。于是他将这一堆数字互加、互减、互乘、互除、自乘、自除，翻来倒去，试图发现它们之间的规律。这样变了一阵“魔方”，但终究还是乱麻一团。

有很多日子，他就这样一直在乱麻堆里寻求和谐。现在出入书房送茶倒水侍候他的，自然已不是先前那位跟着他吃尽苦头的贵族出身的夫人了，而是一位年龄与他相差较大的少妇。原来，开普勒的原配夫人死后，由于他的名望，立即有 11 位姑娘来做他的夫人候选人。这个极讲和谐的科学家选夫人却也有趣。他自知自己瘦削，所以第一个高大强健的女子便被淘汰；第二个矮胖女人也不在入选之列；直到最后，他选了一位不高不矮，身体略瘦的木匠的女儿。他选结婚的日子，也很特殊，在“天文学的精灵藏匿不见的月食那一天”。1613 年 10 月 30 日他们终于完婚（其实由于计算不准，这日子比月食晚两天）。从此，在开普勒绞尽脑汁追求天体和谐的日日夜夜里，就是这位与他的体形、性格都和谐的年轻夫人服侍着他。

一天早晨，阳光照进书房，一夜没有离开桌子的开普勒正把头埋在稿纸堆里，夫人轻轻走了进来，先吹灭桌子上的蜡烛，又伸手去推窗户。突然开普勒霍地从椅子上弹了起来，一把拉住夫人，“啊，亲爱的，我找见了，我发现了。感谢上帝将你赐给我，我们是这样的和谐，宇宙是这样的和谐。啊，发现了！弄清了！”他说着甩开夫人，自己上去一把推开窗户，多瑙河上带有雾气的凉风吹了进来，拂动着他蓬乱的头发。妻子以为他累疯了，忙喊：“开普勒，亲爱的，你怎么了？”开普勒什么也不说，忙将一张纸片递给妻子，这张纸上是这样几行数字：

行星	T	R	T^2	R^3
水星	0. 241	0. 387	0. 058	0. 058
金星	0. 615	0. 723	0. 378	0. 378
地球	1. 000	1. 000	1. 000	1. 000
火星	1. 881	1. 524	3. 54	3. 54
木星	11. 862	5. 203	140. 7	140. 85
土星	29. 457	9. 539	867. 7	867. 98

木匠的女儿自然不懂这些数字。但是现在我们可以看出最后两列数字相差无几。开普勒做了那么多加减乘除之后，终于碰着了天体上的一个电钮，漆黑的宇宙在他的眼前忽然大放光彩。原来行星绕太阳运转时，其运转周期的平方等于该行星椭圆轨道半长轴的立方：$T^2=R^3$。这就是后

来所称的“开普勒第三定律”。这是一个天文史上极其伟大的发现，开普勒的“和谐”思想找到了根据，它说明太阳与其他行星绝不是一群乌合之众，而是一个极严密的系统——太阳系。

当天开普勒在他的笔记里这样写道：“这正是我16年以前就强烈希望探求的东西。我就是为这个而同第谷合作……现在我终于揭示出它的真相，认识到这一真理，这已超出我最美好的期望。大事告成，书已写出，可能当代就有人读它，也可能后世才有人读它，甚至可能要等一个世纪才有读者，就像上帝等了6 000年才有信奉者一样，这我就管不着了。”

案例14　击中纳粹命门的“投入产出模型”

制作人：王庚；

适用课程：统计学，国民经济核算；

使用说明：可作为教与学的一个案例。

第二次世界大战后期，盟军为实施战略反攻，需要尽快摧毁纳粹军事工业体系，以减少前线德军的武器补给。

诺贝尔经济学奖获得者列昂惕夫提出的投入产出模型巧妙地解决了这个问题。该分析法概括说来，就是首先利用表格的形式，把经济体系各个部门的生产和消费量联结起来。列昂惕夫把国家所有的经济活动分为42个主要部门，然后他收集数据，测量这些不同部门之间的产品和服务的流动。为此，他借鉴了工程学关于特定生产类型的技术要求的信息。最终，他编写出了一个矩阵形统计图。在列昂惕夫的投入产出网络图中，所有的生产和消费数值都直接或者间接地联系在一起。某一个数值的改变将引起其他数值的相应变化。

盟军利用列昂惕夫的投入产出分析法对德国工业体系进行了深入细致的研究。在他们画出的投入产出表中，德国工业体系各部门之间的联系被直观地表达出来。通过追踪数值的相应变化和影响关系，专家发现，一个看起来不起眼的工业部门，实际上却是整个德国军事工业的枢纽所在，那就是滚珠轴承工业。滚珠轴承是使战争机器正常运转的润滑剂。几乎没有什么重要兵器离开了滚珠轴承还能正常运作的。比如，一架德国空军的JU－88飞机（号称“多面手”），光是机体部分就需要用到1 056个滚珠轴承。1943年12月的统计数据表明，当月德国飞机制造业所使用的轴承总量就有239万个以上。

而轴承工业在德国的集中度很高，其生产中心位于巴伐利亚州的施魏因富特。这是一座只有4万人的城市，只要投入足够的空中力量，完全可以实施毁灭性的打击。施魏因富特的轴承产量占德国总产量的55.2%，瘫痪这座城市就可以摧毁德国一半以上的轴承生产能力，这将对德国的各种车辆、飞机、发动机生产造成致命的影响。

1943年8月和10月，美军第八航空队先后两次远距离对施魏因富特进行地毯式轰炸。重创后的德国轴承产量锐减。与之相关联的其他兵工厂因缺少滚珠轴承而无法制造新的飞机、坦克、大炮。前线德军则因缺少补给而一筹莫展。德军因此在战场上陷入被动，纳粹的丧钟敲响了。

案例15　克强指数

制作人：王庚；

适用课程：统计指数，统计综合评价，统计科学文化；

使用说明：可作为教与学的一个案例。

2007 年，李克强总理在任职辽宁省委书记时，曾经通过耗电量、铁路货运量、银行中长期贷款余额这三项指标，分析当时的经济状况，推断出当时辽宁省的 GDP 增速被人为吹大。2010 年，英国著名的政经杂志《经济学人》（*The Economist*）将这三个指标组合成为“克强指数”（Li keqiang index）。

克强指数公式如下：

克强指数 = 工业用电量增速 ×40% + 中长期贷款余额增速 ×35% + 铁路货运量增速 ×25%

现代工业生产和能源消耗密切相关，耗电量可以比较准确地反映我国工业生产的活跃度以及工厂的开工率。铁路是我国最大的货运载体，铁路货运量既能够反映经济运行现状，又能够反映经济运行效率。银行贷款在我国间接融资中的占比较大，贷款发放量的变化，可以反映市场对当前经济的信心，也可以推测未来经济的风险。

三者权重划分依据，是三者增速与 GDP 增速拟合模型的一个简单的回归分析结果(图 1-4)。

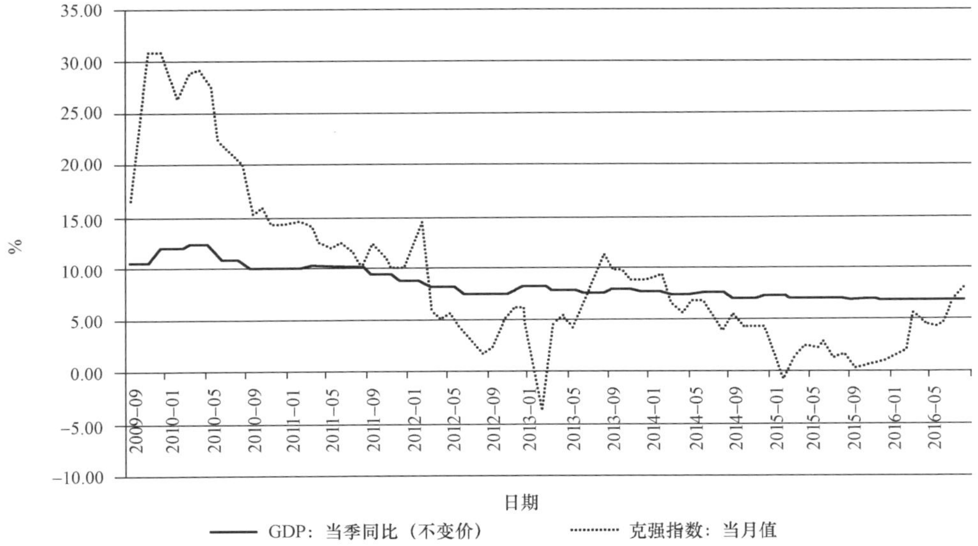

图 1-4 2009 年 9 月至 2016 年 8 月的 GDP 同比增速与克强指数的对照图

注：2009—09 表示 2009 年 9 月，2010—01 表示 2010 年 1 月，依此类推。书中其他图片类似表示法表达的意义与此相同。

案例 16 新颖的“格氏模型”

制作人：王庚；

适用课程：统计学，数据挖掘；

使用说明：可作为教与学的一个案例。

20 世纪末担任美国联邦储备委员会主席的著名经济学家格林斯潘，其青年时代家境并不富裕。从商学院毕业后，他在攻读研究生的同时在一家公司兼职，从事统计数据方面的研究工作。作为经济体系外的旁观者，他通过查阅大量书籍和统计报告，了解到美国经济的运转机制，熟悉各类工业行业如何组成整体的国家经济体系。格林斯潘沉浸在数据的海洋里，很快对美国各行各业统计数据有了深刻而全面的了解，并从数据中准确地把握了经济活动的规律和脉搏。经过深思熟虑后，他创立了新颖的“格氏模型”，该模型能独到而准确地分析整体经济机器和局部行业部件运行状态的数据流和数据模型。如果将企业一系列经济活动的基本参数输入，在格林斯潘的大脑中立刻能够生成一份预测宏观经济周期的报告，并自动附带完整的柱状图和折线图。

20 世纪 50 年代，朝鲜战争爆发后，五角大楼把所有军用物资采购计划列为保密文件。但华尔街和很多行业环节的制造商都想了解军工生产的信息，因为仅 1953 年军费开支就占 GDP 的 14%，由于缺少军工方面的数据，华尔街及各行业分析人士两眼一抹黑。格林斯潘大显身手的时候到了，他首先想到的是 1950 年美国国会听证会的会议记录，这些在其他年份向大众公开的资料，此时列入保密范围。但格林斯潘马上想到了 1949 年的会议记录。那时朝鲜战争还没有爆发，军事会议在正常听证会期间召开，记录也很详细，而通过研究政府公告和一年来的新闻报道，格林斯潘知道 1950 年和 1949 年美国空军的规模和装备基本一致。于是格林斯潘从 1949 年的记录中找出了每个营的飞机的数量、每个空军联队有多少个营、新战斗机的型号、后备战斗机的数量和预计损耗量。有了这些数据，格林斯潘就基本上可以算出每种型号战斗机的需求量了。接下来必须找出每种型号的飞机需要多少铝、铜和钢材。格林斯潘找来各种飞机制造厂的技术报告和工程手册，一头扎进数字、图表和工程专业术语的海洋。渐渐地，凌乱的资料呈现出规律，政府的购买计划变得清晰了。研究工作结束后，格林斯潘写了一篇很长的报告，发表在《经济记录》报上，题目是“空军经济学”。30 多年后的 1987 年，当他被里根任命为美联储主席后，一位 20 世纪 50 年代在五角大楼供职的同事告诉格林斯潘：“还记得你写的‘空军经济学’吗？你计算出来的数字跟政府保密文件里的数字非常接近，当时吓了我们一大跳，差点就要派秘密警察跟踪你呢！”

在格林斯潘担任美联储主席期间，美国安全委员会率先支持了“数学建模”，其中包括统计方面的题目。在我国，进入 21 世纪，政府统计系统和统计类院校已连续多次组织大范围统计建模。这项活动旨在引导相关人员将统计方法、计算机技术相结合，带动以数据分析为导向的统计思维，发现和挖掘数据背后的规律，为经济社会的发展提供更好、更多的统计信息。

案例 17 “人口金字塔”

制作人：王庚；

适用课程：统计学，数据挖掘；

使用说明：可作为教与学的一个案例。

“人口金字塔”是用类似古埃及金字塔的形象描绘人口年龄和性别分布状况的统计图形，能表明人口现状及其发展类型。

“人口金字塔”基本可分为增长型、缩减型、静止型三种类型，如图 1-5 所示。

增长型：塔形呈上尖下宽，表明少年人口比例大，老年人口比例低，年龄构成类型属年轻型，说明未来结婚生育的人数多，生育率高，死亡率也高，人口发展呈持续增长趋势。

缩减型：塔形下部向内收缩，表明少年儿童比例低，中、老年人口比例大，年龄构成类型属老年型，说明未来年轻人越来越少，生育率低，死亡率也低，人口发展呈减少趋势。

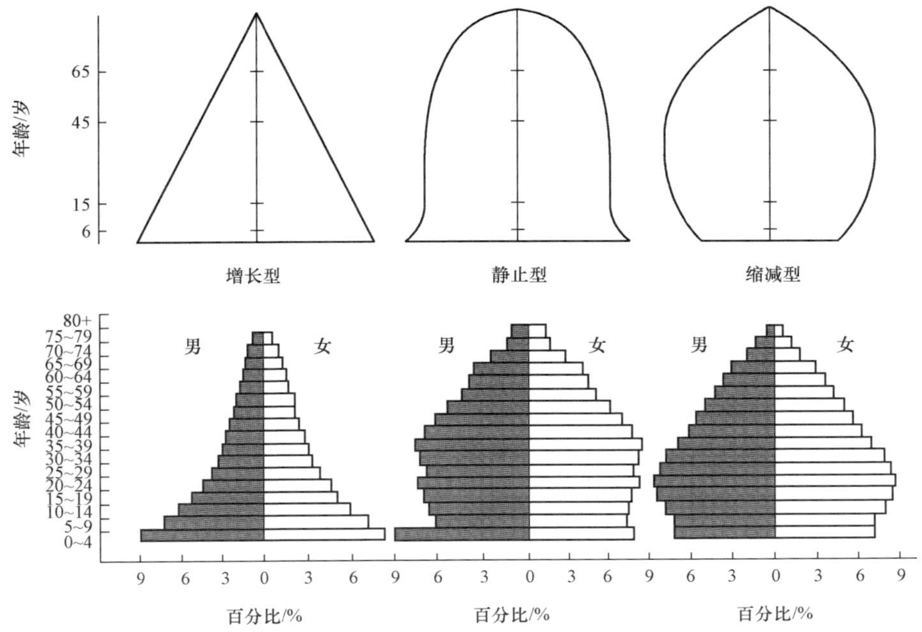

图 1-5　三种类型人口金字塔

静止型：塔形上下差别不大，曲线比较平稳，少年儿童比例及老年人口比例介于前面两种类型之间，年龄构成类型属成年型，说明未来结婚生育的人数不会有明显增加，人口将保持现状。

应用“人口金字塔”可以形象地表示总人口中各年龄人数的多少和相互比例，表明人口年龄构成的类型，反映人口发展的历史和现状，预示未来人口发展趋势，对解决人口问题，进行人口预测，制定人口政策具有重要意义。

图 1-6 为根据全国第六次人口普查结果所绘制的我国人口金字塔。其明显显示出“底部萎缩”，即 20 岁以下的人群大幅减少。根据全国第六次人口普查的数据公报，我国 0 ~ 14 岁的人口为 2. 2 亿，只占全国人口的 16. 60% ，比 2000 年第五次普查结果下降了 6. 29% 。在短短 10 年中，我国少年人口从占全国人口的 1/4 降为 1/6，萎缩严重。

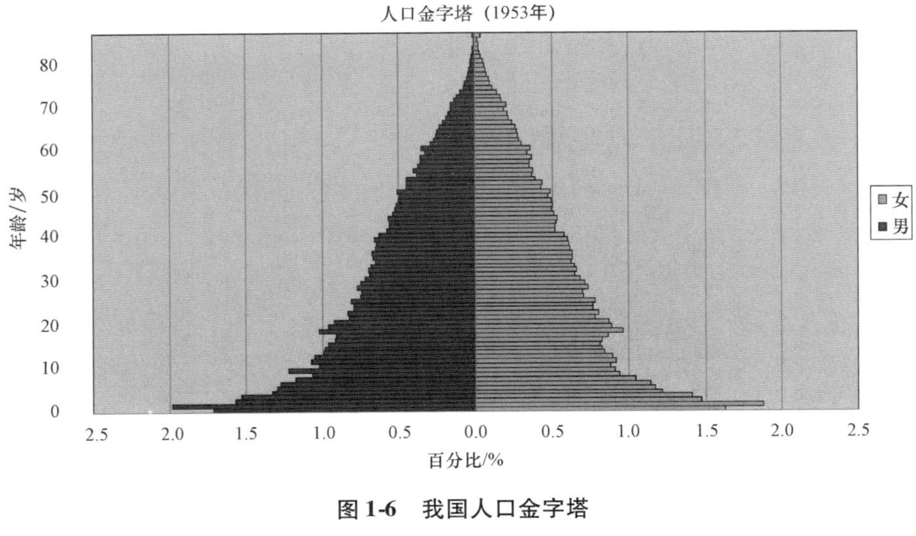

图 1-6　我国人口金字塔

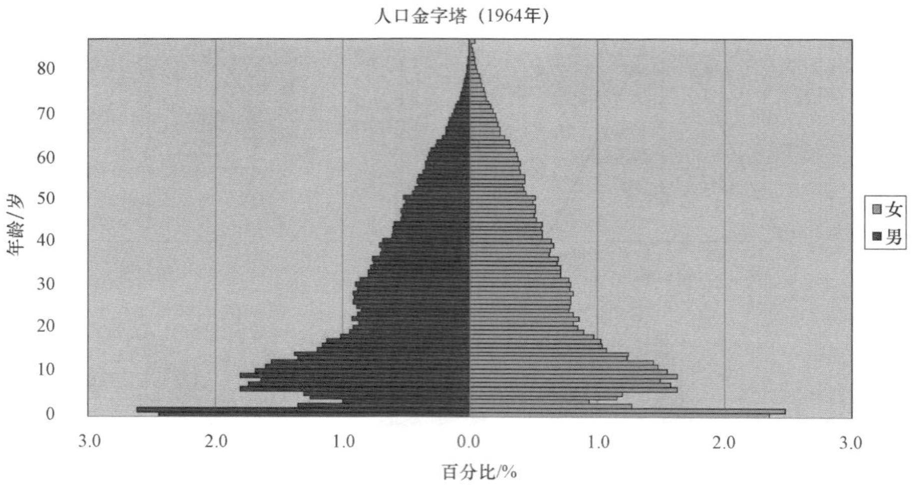

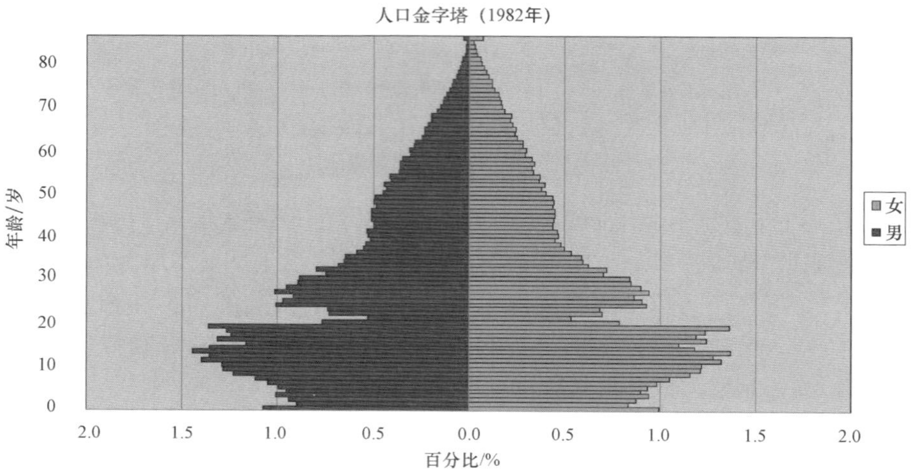

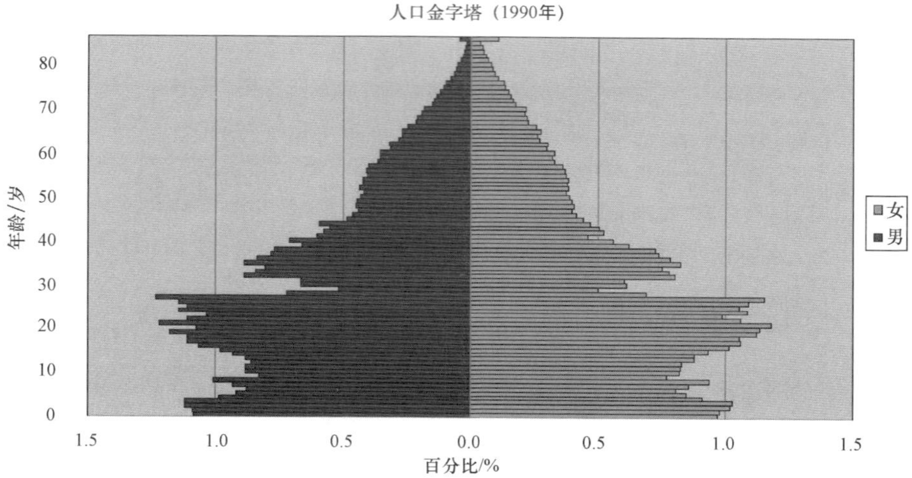

图 1-6　我国人口金字塔（续）

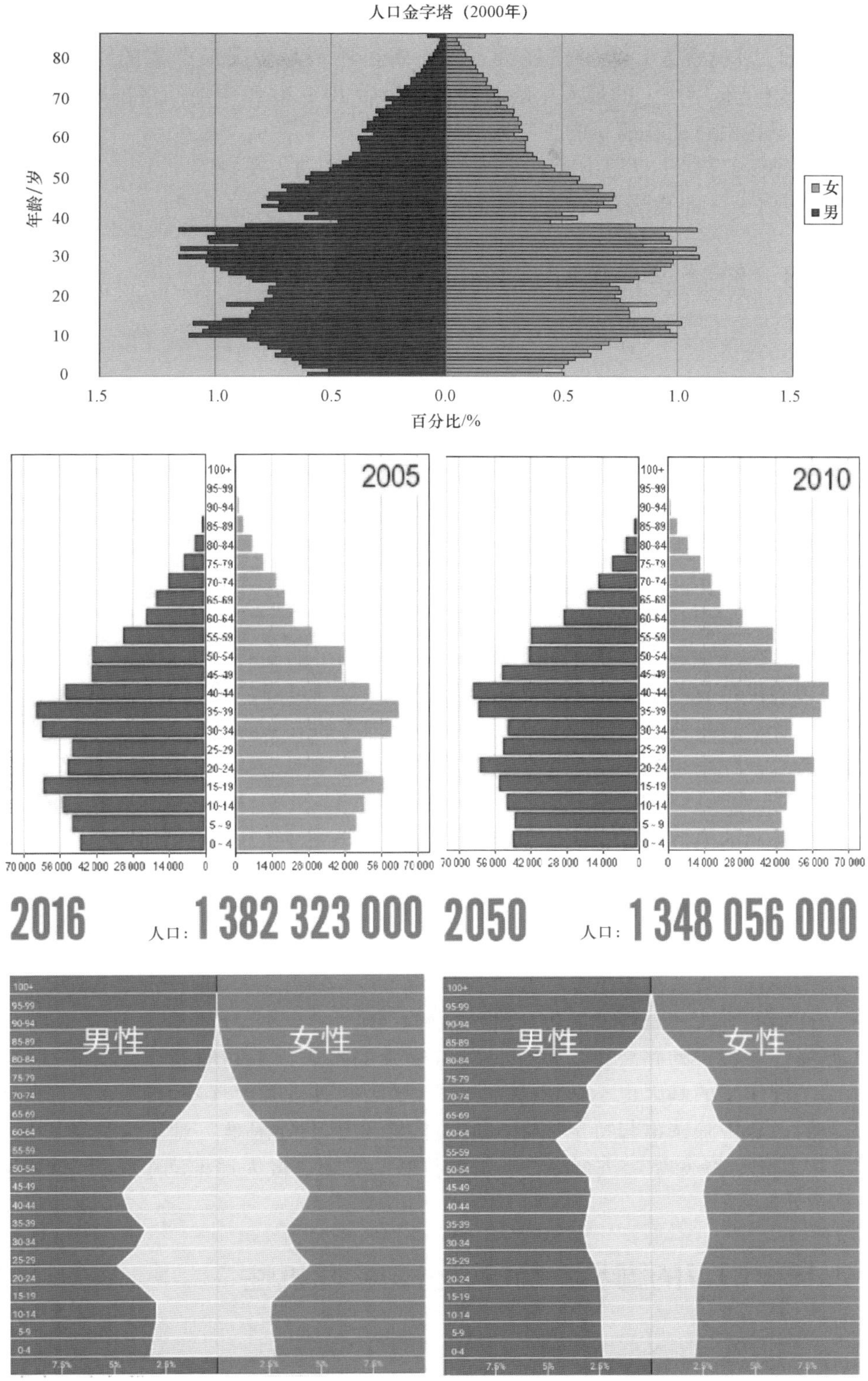

图 1-6　我国人口金字塔（续）

与此同时，60 岁及以上人口达 1.8 亿，占全国人口的 13.26%，比第五次普查结果上升了 2.93%。但仔细观察人口金字塔就会发现，现在还不是情况最严重的时候。因为目前 30 ~50 岁的人群是金字塔上的最大年龄人群，在今后 10 ~20 年中他们将进入老年行列，而那时的劳动人群将由目前萎缩了的少年人群来担当。

由此可以预测：到 21 世纪中叶，我国每不到 2 个劳动力要抚养 1 个老人，人口的中位年龄将达 45 岁以上，即我国人口的一半将在中年人群以上了。

案例 18　统计学在癌症治疗中的应用

制作人：史兴杰；

适用课程：统计学，数据挖掘；

使用说明：可作为教与学的一个案例。

好莱坞知名女星安吉丽娜·朱莉于 2013 年 5 月 14 日在《纽约时报》上发表了文章，对外公布她进行了预防性的双侧乳腺切除手术，以降低患癌风险。由于朱莉携带突变了的基因 BRCA1，这导致其患乳腺癌的概率为 87%，患卵巢癌的概率为 50%。BRCA1 基因属于抑制恶性肿瘤发生的基因，在调节人体细胞的复制、遗传物质 DNA 损伤修复、细胞的正常生长方面有重要作用。如果其结构或顺序发生了改变（称为“突变”），那么它所具有的抑制肿瘤发生的功能就会受到影响。手术后，朱莉患乳腺癌的可能性从 87% 降到了 5%。

苹果公司的传奇总裁史蒂夫·乔布斯在与癌症斗争的过程中接纳了不同的治疗方式，成为世界上第一个对自身所有 DNA 和肿瘤 DNA 进行排序的人。为此，他支付了高达几十万美元的费用。所以，他获得的不是一个只有一系列符号的样本，而是包括整个基因密码的数据文档。

对于一个普通的癌症患者，医生只能期望他的 DNA 排列同试验中使用的样本足够相似。但是，史蒂夫·乔布斯的医生们能够基于乔布斯的特定基因组成，按所需效果用药。如若癌症病变导致药物失效，医生可以及时替换另一种药，也就是乔布斯所说的，“从一片睡莲叶跳到另一片上”。乔布斯开玩笑说：“我要么是第一个通过这种方式战胜癌症的人，要么就是最后一个由于这种方式死于癌症的人。”虽然他的愿望都没有实现，但是这种获得所有数据而不仅是样本的方法还是将他的生命延长了好几年。

抗击癌症还有很长的路要走。癌症是非常复杂的疾病，不同的癌症有着不同的发病机制，而且起关键作用的基因也不全相同。同时，基因的数目庞大（25 000 个左右），而样本量小、信号弱，从中筛选出与特定癌症相关的候选基因十分困难。对于这种数据（基因表达、SNP、甲基化、突变等）进行降维、统计推断的需求，极大地推动了统计学相关领域的发展。

案例 19　醉汉的脚步：葡萄酒分数的随机性

制作人：徐立霞；

适用课程：统计学，概率统计，统计模型与统计实验；

使用说明：可作为教与学的一个案例。

“醉汉的脚步”（The Drunkard's Walk）是用来解释随机性的一种数学统计模型，起源于英国数学家卡尔·皮尔逊的“随机游走”理论，比如液体的分子运动、股市的价格波动、动物的觅食路径、醉汉的脚步，都是以不规则的、不可预测的“随机游走”模式运动的。根据随机性定律，酒评家的分数也是一种具有随机性和偶然性的随机变量。请同一位品尝者再过一小时重新品尝同一款酒，可能会给出不同的分数；请不同品尝者在同一时间或相近时间品尝同一款酒，大家给出的分数可能更是天壤之别。例如加利福尼亚州塔布拉斯－格里克酒庄（Tablas Creek Vineyard）的 2002 年份塔布拉斯干红（Côtes de Tablas），*Wine Advocate* 杂志在 2004 年 8 月给予 90 分，*Wine Spectator* 杂志在 2005 年 1 月只给予 78 分。在 *Wine Advocate* 评分体系，90 分（90～95 分范围）属于“具有特殊的复杂性和个性的出色的葡萄酒”；在 *Wine Spectator* 评分体系，78 分（70～79 分范围）属于“尚可饮用但可能有轻微缺陷的平庸的葡萄酒”。那么，消费者究竟该如何判断这款葡萄酒？是不是可以把两家杂志给予的分数加起来去平均，即“90＋78”除以 2，最终得出 84 分的结论？

“醉汉的脚步”（图 1-7）的作者列纳德·蒙洛迪诺还提出一种假设：如果葡萄酒的得分是 90 分，品酒记录表为 15 份，一种可能是 15 份品酒记录表给予的分数都是 90 分，另一种可能是 15 份品酒记录表给予的分数分别为 80、81、82、87、89、89、90、90、90、91、91、94、97、99、100 分，这 15 个分数的均值同样是 90 分，那么这意味着什么呢？蒙洛迪诺分析指出：“所有酒评分数都是 90 分的数据，其样本标准差为 0，这告诉我们，所有数据都与均值相同。但当样本标准差较大时，数据就没有簇集在均值附近。那个取值在 80 分到 100 分的葡萄酒分数集，其样本标准差为 6 分。根据一个经验规则可知，大多数评分与均值的差都落在 6 分之内。此时我们对这种酒所能真正给出的评价，它的分数很可能落在 84 分到 96 分。”

图 1-7　醉汉的脚步

在品酒会上给一款葡萄酒打分时，通常是以各位评委的分数之和除以评委人数，去取一个平均值。而根据随机性定律，均值并不能准确地反映一款葡萄酒的真实水平，甚至还会掩盖部分真相。除了均值，我们还应该考虑到反映数据离散程度的样本标准差，也即样本方差的算术平方根。如此说来，葡萄酒评比大赛不但需要邀请公证员监督公证，似乎还应该邀请一位研究概率与统计的数学家。

案例 20　巨无霸指数

制作人：管于华；
适用课程：统计学，统计指数；
使用说明：可作为教与学的一个案例。

巨无霸指数（Big Mac index）是一个非正式的经济指数，用以测量两种货币的汇率理论上是否合理。这种测量方法假定购买力平价理论成立。此指数是由《经济学人》的编辑帕姆·伍德尔（Pam Woodall）（毕业于曼彻斯特大学及伦敦政经学院，主修经济）于 1986 年 9 月推出，此后该报每年出版一次新的指数。该指数在英语国家里衍生了“Burgernomics”（汉堡包经济）一词。

购买力平价的大前提为两种货币的汇率会自然调整至一水平，使一篮子货品在该两种货币的售价相同（一价定律）。在巨无霸指数中，该一篮子货品就是一个在麦当劳连锁快餐店里售卖的巨无霸。选择巨无霸的原因是，该产品在多个国家均有供应，而它在各地的制作规格也大致相同，由当地麦当劳的经销商负责为材料议价。这些因素使该指数能有意义地比较各国货币。

两国的巨无霸的购买力平价汇率的计算方法，是以一个国家的巨无霸以当地货币的价格，除以另一个国家的巨无霸以当地货币的价格。该商数用来跟实际的汇率比较；要是商数比汇率低，就表示第一国货币的汇价被低估了（根据购买力平价理论）；相反第一国货币的汇价被高估了。

下面举例说明。假设一个巨无霸在美国的售价为＄2.50，在英国的售价为￡2.00；购买力平价汇率就是 $2.50 \div 2.00 = 1.25$。要是＄1 能买入￡0.55（或￡1 =＄1.82），则表示以两国巨无霸的售价而言，英镑兑美元的汇价被高估了 45.6% $[(1.82 - 1.25) \div 1.25 \times 100\%]$。

用汉堡包测量购买力平价是有其局限的。比方说，当地税收、商业竞争力及汉堡包材料的进口税可能无法代表该国的整体经济状况。在许多国家，像在麦当劳这样的国际快餐店进餐要比在当地餐馆贵，而且不同国家对巨无霸的需求也不一样。例如在美国，低收入的家庭可能会一周几次在麦当劳进餐，但在马来西亚，低收入者可能从来就不会去吃巨无霸。尽管如此，巨无霸指数广为经济学家引述。

在 2004 年 1 月，《经济学人》推出了“中杯鲜奶咖啡指数”（Tall Latte index）。计算原理一样，但巨无霸被一杯星巴克（Starbucks）咖啡取代，标志着该连锁店的全球扩展。在 1997 年，该报也出版了一份“可口可乐地图”，显示每个国家的人均可乐饮用量越高，平均健康程度越低。

小课题实践

课题 1　试讨论第二次世界大战后日本产业起死回生与统计应用的关系；
课题 2　运用“人口金字塔”对中、日、美做人口对比研究；

课题3　收集数据绘制中国3 000余年的人口发展曲线；

课题4　学习、使用本福特定律，请选择一实际现象（如大学生论文、上市公司财报或网站点击率），分析其中的作假行为。

参考文献

[1] 张远南. 概率和方程的故事［M］. 北京：中国少年儿童出版社，2005.

[2] 魏振军. 探访随机世界［M］. 北京：中国统计出版社，2010.

[3] 魏振军. 漫游数据王国［M］. 北京：中国统计出版社，2010.

[4] 香香公主. 完美男人的概率是多少？［J］家庭科学·新健康，2009（3）.

[5] 王静龙，梁小筠. 魅力统计［M］. 北京：中国统计出版社，2012.

[6] ［美］C·R·劳. 统计与真理：怎样运用偶然性［M］. 李竹渝，译. 北京：科学出版社，2004.

[7] 本福特定律，人口金字塔，百度百科.

[8] ［美］艾伦伯格. 魔鬼数学：大数据时代，数学思维的力量［M］. 胡小锐，译. 北京：中信出版社，2015.

[9] http：//www. wines – info. com/html/2013/4/145 – 50698. html

第二部分　中型案例

本部分选择了中短型的经典应用案例和打动人心的事例，它们的特点是有一些简明的统计分析但不失趣味。

案例 1　阿曼达比萨连锁店

制作人：王庚；

适用课程：统计学，概率论与数理统计，统计模型与统计实验；

使用说明：可作为教与学的一个案例。

根据阿曼达比萨季度销售收入与学生人数数据（表 1-1），试研究学生人数与阿曼达比萨销售收入之间的关系。有一家连锁店位于拥有 24 000 名学生的校园附近，请预测这家连锁店的季度销售收入。

表 1-1　阿曼达比萨季度销售收入与学生人数

连锁店 (i)	学生人数 /千人 (x_i)	销售收入 /千美元 (y_i)	连锁店 (i)	学生人数 /千人 (x_i)	销售收入 /千美元 (y_i)
1	2	58	6	16	137
2	6	105	7	20	157
3	8	88	8	20	169
4	8	118	9	22	149
5	12	117	10	26	202

Minitab 解：

步 1：将数据输入 Minitab-15（图 1-8）。

步 2：研究两者的关系，作散点图（图 1-9）。

↓	C11 学生人数	C12 销售收入
1	2	58
2	6	105
3	8	88
4	8	118
5	12	117
6	16	137
7	20	157
8	20	169
9	22	149
10	26	202
11		

图 1-8　数据表

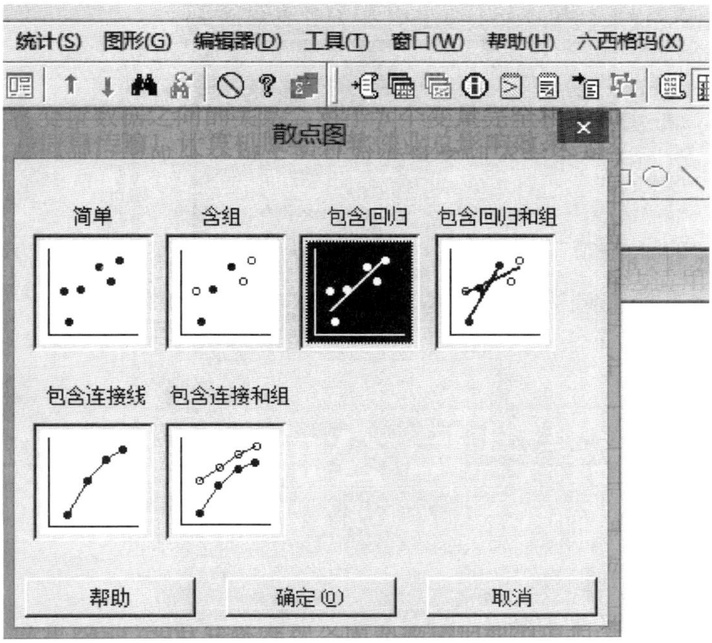

图 1-9　散点图菜单

步 3：计算相关系数（图 1-10）。

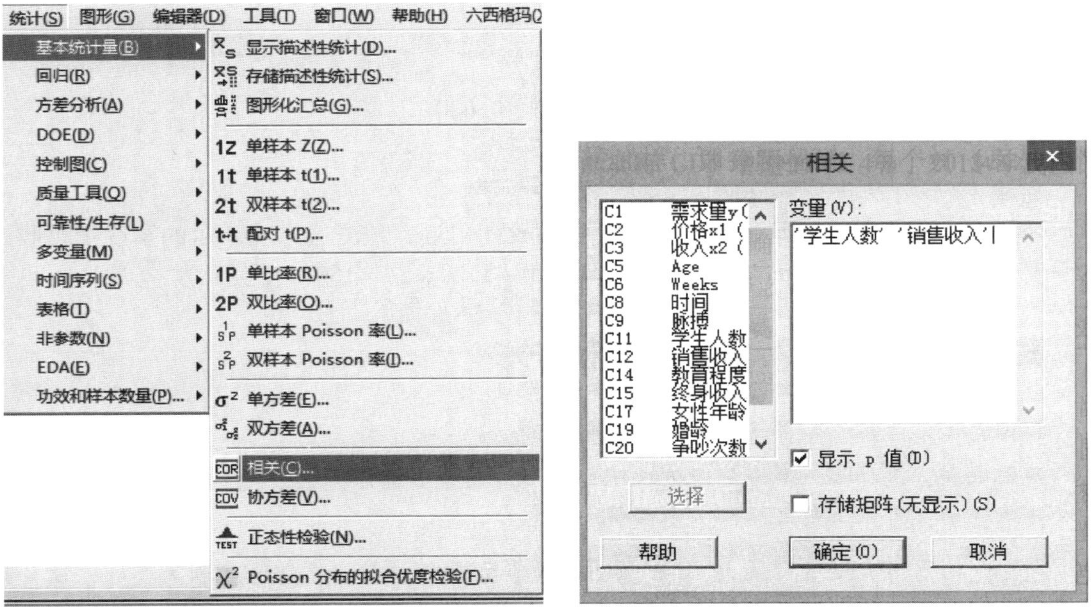

图 1-10　相关系数菜单

学生人数和销售收入的 Pearson 相关系数为 0.950，p 值为 0.000。

步 4：作回归（图 1-11）。

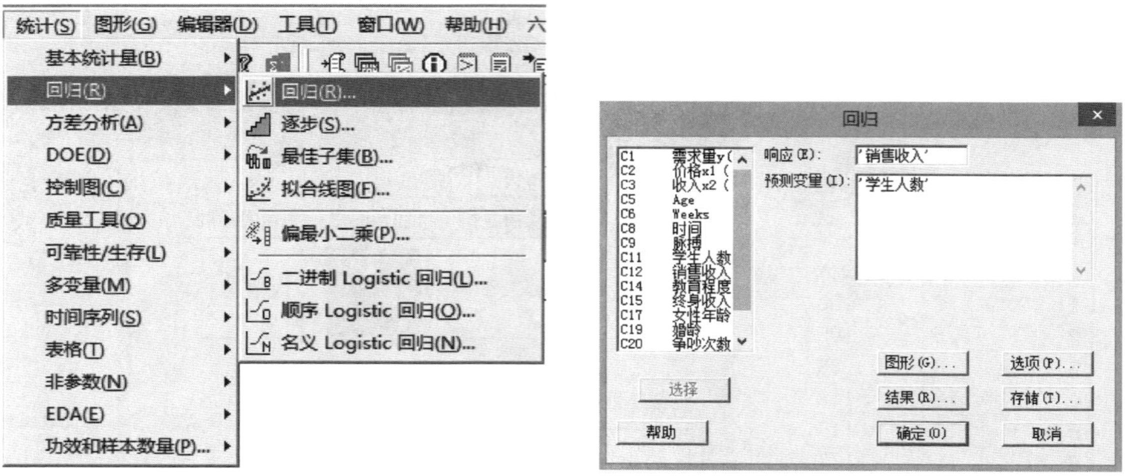

图 1-11　回归菜单

回归方程为：

销售收入 =60.0 +5.00 × 学生人数

自变量	系数	系数标准误	T	p
常量	60.000	9.226	6.50	0.000
学生人数	5.0000	0.5803	8.62	0.000

$S = 13.8293$　$R-Sq = 90.3\%$　$R-Sq$（调整）$= 89.1\%$

方差分析：

来源	自由度	SS	MS	F	p
回归	1	14 200	14 200	74.25	0.000
残差误差	8	1 530	191		
合计	9	15 730			

因此一家连锁店位于拥有 24 000 名学生的校园附近，预测这家连锁店的季度销售收入为季度销售收入 =60.0 +5.00 × 学生人数 =60.0 +5.00 ×24 =180（千美元）。

案例 2　终身收入与教育程度相关

制作人：王庚；

适用课程：统计学，概率论与数理统计，统计模型与统计实验；

使用说明：可作为教与学的一个案例。

在美国接受过大学教育的人，一生工作的收入要比高中毕业的人多出百万美元，这一趋势在 20 世纪 70 年代就已显现，到了 20 世纪 90 年代，由于高科技产业的兴起和经济全球化，社会对高科技、商业管理人才的需求量大增，大学毕业生收入增长的幅度远远超过高中毕业生。美国教育程度与终身收入统计见表 1-2，请分析以上情况也使得教育与收入成正比成为普遍现象。

表 1-2　美国教育程度与终身收入统计

教育程度	终身收入（按工作 40 年计算）/万美元	教育程度	终身收入（按工作 40 年计算）/万美元
职业性学位	440	大专毕业	160
博士毕业	340	受过高等教育但未获学位	150
硕士毕业	250	高中毕业	120
大学毕业	210	高中以下	100

Minitab 解：

步 1：将数据输入 Minitab-15（图 1-12）。

C14 教育程度	C15 终身收入
1	100
2	120
3	150
4	160
5	210
6	250
7	340
8	440

图 1-12　数据表

步 2：研究两者关系，作散点图（图 1-13）。

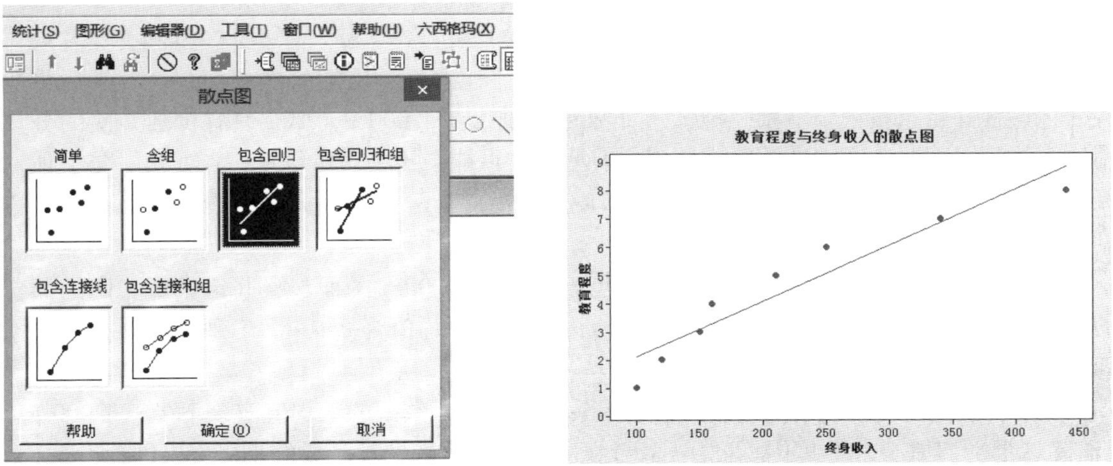

图 1-13　散点图菜单

步3：计算相关系数（图1-14）。

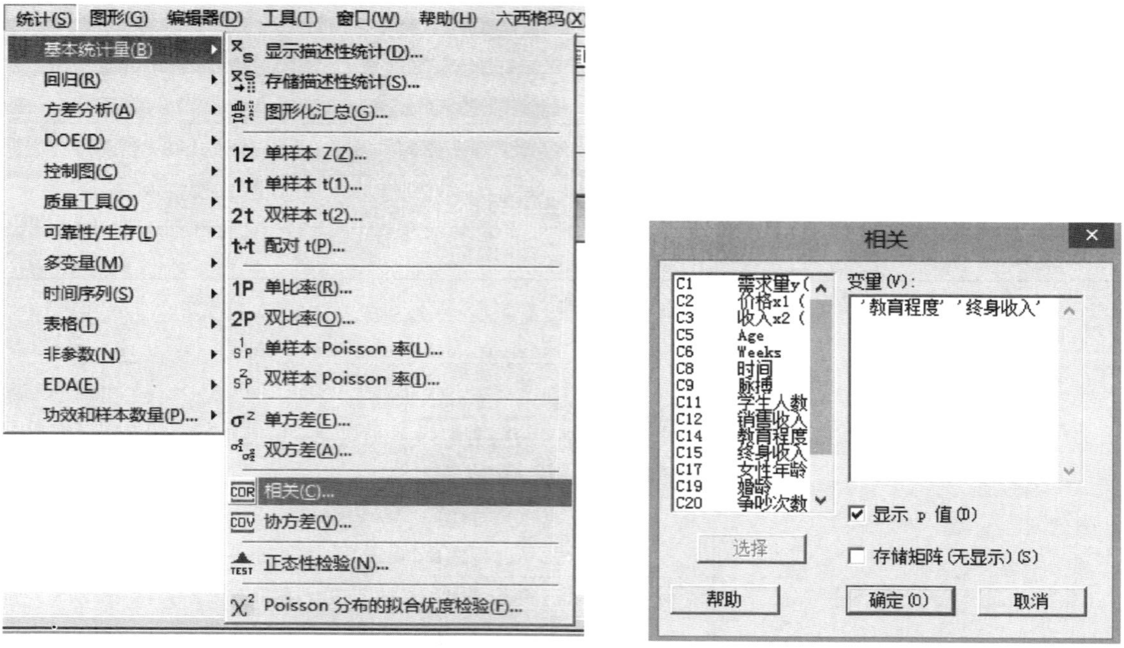

图1-14　相关系数菜单

教育程度和终身收入的Pearson相关系数为0.950，p 值 $=0.000$。

案例3　庞加莱看破面包店的小伎俩

制作人：王庚；

适用课程：统计学，概率论与数理统计，统计模型与统计实验；

使用说明：可作为教与学的一个案例。

很久以前，有一个地方居住着一位叫亨利·庞加莱的数学家。有一天，亨利突然发现自己每天去面包店购买的重量应该为1 000 g的面包手感很轻，之后每次买面包，回来后将所买面包过秤并将重量记录下来。他知道如果平均重量为1 000 g，那么只有少数几次的分量不够不能证明面包店有意欺骗顾客，因为有些时候可能会比平均重量重一点。第一年，他发现他的面包平均重量为950 g，平均起来被骗了5%，于是他向有关部门投诉该面包店。亨利将证据交给了警方，警方则对面包店发出了警告。

问题：数学家庞加莱每天都从一家面包店买一块1 000 g的面包，并记录下买回的面包的实际重量。一年后，这位数学家发现，所记录数据的均值为950 g。于是庞加莱推断这家面包店的面包分量不足。

建模：假设“面包分量足”，则一年购买面包的重量数据的平均值应该不少于1 000 g。

“这个平均值不大于950 g”是一个与假设“面包分量足”矛盾的小概率事件；

这个小概率事件的发生使庞加莱得出推断结果。

模型：假设检验问题由两个互斥的假设构成，其中一个叫作原假设，用 H0 表示；另一个叫作备择假设，用 H1 表示。

例如，在前面的例子中，原假设 H0 为面包分量足，备择假设 H1 为面包分量不足。

这个假设检验问题可以表达为：H0：面包分量足↔H1：面包分量不足。

求解：

考虑假设检验问题：

H0：面包分量足↔H1：面包分量不足。

求解思路：

（1）在 H0 成立的条件下，构造与 H0 矛盾的小概率事件；

（2）如果样本使得这个小概率事件发生，就能以一定把握断言 H1 成立；否则，断言没有发现样本数据与 H0 相矛盾的证据。

之后，庞加莱继续记录着面包每天的分量，这次平均差不多正好是 1 000 g，但它们的分布不是正态分布，而是明显地向右偏。面包店一定做了什么手脚。他仔细地观察了数据，发现分布的右侧部分和以前的正态分布的右侧部分非常相似。庞加莱这才发现，面包店还是和以前一样在做分量远远不到 1 000 g 的面包，只是为了避免他投诉，当庞加莱购买时才特意选分量较重的面包卖给他，第二年，庞加莱再次向有关部门投诉，将证据交给了警方，警方则对面包店发出了第二次警告。当警察再次光临该店时，老板感到很惊讶，因为由于被投诉面包分量不足，他总是卖给该顾客最大的面包。那之后，面包店终于改过自新，不再在面包的分量上做手脚了。

案例 4　百吉饼背后的统计思考

制作人：杨博文；

适用课程：统计学，概率论与数理统计，统计模型与统计实验；

使用说明：可作为教与学的一个案例。

一、背景介绍

费尔德曼 20 多年里一直在华盛顿从事分析工作。他职位很高，收入颇丰，但每当同事提到他时，对他的称呼最多的不是“公共研究组组长”（这确实是他当时的职位），而是“带百吉饼来的人”。送百吉饼最初只是费尔德曼偶一为之的奖励措施：员工拿到研究合同就会得到他的犒赏。接着，这成了他的习惯，每周五他都会带百吉饼、一把锯齿刀和奶油乳酪到单位。上下楼的同事听说了百吉饼的事后，也纷纷表示想要。到最后，他每周要带上 15 打百吉饼，为收回成本，他摆了一个投币篮，贴了一张价签。结果，其成本回收率约为 95%，他认为，没给钱的人是因为一时疏忽，而非有意占他便宜。

1984 年，他就职的研究机构经历了管理层更迭，他决定辞职卖百吉饼。每天一早，他会将百吉饼和一个投币篮放在各家公司的餐室，然后中午再回来收走钱和剩余的百吉饼。仅仅几年，费尔德曼的周送货量就达到了 8 400 块百吉饼，业务遍及 140 家公司，收入恢复到了他做研究分析员时的水平。

他同时还在无意之中设计了一场巧妙的经济学实验，费尔德曼从一开始就在一丝不苟地记录百吉饼生意的数据。因此，通过对比回收所得与百吉饼缺失数量，他发现他可以衡量客户的诚信度，且精确到分。他们是否占了他的便宜？如果存在此种行为，好占便宜的公司相比不占便宜的公司有何特点？什么情况会助长人们小偷小摸的行为？什么又会减少此类行为？

二、百吉饼数据分析

1. 公众的同情心影响诚信度

近些年，总体付款率经历了两次值得注意的变化。其一是 1992 年起出现的长期而缓慢的下降。至 2001 年夏，总体付款率已经下滑到 87% 左右。但“9・11”事件发生之后，付款率立即上涨了整整 2%，且此后再未出现明显回落。（假如付款率上涨 2% 听起来不算多，那换个角度想：未付率从 13% 下降到了 11%，即盗窃数量下滑了 15%。）由于费尔德曼的不少客户均在国安部门工作，这种“9・11”效应或许有些爱国主义色彩，这也有可能表明公众的同情心有了普遍的提高。

2. 小办公室比大办公室更守信

数据还显示，只有几十名员工的办公室付款率要比几百人的办公室高出 3% ~5%，这似乎有违常识。在大办公室，百吉饼桌旁理应常有许多人在场，在众目睽睽之下，人们不得不投币进钱箱。但大小办公室的对比说明，百吉饼盗窃与街头犯罪类似。农村地区的人均街头犯罪率远低于城市，主要原因是农村地区的罪犯被发现（进而被抓获）的概率更高。此外，在规模较小的社群，预防犯罪的社会因素更加强大，其中一大因素就是羞耻心。

3. 个人情绪对守信程度的影响

例如，天气就是一大影响因素：反常的好天气能提高人们的付款率；而与之相对，遇到反常的寒冷天气，则会出现大量未付款的现象。暴雨或强风天气也有同样的影响，影响最恶劣的是节假日：在圣诞周，付款率会下降 2%，即盗窃数量上升 15%，这与“9・11”造成的影响程度相同，但效果相反；感恩节与圣诞周情况类似；情人节当周也非常糟糕；4 月 15 日所在周也是这样。但也有情况不同的节日，如 7 月 4 日、劳动节和哥伦布纪念日所在周。两种节日有什么差别？欺诈率较低的节日仅仅放假一天，而欺诈率较高的节日则放假多天，可能会遇到各种各样的烦心事，以及面对来自亲人的压力。

4. 费尔德曼对守信的看法

费尔德曼逐渐相信，工作士气是一大因素，如员工爱戴自己的老板、热爱本职工作，这样的办公室更加守信。同时他还相信，公司内地位比较高的员工欺诈率要高于底层员工。他多年为一家三层楼的公司送百吉饼，从中得出了这一观点——该公司顶层为主管办公室，较低的两层为销售、服务和行政的办公室。费尔德曼猜测，这些主管有欺诈行为是因为特权思想膨胀。他所没有考虑的因素是，欺诈或许原本就是他们坐上主管之位的手段。

案例 5　约翰・斯诺的统计地图战胜“霍乱王”

制作人：王庚；

适用课程：统计学，概率论与数理统计，统计模型与统计实验；

使用说明：可作为教与学的一个案例。

19 世纪以前，霍乱仅出现在印度。随着航海业的发达，1825—1854 年霍乱被带到了欧洲和北美洲。由于没有公共卫生的保驾护航，霍乱成了欧洲工业化城市的夺命恶魔。1829 年，莫斯科霍乱暴发，3.3 万人死亡。1832 年，巴黎霍乱暴发，6 个月内 1.8 万人病死，相当于当时巴黎人口的 2%。1831 年到 1833 年，霍乱在英国流行，2 万人死于非命。1848—1849 年，霍乱再次肆虐英国，夺去了 5 万人的生命。

一、约翰·斯诺出现

时势造英雄。在这样的背景下，现代公共卫生史上一个重要的人物，现代流行病学之父约翰·斯诺（John Snow，1813—1858）出现了。如果没有控制伦敦霍乱流行的紧迫需要，斯诺也许只是伦敦一个成功的社区医生和麻醉医生，不会名垂现代公共卫生史。如果没有 1848—1849 年的霍乱大流行，斯诺的临床研究也将局限于个体疾病和疼痛控制的水平上。伦敦霍乱暴发给斯诺带来了新的关于群体疾病的智力挑战。

二、霍乱的传染方式

当时包括查德威克和法尔（William-Farr）在内的卫生改良运动和医学主流的代表人物和政府官员都相信“瘴气学说”，认为霍乱是由“瘴气”经呼吸道传染的。然而，斯诺根据研究乙醚和氯仿的经验和对 1848 年霍乱暴发的分析发现“瘴气学说”不能解释为什么救治病人的医生与病人长时间接触没有得病的现象，也不能解释为什么霍乱可以从一个社区传到另一个较远的社区，而两个暴发社区中间的社区反而没有霍乱暴发的现象。1849 年，在掌握大量第一手资料的基础上，斯诺发表了《论霍乱的传播和传播途径》论文，提出霍乱的传染不是呼吸源性而是水源性的。然而，他的论文并没有引起主流社会注意。

三、1854 年伦敦霍乱

斯诺没有放弃，在做麻醉医生的同时，他继续关注和研究霍乱。5 年后，1854 年 8 月 28 日，在离斯诺诊所不到 10 条街的金广场附近的宽街暴发了霍乱。5 天内，127 人病死。一周内 3/4 的居民出于恐惧逃离社区。3 周后，死亡人数达到 500 人。42 岁的医学博士斯诺认为在这么短的时间里出现这么大量的病死说明有一个集中的污染水源。从第一天开始他就每天到现场进行调查。然而，他在自己的实验室分析了附近几口井取的水样后发现宽街井水比附近所有的井水都清澈无味，也没有发现任何浑浊物。而且，离暴发区最近的宽街井水一直是社区最可靠的干净水源。要怀疑宽街井水是污染源必须有充分的证据，否则没人相信。

四、利用统计地图分析

斯诺从分析已有的死亡资料开始收集证据（图 1-15）。在分析政府提供的宽街附近霍乱死亡名单并和病人及其家属交谈后，斯诺了解到绝大多数病人和病死者都在发病前喝了宽街井水。斯诺还发现了三个奇怪的现象：①在宽街井附近一个有 535 名员工的圣詹姆工厂的员工的霍乱病死率远远低于宽街附近居民的霍乱病死率；②在宽街的狮子酿酒厂没有人死于霍乱；③在宽街附近欧力兄弟工厂的员工有很高的霍乱病死率。为什么会出现这三个奇怪的现象？

图 1-15　伦敦霍乱统计地图

注：黑点表示死者住地，黑方块表示井的位置

带着问题，斯诺再次来到现场。调查结果证实宽街井水确实是霍乱暴发的源头：①圣詹姆工厂有自己的安全水源，没有人喝宽街井水；②狮子酿酒厂的工人可以免费喝啤酒，所以，也没有人喝宽街井水；③欧力兄弟工厂安装了两条连接宽街井的水管，专门满足工人的日常饮水需要。调查中，斯诺还了解到欧力兄弟的母亲和表弟，住在离宽街数英里①之外的伦敦郊区，最近也死于霍乱。进一步询问发现，因为欧力兄弟的母亲喜欢宽街井水的口味，孝顺的兄弟每周定期将宽街井水送到他们母亲的家里。

五、战胜“霍乱王”

有了以上证据，斯诺参加 9 月 7 日晚上社区管理委员会召开的紧急会议，要求发言。尽管社区委员会成员对斯诺的宽街井水病源说持怀疑态度，但是，因为斯诺收集的证据很有说服力，加上社区委员会也没有其他办法，所以，社区委员会投票同意斯诺的建议：关闭宽街井。

1854 年 9 月 8 日上午，宽街井水泵把手被卸掉，宽街井被关闭。在数天时间里，霍乱病死率迅速下降，最后一个霍乱病人死于 9 月 19 日。后来的调查发现，霍乱的传染源是一位住在宽街 40 号，8 月 28 日发病的 5 个月大的女婴。宽街 40 号住房离宽街井只有几步路远。当病婴母亲将清洗病婴呕吐物和腹泻粪便的污水倒进门前的污水粪便处理池时，霍乱弧菌就乘机随着溢出的污水悄悄地通过井边的裂纹污染了宽街井水。有意思的是，宽街霍乱暴发从宽街 40 号开始，也在宽街 40 号结束：5 个月大的女婴 8 月 28 日发病，5 天后死去。女婴的父亲，一位年轻的警察，在宽街井水泵把手卸掉的 9 月 8 日发病，11 天后病死。斯诺在宽街霍乱暴发后采取的卸掉井泵把手的干预措施，不但有效地控制了宽街霍乱暴发，还成功地预防了宽街很可能出现的第二次霍乱暴发。

六、评价

斯诺使用一张地图来阐明霍乱是如何集中于抽水机旁的。同时他将统计学应用于其对于霍乱源头的探寻。

---

① 1 英里≈1.61 千米。

案例 6　大马哈鱼产地的判别分析

制作人：王芳；
适用课程：统计学，多元统计分析；
使用说明：可作为教与学的一个案例。

大马哈鱼是著名的冷水性溯河产卵洄游鱼类，它们出生在江河淡水中，却在太平洋的海水中长大，素以肉质鲜美、营养丰富著称于世，历来被人们视为名贵鱼类。

大马哈鱼在海洋里生长 4 年左右，会不顾路途遥远，千里甚至万里迢迢准确洄游到它诞生的淡水江河中产卵。由于大马哈鱼数目众多，并且它们的这一旅行是单程的（一般产卵后都死在江河中），所以洄游会把它们在海洋中吸收的大量的物质和能量带回内陆，养活了内陆许多的生物，比如北美灰熊就是一种十分依赖大马哈鱼的动物，在北美的大马哈鱼洄游区域内有 200 多类物种把大马哈鱼当作赖以生存的食物，这一区域的森林里 80% 的氮是由大马哈鱼从海洋带进来的。所以，大洄游实现了大自然内的物质和能量的循环。

大马哈鱼对美国和加拿大两国来说都是一种有价值的资源。由于这种资源有限，因此必须有效管理。此外，由于这个问题与两个国家有关，必须公平解决。也就是说，阿拉斯加的商业捕鱼者不能捕捞过多的加拿大产的大马哈鱼；反之亦然。

为了实现规范捕捞，在捕鱼季节，管理人员从捕获的鱼中进行抽样检查，以识别鱼是来自阿拉斯加还是来自加拿大。鱼鳞上的年轮可提示产地。典型的情况是阿拉斯加产的大马哈鱼的淡水生长年轮比加拿大产大马哈鱼的要小。从每个来源地各捕获 50 条鱼，并且分别对它们生活在淡水中时和随后生活在咸水中时的生长年轮直径进行测量。表 1-3 中给出了年轮的直径数据，其中 x_1 表示第一年淡水生长的年轮直径（百分之一英寸①），x_2 表示第一年海洋生长的年轮直径（百分之一英寸）。

表 1-3　大马哈鱼的年轮的直径数据　　单位：0.01 英寸

序号	大马哈鱼产地	x_1	x_2	序号	大马哈鱼产地	x_1	x_2	序号	大马哈鱼产地	x_1	x_2	序号	大马哈鱼产地	x_1	x_2
1	阿拉斯加	108	368	26	阿拉斯加	85	444	1	加拿大	129	420	26	加拿大	134	383
2	阿拉斯加	131	355	27	阿拉斯加	109	397	2	加拿大	148	371	27	加拿大	117	355
3	阿拉斯加	105	469	28	阿拉斯加	106	442	3	加拿大	179	407	28	加拿大	126	345
4	阿拉斯加	86	506	29	阿拉斯加	82	431	4	加拿大	152	381	29	加拿大	118	379
5	阿拉斯加	99	402	30	阿拉斯加	118	381	5	加拿大	166	377	30	加拿大	120	369
6	阿拉斯加	87	423	31	阿拉斯加	105	388	6	加拿大	124	389	31	加拿大	153	403
7	阿拉斯加	94	440	32	阿拉斯加	121	403	7	加拿大	156	419	32	加拿大	150	354
8	阿拉斯加	117	489	33	阿拉斯加	85	451	8	加拿大	131	345	33	加拿大	154	390

① 1 英寸≈2.54 厘米。

续表

序号	大马哈鱼产地	x_1	x_2	序号	大马哈鱼产地	x_1	x_2	序号	大马哈鱼产地	x_1	x_2	序号	大马哈鱼产地	x_1	x_2
9	阿拉斯加	79	432	34	阿拉斯加	83	453	9	加拿大	140	362	34	加拿大	155	349
10	阿拉斯加	99	403	35	阿拉斯加	53	427	10	加拿大	144	345	35	加拿大	109	325
11	阿拉斯加	114	428	36	阿拉斯加	95	411	11	加拿大	149	393	36	加拿大	117	344
12	阿拉斯加	123	372	37	阿拉斯加	76	442	12	加拿大	108	330	37	加拿大	128	400
13	阿拉斯加	123	372	38	阿拉斯加	95	426	13	加拿大	135	355	38	加拿大	144	403
14	阿拉斯加	109	420	39	阿拉斯加	87	402	14	加拿大	170	386	39	加拿大	163	370
15	阿拉斯加	112	394	40	阿拉斯加	70	397	15	加拿大	152	301	40	加拿大	145	355
16	阿拉斯加	104	407	41	阿拉斯加	84	511	16	加拿大	153	397	41	加拿大	133	375
17	阿拉斯加	111	422	42	阿拉斯加	91	469	17	加拿大	152	301	42	加拿大	128	383
18	阿拉斯加	126	423	43	阿拉斯加	74	451	18	加拿大	136	438	43	加拿大	123	349
19	阿拉斯加	105	434	44	阿拉斯加	101	474	19	加拿大	122	306	44	加拿大	144	373
20	阿拉斯加	119	474	45	阿拉斯加	80	398	20	加拿大	148	383	45	加拿大	140	388
21	阿拉斯加	114	396	46	阿拉斯加	95	433	21	加拿大	90	385	46	加拿大	150	339
22	阿拉斯加	100	470	47	阿拉斯加	92	404	22	加拿大	145	337	47	加拿大	124	341
23	阿拉斯加	84	399	48	阿拉斯加	99	481	23	加拿大	123	364	48	加拿大	125	346
24	阿拉斯加	102	429	49	阿拉斯加	94	491	24	加拿大	145	376	49	加拿大	153	352
25	阿拉斯加	101	469	50	阿拉斯加	87	480	25	加拿大	115	354	50	加拿大	108	339

由以上样本数据，可知阿拉斯加产的和加拿大产的大马哈鱼年轮均值及协方差矩阵分别为

$$\overline{\boldsymbol{X}}_1=\begin{bmatrix}98.380\\429.660\end{bmatrix},\quad \boldsymbol{S}_1=\begin{bmatrix}260.608 & -188.093\\-188.093 & 1\,399.086\end{bmatrix}$$

$$\overline{\boldsymbol{X}}_2=\begin{bmatrix}137.460\\366.620\end{bmatrix},\quad \boldsymbol{S}_2=\begin{bmatrix}326.090 & 133.505\\133.505 & 893.261\end{bmatrix}$$

假定阿拉斯加产的和加拿大产的两类大马哈鱼具有相同的错分代价和相同的先验概率，根据平均错分代价最小法则（ECM），可以采用线性判别函数来进行判别：$\hat{y}=(\bar{x}_1-\bar{x}_2)'\boldsymbol{S}_{\text{pooled}}^{-1}x-\frac{1}{2}(\bar{x}_1-\bar{x}_2)'\boldsymbol{S}_{\text{pooled}}^{-1}(\bar{x}_1+\bar{x}_2)$，其中，$\boldsymbol{S}_{\text{pooled}}$为两类协方差的联合协方差矩阵，即

$$\boldsymbol{S}_{\text{pooled}}=\left[\frac{n_1-1}{(n_1-1)+(n_2-1)}\right]\boldsymbol{S}_1+\left[\frac{n_2-1}{(n_1-1)+(n_2-1)}\right]\boldsymbol{S}_2$$

于是，可以得到线性判别函数为

$$\hat{y}=-5.54-0.128x_1+0.052x_2$$

对于一个新的待判大马哈鱼，将其年轮 X_0 代入线性判别函数后，如果 $\hat{y}\geqslant 0$，表明该鱼属于第一类，即产地为阿拉斯加；如果 $\hat{y}<0$，表明该鱼产地为加拿大。

案例7　能源消费量对碳排放量的影响研究

制作人：张艳芳；
适用课程：统计学，概率论与数理统计；
使用说明：可作为教与学的一个案例。

江苏省和云南省2004—2007年碳排放量和能源消费量数据见表1-4。

表1-4　江苏省和云南省2004—2007年碳排放量和能源消费量数据 单位：吨标准煤

年份	江苏省		云南省	
	碳排放量	能源消费量	碳排放量	能源消费量
2004	95 834 894	13 652	32 732 120	5 210
2005	120 504 325	16 895	40 275 737	6 024
2006	132 160 007	18 742	48 562 056	6 641
2007	146 201 594	20 604	56 635 018	7 173

试问：能源消费量对碳排放量是否有显著影响。

一、协方差分析简介

1. 协方差分析的必要性

研究t个总体的均值是否存在显著差异，通常采用方差分析法。如果t个总体的均值受到一些不可控因素的影响，这时若仍采用方差分析法，可能得到的结论会不准确。为了提高分析的准确度和精确度，必须是使所有总体的试验条件一致。如果试验指标为y，而影响不一致的因素x可以测量，则x叫作协变量或伴随变量。x影响了试验单元的均匀性，从而影响了y的结果，因此，利用方差分析得不出真实的结论。而协方差分析是将回归分析和方差分析结合起来，用于检验两个或多个修正均值间有无差别的一种统计分析方法，它将排除协变量对分析结果的影响，从而更加准确地对试验指标进行评价。

2. 基本模型

一个协变量的单因素模型为

$$y_{ij}=\mu+\alpha_i+\beta(x_{ij}-\bar{x})+\varepsilon_{ij}\quad(i=1,2,\cdots,a;\ j=1,2,\cdots,n)$$

其中，y_{ij}是在单因素的第i个处理或水平下取得的第j个观测值，x_{ij}是协变量在第i个处理上的第j个观测值，μ是一般平均值，α_i是第i个处理的效应，β是线性回归系数，ε_{ij}是随机误差项，服从IID$(0,\sigma^2)$。

3. 应用协方差分析模型的基本假设

应用协方差分析的基本假设如下：

(1) 理论上要求各组样本均来自方差相同的正态总体，各观测变量相互独立。但是，通常对于正态分布的要求不太严格。

(2) 各组试验指标（因变量）与协变量存在线性关系，且各条回归直线的系数（斜率）相等，都不为0。如果各条直线的斜率不同，则调整后的试验指标的均值将高度依赖调整时所选用的协变量的水平。

4. 单因素协方差分析的基本步骤

（1）检验基本条件是否满足。

（2）计算总平方和及协方和：$SS_{T_{yy}} = \sum_{i=1}^{a}\sum_{j=1}^{n}(y_{ij} - \bar{y})^2$，$SS_{T_{xx}} = \sum_{i=1}^{a}\sum_{j=1}^{n}(x_{ij} - \bar{x})^2$，$SS_{T_{xy}} = \sum_{i=1}^{a}\sum_{j=1}^{n}(x_{ij} - \bar{x})(y_{ij} - \bar{y})$。

（3）计算组间的平方和及协方和：$SS_{处理_{yy}} = \sum_{i=1}^{a}(\bar{y}_i - \bar{y})^2$，$SS_{处理_{xx}} = \sum_{i=1}^{a}(\bar{x}_i - \bar{x})^2$，$SS_{处理_{xy}} = \sum_{i=1}^{a}(\bar{x}_i - \bar{x})(\bar{y}_i - \bar{y})$。

（4）计算组内平方和及协方和：$E_{yy} = SS_{T_{yy}} - SS_{处理_{yy}}$，$E_{xx} = SS_{T_{xx}} - SS_{处理_{xx}}$，$E_{xy} = SS_{T_{xy}} - SS_{处理_{xy}}$。

（5）构造 F：$F = \dfrac{(SS'_e - SS_e)/(a-1)}{SS_e/[a(n-1)-1]}$，其中，$SS_e = E_{yy} - \dfrac{(E_{xy})^2}{E_{xx}}$，$SS'_e = SS_{T_{xy}} - \dfrac{(SS_{T_{xy}})^2}{SS_{T_{xx}}}$。

（6）如果 F 显著，说明组间存在显著差异。

二、问题解决

1. 基本假设检验

由于方差分析对于正态性的要求不太严格，且表1-4中的数据基本上满足独立性，故主要检验方差齐性是否满足。经Levene's 检验，得到 F 统计量为5.407，其伴随概率 $p = 0.059$。可见，在显著性水平为0.05时，试验指标数据满足方差齐性。

用软件得到碳排放量和能源消费量之间的关系（图1-16）。从图中看出，y 与 x 呈线性关系，且两条直线的斜率基本相同。

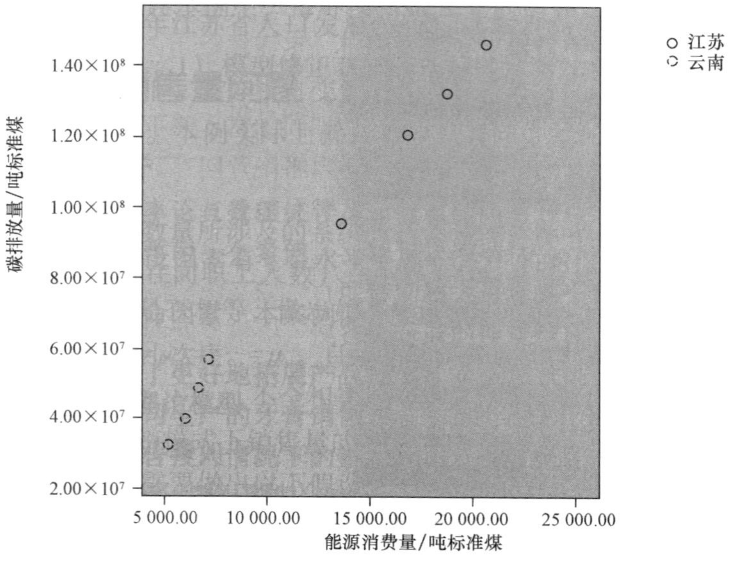

图1-16　碳排放量和能源消费量之间的关系

以上分析表明数据满足协方差分析的基本条件，故接下来可进行协方差分析。

2. 协方差分析

首先，不考虑协变量 x 对 y 的影响进行方差分析，分析结果见表 1-5。由此可得，p 小于 0.05，因此可以认为江苏省和云南省碳排放量存在显著差异。

表 1-5　碳排放方差分析表

方差来源	平方和	自由度	均方	F 统计量	p
组间	6.590×10^{12}	1	6.590×10^{12}	5.605	0.047
组内	5.446×10^{13}	5	1.089×10^{13}		
合计	6.11×10^{13}	6			

由于方差分析未考虑到协变量的影响，为了保证分析结果的准确性和真实性，应进行协方差分析，分析结果见表 1-6。由表 1-6 可以得出，协变量对观察结果造成了显著影响，即能源消费量对碳排放量有显著的影响，所以选择能源消费量为协变量是有统计意义的。在消除了能源消费量对碳排放量的影响之后，江苏省与云南省的碳排放量没有显著差异。

表 1-6　协方差分析表

方差来源	平方和	自由度	均方	F 统计量	*Sig.*
协变量	1.630×10^{15}	1	1.630×10^{15}	149.655	0.000
控制变量	6.590×10^{12}	1	6.590×10^{12}	0.605	0.472
随机变量	5.446×10^{13}	5	1.089×10^{13}		

3. 结果评价

方差分析结果表明，江苏省和云南省的碳排放量存在显著差异，且江苏省的碳排放量远远多于云南省。而由协方差分析可知，能源消费量对碳排放量影响显著，在消除此显著影响之后，两省的碳排放量不再有显著差异。据此得出，江苏省碳排放量显著高于云南省的主要原因是两省能源消费量的差异。江苏省的经济发展水平高于云南省，对于能源的需求肯定高于云南省，即经济发展水平决定了江苏省能源消费量大于云南省，这样一来，使用能源强度的加大，必然会造成碳排放量的增加。

案例 8　全国味精需求量的计量经济模型

制作人：李庆海；

适用课程：统计学，计量经济学；

使用说明：可作为教与学的一个案例。

一、依据经济理论选择影响味精需求量变化的因素

依据经济理论，一种商品的需求量主要取决于四个因素，即商品价格、代用品价格、消

费者收入水平、消费者偏好。其模型为

商品需求量 =f（商品价格，代用品价格，消费者收入水平，消费者偏好）

对于特定商品味精，建立模型时要对上述四个因素能否作为重要解释变量进行逐一鉴别。

（1）商品价格：味精是一种生活日常用品，又是一种价格较高的调味品。初步判断价格会对需求量产生影响。所以确定价格作为一个重要解释变量。

（2）代用品价格：味精是一种独特的调味品，目前尚没有替代商品。所以不考虑代用品价格这一因素。

（3）消费者收入水平：显然消费者收入水平应该是一个较重要的解释变量。

（4）消费者偏好：由于因偏好不食味精或大量食用味精的情形很少见，所以每人用量只会在小范围内波动，所以不把偏好作为重要的解释变量，而归并入随机误差项。

分析结果，针对味精需求量只考虑两个重要解释变量，即商品价格和消费者收入水平，即

味精需求量 =f（商品价格，消费者收入水平）

二、选择恰当的变量（既要考虑代表性，又要考虑可能性）

（1）用销售量代替需求量。因需求量不易度量，味精是自由销售商品，不存在囤积现象，所以销售量可较好地代表需求量。味精商品价格即销售价格。

（2）用人均消费水平代替收入水平。因为消费水平与味精销售量关系更密切，且消费水平数据在统计年鉴上便于查找（收入水平的资料不全），即

味精销售量 =f（销售价格，人均消费水平）

（3）用平均销售价格作为销售价格的代表变量。不同地区和不同品牌的味精价格是不一样的，应取平均销售价格（加权平均最好）。

取不变价格的人均消费水平：消费水平都是用当年价格计算的，应用物价指数进行修正，即

味精销售量 =f（平均销售价格，不变价格的消费水平）

三、收集样本数据（抽样调查，引用数据）

收集味精销售量、销售价格、人均消费水平数据（1972—1982，$T=11$。数据见中国统计年鉴和有关部门收集的样本数据）。定义销售量为 y_t（吨），平均销售价格为 x_1（元/千克），不变价格的消费水平为 x_2（元）。散点图见图 1-17，相关系数见表 1-7。

表 1-7　相关系数表

自变量 / 因变量	平均销售价格（x_1）	不变价格的消费水平（x_2）
味精销售量（y_t）	−0.367 1	0.977 1

注：临界值 $r_{0.05(9)}=0.60$。

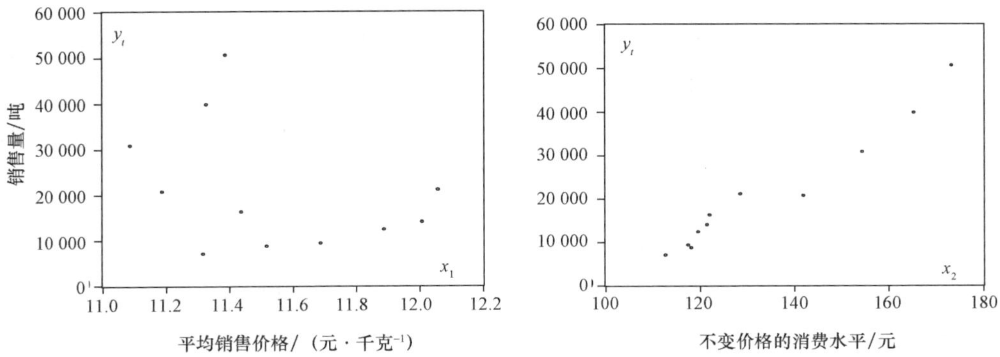

图 1-17　散点图

四、确定模型形式并估计参数

$$\hat{y}_t = -144\ 680.9 + 6\ 313.4x_{1_t} + 690.4x_{2_t} \tag{1.1}$$

(-3.92)　　(2.17)　　(15.32)　$R^2 = 0.97$，$DW = 1.8$，$t_{0.05(8)} = 2.3$

回归系数 6 313.4 无显著性（x_{1_t} 与 x_{2_t} 应该是负相关，回归系数估计值却为正，可见该估计值不可信）。剔除不显著变量 x_{1_t}，再次回归，

$$\hat{y}_t = -65\ 373.6 + 642.4x_{2_t} \tag{1.2}$$

(-10.32)　　(13.8)　$R^2 = 0.95$，　$DW = 1.5$，$t_{0.05(9)} = 2.26$

问题：$\hat{\beta}_1 = 6\ 313.4$，为什么检验结果是 $\beta_1 = 0$？量纲的变化对回归结果会造成影响吗？

案例 9　柯布-道格拉斯生产函数

制作人：王庚；
适用课程：统计学，计量经济学；
使用说明：可作为教与学的一个案例。

柯布-道格拉斯生产函数最初是美国数学家柯布（C. W. Cobb）（图 1-18）和经济学家保罗·道格拉斯（Paul H. Douglas）共同探讨投入和产出的关系时创造的生产函数，是以美国数学家 C·W·柯布和经济学家保罗·H·道格拉斯的名字命名的，是在生产函数的一般形式上做出的改进，引入了技术资源这一因素。

图 1-18　柯布

柯布－道格拉斯生产函数主要用于测定生产过程中资本投入量和劳动投入量对产出量的影响；也可测定科技进步、资本增长、劳动增长对产出增长的贡献率。柯布－道格拉斯生产函数为

$$y = aK^{\beta_1}L^{\beta_2}$$

其中，y 代表产出增长率；a 代表科技进步率；K 代表资本增长率；β_1 代表资本产出弹性系数；L 代表劳动增长率；β_2 代表劳动产出弹性系数。

用柯布-道格拉斯生产函数测定科技进步、资本增长、劳动增长对产出增长的贡献率，必须先估计参数 β_1 和 β_2，有下列两种方法可供选择。

一、正规化法

正规化法是在假定规模报酬不变（$\beta_1 + \beta_2 = 1$）的条件下，利用产出量、资本量和劳动量三者平均增长率（$\bar{y}$、$\bar{K}$、$\bar{L}$）的比例关系，估计参数 a、β_1 和 β_2，进而测定科技进步、资本增长、劳动增长对产出增长的贡献率。计算公式为

$$\beta_1 = \frac{\frac{\bar{y}}{\bar{K}}}{\frac{y}{K} + \frac{y}{L}}, \quad \beta_2 = 1 - \beta_1$$

$$a = \bar{y} - \beta_1 \bar{K} - \beta_2 \bar{L}$$

科技进步、资本增长、劳动增长对产出增长的贡献率的关系式为

$$\frac{a}{y} + \frac{\beta_1 \bar{K}}{y} + \frac{\beta_2 \bar{L}}{y} = 1$$

【例】 某企业近10年增加值与资本和劳动投入见表1-8。根据正规化法估计的科技进步率 $a = 1.944\,9$，资本产出弹性系数 $\beta_1 = 0.594\,1$，劳动产出弹性系数 $\beta_2 = 0.405\,9$，测定的科技进步、资本增长、劳动增长对产出增长的贡献率分别为24.49%、51.48%和24.03%。为了便于比较，也可测定不同时期的科技进步、资本增长、劳动增长对产出增长的贡献率。

表1-8　某企业近10年增加值与资本和劳动投入

年份	产出		资本投入		劳动投入		$\lg\frac{y}{L}$	$\lg\frac{K}{L}$
	增加值/亿元	产出增长率 y/%	资本量/亿元	资本增长率 K/%	职工数/千人	职工增长率 L/%		
1995	12.24	—	3.99	—	4.34	—	—	—
1996	13.21	7.93	4.28	7.27	4.73	8.99	-0.054 5	-0.092 2
1997	14.15	7.12	4.62	7.94	4.83	2.11	0.528 2	0.575 5
1998	14.92	5.44	4.95	6.93	4.93	2.07	0.419 6	0.421 1
1999	15.79	5.83	5.28	6.88	5.31	7.71	-0.121 4	-0.069 5
2000	16.87	6.84	5.51	4.36	5.66	6.59	0.016 2	-0.179 4
2001	18.52	9.78	5.93	7.62	5.96	5.30	0.266 0	0.157 7
2002	20.42	10.26	6.40	7.93	6.18	3.69	0.444 1	0.332 3
2003	23.71	11.21	6.83	6.72	6.47	4.69	0.378 4	0.156 2

续表

年份	产出		资本投入		劳动投入		$\lg\frac{y}{L}$	$\lg\frac{K}{L}$
	增加值/亿元	产出增长率 y/%	资本量/亿元	资本增长率 K/%	职工数/千人	职工增长率 L/%		
2004	24.52	7.97	7.24	6.00	6.71	3.71	0.332 1	0.208 8
2005	26.27	7.14	7.76	7.18	6.87	2.38	0.477 1	0.492 3
年平均增长率	—	7.94	—	6.88	—	4.70	—	—

二、回归估计法

回归估计法是在假定规模报酬不变（$\beta_1+\beta_2=1$）的条件下，利用最小二乘法估计参数 a、β_1 和 β_2，进而测定科技进步、资本增长、劳动增长对产出增长的贡献率。柯布-道格拉斯生产函数 $y=aK^{\beta_1}L^{\beta_2}$ 两边取对数，得

$$\lg y=\lg a+\beta_1\lg K+\beta_2\lg L$$
$$=\lg a+\beta_1\lg K+(1-\beta_1)\lg L$$
$$\lg y-\lg L=\lg a+\beta_1(\lg K-\lg L)$$
$$\lg\frac{y}{L}=\lg a+\beta_1\lg\frac{K}{L}$$

这是一个一元线性回归模型，可用最小二乘法估计 $\lg a$ 和 β_1，用 $1-\beta_1$ 求得 β_2，进而可测定科技进步、资本增长、劳动增长对产出增长的贡献率。

$$\frac{a}{y}+\frac{\beta_1\overline{K}}{y}+\frac{\beta_2\overline{L}}{y}=1$$

根据表 1-8 中所列的数据，用最小二乘法估计的回归模型为

$$\lg\frac{y}{L}=0.097+0.847\quad\lg\frac{K}{L}$$
$$(2.383)\qquad\qquad(6.562)$$
$$R=0.918\qquad F=43.056\qquad SE=0.099\ 0$$

模型各项检验具有显著性。据此可求得科技进步率 $a=1.250\ 3$，资本产出弹性系数 $\beta_1=0.847$，劳动产出弹性系数 $\beta_2=0.153$，测定的科技进步、资本增长、劳动增长对产出增长的贡献率分别为 15.75%、73.39% 和 9.06%。由于贡献率之和不等于 100%，调整后分别为 16.04%、74.74% 和 9.22%。

案例 10　用回归方法估计纯耕地面积

制作人：李庆海；
适用课程：统计学，计量经济学；
使用说明：可作为教与学的一个案例。

目前对土地的调查大多采用航空摄影，从照片上把各类资源图斑转绘到1:10 000 的地形图上，然后从地形图上测绘图斑面积。

在处理如何获得实际耕地面积时，关键的技术难题是如何将耕地图斑中包含的田埂、土坎、空隙地、宽度小于2 m 的路、沟、渠等面积从图斑中分离出来。因为它们在航空图片上显示不清晰，无法直接勾绘、测算。

设一个毛耕地图斑面积用 S 表示，其中不能耕种的面积（扣除面积）用 ΔS 表示，则扣除系数为

$$y_i = \Delta S/S = （扣除面积）/（毛耕地图斑面积）。$$

对于每一个图斑，知道精确的扣除系数 y_i，就很容易根据毛耕地图斑面积 S 计算出纯耕地面积。现在用回归方法，寻找影响扣除系数变化的主要因素，从而建立关于"扣除系数"的回归模型。

本案例研究的是湖南地区的耕地面积调查。湖南省处于丘陵山区，地形复杂，各种地形犬牙交错，影响扣除系数的因素很多。如田埂宽度、地块大小、地块坡度、空隙地、地貌类型等。通过实际调查和分析，初步确定三个主要因素，即"坡度""地块面积"和"田埂宽度"。

在5 个县共调查了867 个样本点，其中水田样本为522 个，旱田样本为345 个。具体做法是首先把867 个样本数据按"坡度"分成25 个等级，然后把属于同一个等级的样本数据用加权平均的方法求出另两个因素的观测值，"平均地块面积"和"平均田埂宽度"。整理样本数据见表1-9。

表1-9　耕地面积调查样本数据

i（序号）	y_i（扣除系数）	x_{1i}（坡度）	x_{2i}（平均地块面积）/m^2	x_{3i}（平均田埂宽度）/m
1	4. 235 6	0	1. 930 0	0. 631 8
2	4. 883 8	1	1. 491 8	0. 731 2
3	7. 830 0	2	1. 125 3	0. 973 1
…	…	…	…	…
25	39. 415 1	24	1. 060 0	4. 072 1

拟建模型为

$$y_i = \beta_0 + \beta_1 x_{1i} + \beta_2 x_{2i} + \beta_3 x_{3i} + u_i$$

利用样本得估计的回归方程

$$y_i = 1.672 + 1.145x_{1i} + 0.608x_{2i} + 2.081x_{3i}$$

$$(7.3)\qquad (0.4)\quad (1.85)\qquad F = 221.62$$

$(F_{0.05(3,21)} = 3.07，F_{0.01(3,21)} = 4.87，t_{0.05(21)} = 2.08，t_{0.01(21)} = 2.84)$

因为 $0.4 < 2.08$，$1.85 < 2.84$，故统计检验不显著，表明 x_{2i}、x_{3i}为非重要解释变量。剔除之，用 y_i 对 x_{1i}再次回归得，

$$y_i = 3.34 + 1.35x_{1i}$$

实际的验证结果表明，用只考虑"地块坡度"计算出来的扣除系数估计"纯耕地面积"完全能满足精度要求，从而为减少野外作业强度（不必再测量"地块面积"和"田埂宽

度”）和迅速完成测算提供了科学依据。

案例 11　江苏省 GDP 预测——基于自回归滑动平均模型

制作人：徐立霞；
适用课程：统计学，时间序列分析；
使用说明：可作为教与学的一个案例。

案例所依托的客体为江苏省。江苏地处我国沿海、沿长江和沿陇海兰新线三大生产力布局主轴线交会区域，是长江三角洲的重要组成部分。改革开放以来，江苏经济社会发展取得了显著成就，1992 年起全省 GDP 连续 20 年保持两位数增长。2011 年，全省经济在转型升级中保持平稳、较快增长。地区生产总值实现 4. 9 万亿元，增长 11%。2012 年，面对复杂严峻的国内外经济形势，全省上下认真贯彻落实党中央、国务院的决策部署，紧扣主题主线，牢牢把握稳中求进总基调，强化“八项工程”主抓手，突出经济转型升级着力点，切实有效地实施稳增长、转方式、抓创新、控物价、惠民生、促和谐的工作举措，全省经济呈现总体平稳、稳中有进的良好态势，在加快转型升级中实现了平稳、较快发展，较好完成了经济发展的主要目标任务。2012 年地区生产总值为 5. 4 万亿元，增长了 10. 1%，完成了年度预期目标。本案例以地区生产总值反映江苏省的经济发展状况，以 1980—2012 年共 33 年的地区 GDP 为研究对象，GDP 趋势如图 1-19 所示。数据来源是《江苏省 2013 年统计年鉴》。本案例采用统计学中随机时间序列分析的主要方法分析江苏省地区生产总值的发展变动情况并对 2013—2014 年度的地区 GDP 进行预测。

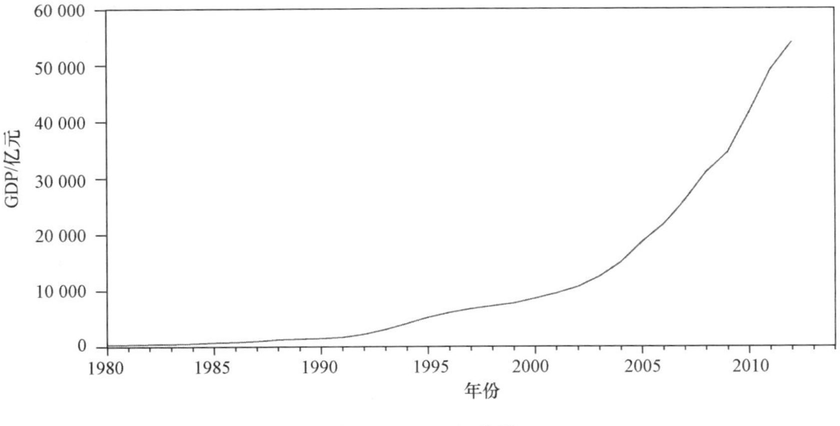

图 1-19　GDP 趋势

一、数据图形分析

从图 1-19 中可以看出，改革开放以来，江苏省的地区生产总值呈现明显的增长态势，特别是 2000 年以后，增长速度逐年加快。在运用随机时间序列分析处理数据过程中，为了减少其中的异方差性，通常对数据进行取对数的处理方式。在本案例中，同样采用这种处理方法，对数据处理后的数据图形如图 1-20 所示。

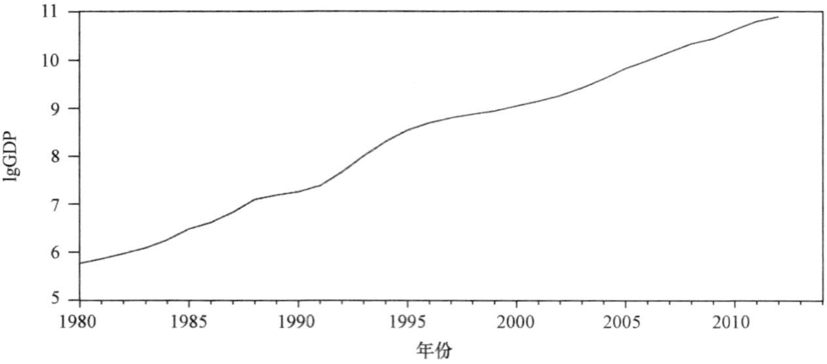

图 1-20　lgGDP 趋势

二、随机性时间序列分析的建模方法

所谓时间序列数据，就是将刻画现象发展变化的指标数值按照一定的顺序排列而成的数列，现象的发展变化往往并不是独立的，而具有前后关联性。时间序列分析的一个主要任务就是借助有关的模型对事物的未来发展做出估计和预测。在时间序列分析中，常用的一类模型就是自回归滑动平均模型（ARMA）。

1. 判断序列的平稳性

从江苏省地区生产总值的对数趋势可以看出，江苏省经济水平在整个时间区间上基本上保持线性增长趋势，从序列的变化特征看，这是一个非平稳序列。因此，需要进行差分，进行一阶差分后得到每年地区发展总值的增量数据，记为 x（$x = \mathrm{dlg}y$，y 表示地区 GDP）。从 x 的变化特征看，整个时间区间上数据表现为平稳特征。但也不是白噪声序列，而是一个含有自相关和（或）移动平均成分的平稳序列。原始对数序列和差分后序列的自相关函数及偏自相关函数如图 1-21 所示。

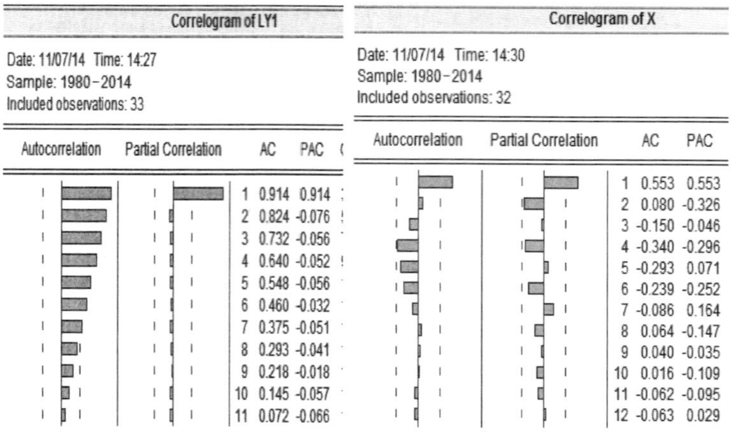

图 1-21　原始对数序列和差分后序列的自相关函数及偏自相关函数

2. 模型阶数的识别

从一阶差分后序列的自相关图和偏自相关图可以看出，自相关函数及偏自相关函数出现类似一步截尾的特点，经过反复试验，结合 AIC、SC 信息准则，考虑采用 MA（1）模型，估计结果如下：

$$x_t = 0.16 + \varepsilon_t + 0.91\varepsilon_{t-1}$$

3. 模型的诊断性检验

从残差序列的自相关图和相应的 Box – Ljung 统计量（图 1-22）可以看出，所有阶数的 Box – Ljung 检验的 p 值都比较高，表明残差序列不存在相关性。表明所选的 MA（1）模型是适用的。

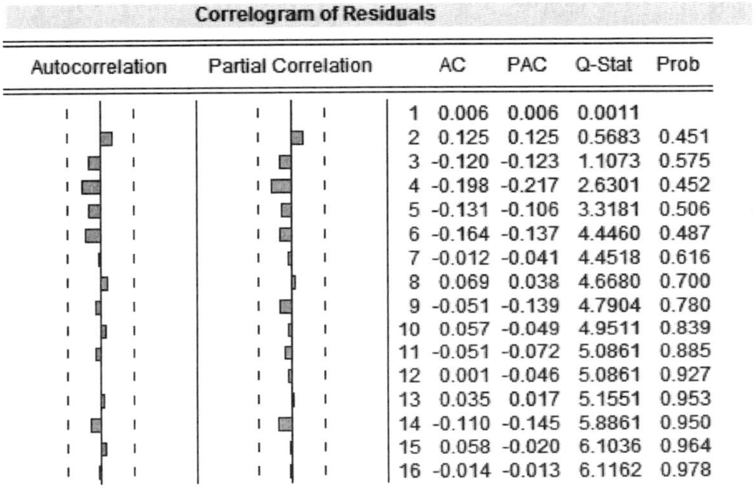

Correlogram of Residuals

Autocorrelation	Partial Correlation		AC	PAC	Q-Stat	Prob
		1	0.006	0.006	0.0011	
		2	0.125	0.125	0.5683	0.451
		3	-0.120	-0.123	1.1073	0.575
		4	-0.198	-0.217	2.6301	0.452
		5	-0.131	-0.106	3.3181	0.506
		6	-0.164	-0.137	4.4460	0.487
		7	-0.012	-0.041	4.4518	0.616
		8	0.069	0.038	4.6680	0.700
		9	-0.051	-0.139	4.7904	0.780
		10	0.057	-0.049	4.9511	0.839
		11	-0.051	-0.072	5.0861	0.885
		12	0.001	-0.046	5.0861	0.927
		13	0.035	0.017	5.1551	0.953
		14	-0.110	-0.145	5.8861	0.950
		15	0.058	-0.020	6.1036	0.964
		16	-0.014	-0.013	6.1162	0.978

图 1-22　残差序列的 Box – Ljung 统计量

4. 预测

已经对地区 GDP 的对数数据建立 ARIMA（0，1，1）模型，接下来的工作就是利用该模型对数据进行预测。在 Eviews 软件中 forcast 菜单下使用 dynamic 方法，结果见表 1-10。

表 1-10　ARIMA 模型预测结果

年　份	2013	2014
预测值/亿元	61 815. 97	72 568. 78

随机性时间序列分析是从系统的前后相关性出发，利用系统自身的以往信息对未来的发展变化做出估计，随机性时间序列分析考虑系统发展变化的随机波动性，是实际中分析现实经济现象时常常采用的分析方法。

案例 12　上海市城镇住宅空置情况的连续性抽样调查

制作人：黄莉芳；
适用课程：统计学，现代抽样技术，现代商务统计；
使用说明：可作为教与学的一个案例。

连续性抽样调查中使用分层抽样的样本轮换问题研究，以上海市城镇住宅空置情况为例。

一、抽样调查背景

房屋空置率作为反映房地产市场供需状态的重要指标具有两面性，空置住房主要用于二手房交易和出租，空置率太低，易导致房地产市场供需紧张，房价上涨；空置率太高则易导致房价下降。上海作为我国房地产市场发展最成熟的城市之一，对其房地产市场空置率进行定期连续性的抽样调查具有重要的意义。上海市城镇住宅空置情况抽样调查针对的是全市城镇住宅（不包括农民住宅）中的空置情况。调查的最终目标是考察上海市所有城镇住房（不包括农村住房）中空置量的绝对数量、空置比例，并计划通过每半年进行一次周期性调查反映其变化趋势。由于空置率是反映在某个时点上房地产市场空置状态的数据，要想动态反映总体在不同时间点的状态及其变化趋势，就必须进行经常性的重复调查，而随着时间的推移会存在样本老化现象，导致样本代表性和时效性较差，因此需要及时剔除老化、死亡样本以提高样本的可比性和代表性，这就要求必须进行样本轮换。

由于本调查根据抽样单元的房屋类型可分为商品房、公房和售后房三种类型，进而采取分层抽样的方式，因此在对抽样调查数据进行实证分析时，也分别针对各种房屋类型采用分层抽样的样本轮换模型。

二、样本轮换实证分析

1. 样本轮换前更新和完善抽样框工作

本次调查的抽样框是由上海市住房保障和房屋管理局提供的全市统计在册的存量住房。由于上海市是一个高速发展的城市，市政建设规模大，房地产投资开发项目多，这就造成大量的政府强制性拆迁，从而使原抽样框中的部分样本单元消亡；且原总体抽样框没有包括新生的样本单元。这两方面的影响将严重降低总体抽样框的稳定性。为了保证总体抽样框的及时性、有效性、准确性和全面性，需在样本轮换之前进行抽样框的更新和完善工作，具体包括从原抽样框中将由于拆迁而消亡的建筑小区剔除掉，同时补入新建的且产权已发生变更的房屋。在以上准备工作的基础上，才能进行样本轮换相关内容的设计。

2. 样本轮换时间的确定

样本轮换时间主要取决于以下三个因素：总体随时间推移发生变化的快慢、调查员或被调查者对连续调查的调查时间和调查次数的反感程度以及调查的成本费用限制。

此处主要分析第一个因素的影响程度。调查总体是上海市所有城镇住宅小区，由于一般商品房建设周期为 1 年左右，且刚毕业学生的流动周期也为 1 年，另外在上海房屋中介公司的出租房屋合同时间至少为半年，因此一般由出租房屋引起的房屋空置率波动时间至少为半年。综上分析，将样本轮换时间间隔定为 1 年比较合理。

3. 各层样本轮换率的确定

上海市是我国首个对住宅空置率进行大规模抽样调查的城市，本调查为上海市统计局在城镇房屋空置率抽样调查方面的探索研究，目前已经调查过两次，称第一次调查为前期调查，称第二次调查为现期调查。由样本轮换的相关理论知识可知，前后两期调查中相同样本单位的指标值（即空置率）一般具有较强的正相关关系，因此可以充分利用前期样本中保留样本的信息作为后期调查的辅助信息来对现期调查做回归估计，从而确定样本轮换率。前后两期调查时间间隔为半年，为了保持结果的可比性，两次调查样本数相同，都为1 155个，其中前期调查中保留样本数为1 080个，现期样本中新换入的样本数为75个。

三种不同类型的房屋具有不同的特征，因此样本老化程度也不一样，特别是公房的老化现象最严重，这与公房本身的“公有”特征有关，公房一般由国家及国有企事业单位投资兴建、销售，在住宅未出售之前，住宅的产权（拥有权、占有权、处分权、收益权）归国家所有，因此此类公房一般不能用于二手房交易，而只能用于出租或自住，这就决定了公房类型子总体的空置套数比较稳定，其前后期调查的空置房总套数相关性较大，若用这样的样本来进行长期的连续性抽样调查是很不合理的，因为这些样本观测值之间的同步性或强相关性掩盖了总体中其他不同单位间发展不平衡的非同步性。因此应根据不同类型房屋来确定相应合适的样本轮换率，以提高样本对现期总体的代表性，本案例结合上海市城镇房屋空置率抽样调查的分层抽样方法，采用分层抽样下的最优样本轮换率公式来计算。

用 x_{ij} 表示第 i 层子总体的第 j 个单位的前期观察指标值，y_{ij} 表示第 i 层子总体的第 j 个单位的现期观察指标值，其中 $i=1$、2、3，$j=1$、2、…、n_i。第 i 层的保留样本用 m_i 表示，其中 $m_1=186$，$m_2=401$，$m_3=493$。由分层抽样条件下最优样本轮换率公式可知：

$$\varphi_i=\frac{u_i}{n_i}=\frac{1}{1+\sqrt{1-\rho_i^2}}\approx\frac{1}{1+\sqrt{1-r_i^2}} \tag{1.3}$$

其中，u_i 为第 i 层后期换入的新样本量，n_i 为第 i 层的样本容量，$r_i=\dfrac{\sum_{j=1}^{m_i}(y_{ij}-\bar{y}_{mi})(x_{ij}-\bar{x}_{mi})}{\sqrt{\sum_{j=1}^{m_i}(y_{ij}-\bar{y}_{mi})^2}\sqrt{\sum_{j=1}^{m_i}(x_{ij}-\bar{x}_{mi})^2}}$ 表示前后期保留样本调查指标的相关系数。则总体样本轮换率为

$$\varphi=\frac{u_1+u_2+u_3}{n_1+n_2+n_3}=\frac{\varphi_1 n_1+\varphi_2 n_2+\varphi_3 n_3}{n_1+n_2+n_3}=\frac{\varphi_1 n_1+\varphi_2 n_2+\varphi_3 n_3}{n} \tag{1.4}$$

由式（1.3）知，当前期保留样本的前后期观察指标存在正相关关系时，最优样本轮换率的范围为（50%，100%），即要大于50%。将三层子总体在前后两期的保留样本观测指标值分别代入式（1.3），可得：

$$\varphi_1=\frac{1}{1+\sqrt{1-r_1^2}}=\frac{1}{1+\sqrt{1-0.962^2}}\times100\%=78\%$$

$$\varphi_2=\frac{1}{1+\sqrt{1-r_2^2}}=\frac{1}{1+\sqrt{1-0.910^2}}\times100\%=71\%$$

$$\varphi_3=\frac{1}{1+\sqrt{1-r_3^2}}=\frac{1}{1+\sqrt{1-0.709^2}}\times100\%=59\%$$

可见公房总体的样本老化程度最严重，其样本轮换率相应也最大，商品房子总体由于市场发展变化速度较快，前后样本间的相关性不强，样本老化程度不深，因此对应的样本轮换率最低，结果与实际情况是相符的。根据各层的样本轮换率代入式（1.4），可求出总体的

样本轮换率为67%。

4. 样本轮换效果分析

理论研究显示，当且仅当$\varphi_i=\frac{u_i}{n_i}=\frac{1}{1+\sqrt{1-\rho_i^2}}$（$i=1, 2, \cdots, q$），总体均值估计量的方差得最小值$D(\hat{\bar{Y}}_i)=(n_i-u_i\rho_i^2)S_{Y_i}^2/(n_i^2-u_i^2\rho_i^2)$，而如果不采用样本轮换或全部样本轮换，对应的估计量方差为$D(\hat{\bar{Y}}_i)=S_{Y_i}^2/n_i$，因此方差精度提高程度可用下式表示：

$$\frac{\frac{S_{Y_i}^2}{n_i}-\frac{(n_i-u_i\rho_i^2)S_{Y_i}^2}{n_i^2-u_i^2\rho_i^2}}{\frac{S_{Y_i}^2}{n_i}}=\frac{(n_i-m_i)m_i\rho_i^2}{n_i^2-(n_i-m_i)^2\rho_i^2}=\frac{\varphi_i(1-\varphi_i)\rho_i^2}{1-\varphi_i^2\rho_i^2} \tag{1.5}$$

分别将各层子总体的样本相关系数、最优样本轮换率和样本容量代入式（1.5），即可得到样本轮换后的方差和相应的不进行样本轮换或全部样本轮换的精度提高百分比，由表1-11可知，公房进行样本轮换的效果最好，其精度比不进行样本轮换或进行全部样本轮换的情况提高了36.28%，这与公房本身的“公有”特征相关，前已述及，此处不再赘述。

表1-11　不同房屋类型最优样本轮换率下的精度提高情况

房屋类型	相关系数	最优轮换率/%	各层样本容量	轮换后方差	精度提高程度/%
公房	0.96	78	200	0.17	36.28
售后房	0.91	71	414	0.07	29.26
商品房	0.71	59	541	3.16	14.76

表1-11显示，商品房的精度提高程度比公房和售后房都低，这也与商品房自身的特点相关，商品房是房地产市场上最活跃的部分，其市场化程度最高，市场信息瞬息万变的特征决定了商品房的空置情况随时间推移发展变化速度很快，现有的样本本来就吸取了市场上很多的信息，其变动与总体其他单位的变动具有同步性，因此需要轮换的比例要小些，即使轮换了，其精度提高也不会很明显。

售后房则是指房改以后，购买的公有住房，其本质是私有住房，但是由于附有单位的优惠政策，承担着特殊的社会化义务，其最大的特点在于面积小、总价低，一般总价控制在45万元以内，这就意味着售后房房主虽然拥有对房屋的处置权和收益权，但是由于其面积太小而在二手房市场或房屋出租市场没有竞争力，在房地产市场上不活跃，说明其空置状态也比较稳定，样本老化较严重，需要注入新的信息来提高总体现期均值的估计精度。

总之，对连续型抽样调查进行部分样本轮换，一方面由于前期的部分样本被保留下来，降低了调查成本，使前后期调查资料能更好地衔接起来。另一方面，由于有新的样本单位进入现期样本，可为现期总体均值的估计增加新的信息，消除固定样本带来的样本老化问题，提高样本对总体的代表性，同时前期的旧样本和现期新换入的新样本结合在一起使用，能明显减少估计总体均值的方差，提高估计精度。

案例 13　豆瓣电影 Top250 数据抓取及分析

制作人：杨博文；
适用课程：统计学，现代抽样技术，现代商务统计；
使用说明：可作为教与学的一个案例。

一、数据的抓取

抓取如图 1-23 所示的豆瓣网 Top250 的电影及相关信息（包括电影名称、出品年代、国家、综合评分、评价人数）。图 1-24 给出了最终提取的部分电影的信息。图 1-25 给出了提取前 25 个（网页第 1 页）的电影名称信息的 R 语言程序，关于提取出品年代、国家、综合评分、评价人数以及 2 ~ 10 页的信息在本文末附中给出。

图 1-23　豆瓣网 Top250 电影及相关信息

```
R Console
> movie
            names year score    pop          country
1      肖申克的救赎 1994   9.6 707056             美国
2    这个杀手不太冷 1994   9.4 677930             法国
3        阿甘正传 1994   9.4 592726             美国
4        霸王别姬 1993   9.5 490749     中国大陆香港
5        美丽人生 1997   9.5 336453           意大利
6        千与千寻 2001   9.2 538124             日本
7      辛德勒的名单 1993   9.4 313675             美国
8      海上钢琴师 1998   9.2 510579           意大利
9    机器人总动员 2008   9.3 429904             美国
10       盗梦空间 2010   9.2 653920         美国英国
11     泰坦尼克号 1997   9.1 545703             美国
12 三傻大闹宝莱坞 2009   9.1 560442             印度
13   放牛班的春天 2004   9.2 378057     法国德国瑞士
14   忠犬八公的故事 2009   9.2 360662         美国英国
15 大话西游之大圣娶亲 1995   9.1 374165     香港中国大陆
16           龙猫 1988   9.1 351473             日本
17           教父 1972   9.2 287834             美国
18       乱世佳人 1939   9.2 230185             美国
19     天堂电影院 1988   9.1 264622       意大利法国
20   当幸福来敲门 2006   8.9 458513             美国
21     搏击俱乐部 1999   9.0 358774         美国德国
22     楚门的世界 1998   9.0 362304             美国
```

图 1-24　最终提取的部分电影信息

```
library(XML)
# 定义一个函数 getcontent，根据位置和长度提取所需的信息
getcontent <- function(s,g){
substring(s,g,g+attr(g,'match.length')-1)
}
url<-'https://movie.douban.com/top250'
# 获取网页原代码，以行的形式存放在 web 变量中
web <- readLines(url,encoding="UTF-8")
# 找到包含电影名称的行编号
name <- web[grep('<span class="title">',web)]
gregout <- gregexpr('>\\w+',name)
movie.names = 0
n = length(name)
for(i in 1:n){
movie.names[i]<-getcontent(name[i],gregout[[i]])
}
movie.names <- sub('>',",movie.names)
movie.names = movie.names[-which(movie.names=="")]
```

图 1-25　提取前 25 个（网页第 1 页）的电影名称信息的 R 语言程序

二、Top250 电影之年代篇

表 1-12 给出了 Top250 电影中不同年代的出品数量。从表中可以看出，1995 年和 2001 年出品的经典电影数目最多，占了总数目的 22.4%。同时，图 1-26 的散点图直观地给出了电影年份和评分、评价人数之间的关系，其中圆圈的大小代表了被观看次数的多少。从中可以看出，1995 年出品的电影得分较高且被观看的次数也较多。综上所述，1995 年是影视界的高峰期，且优秀作品颇多。

表 1-12　Top250 电影中不同年代出品数量

年份	1995	2001	2009	2002	1994	1998	2004	2006	2008	2010	2011	1957	1974	1975
个数	28	28	20	18	12	11	10	10	10	10	10	9	9	9
年份	1986	1992	2000	2005	2012	1988	1993	1997	1939	1953	1972	1999	2003	
个数	9	9	9	9	9	2	2	2	1	1	1	1	1	

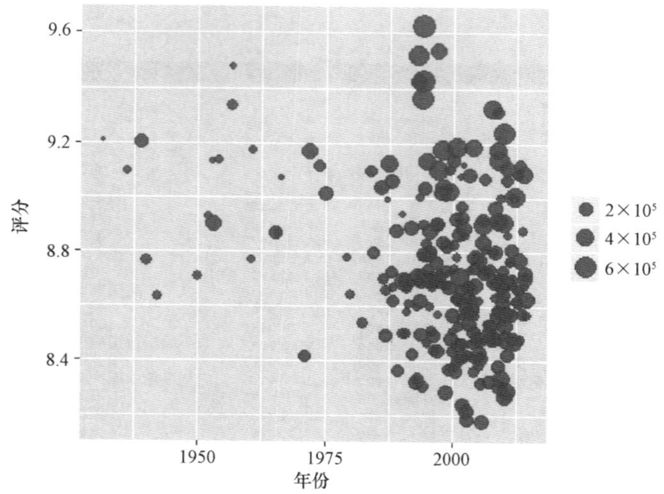

图 1-26　散点图

三、Top250 电影之国家篇

分别统计美国、中国、日本三个国家参与出品的 Top250 电影数，R 语言程序如图 1-27 所示。根据计算结果，美国共参与出品 140 部 Top250 电影，中国参与出品 47 部，日本出品 29 部，如图 1-28 所示。

```
A.n = length(which(grepl("美国",country)))
C.n = length(which(grepl("中国",country)))
J.n = length(which(grepl("日本",country)))
symbols(c(10,14,16),rep(8,3),circles=c(A.n,C.n,J.n)/100,xlim=c(8,18),
        bg=c("red","yellow","blue"))
text(c(10,14,16),rep(6,3),labels=c("美国 140","中国 47","日本 29"))
```

图 1-27　统计美国、中国、日本三国参与出品的 Top250 电影数 R 语言程序

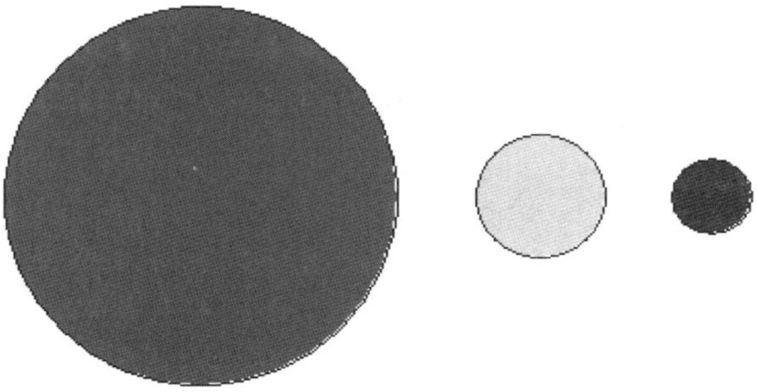

图 1-28　美国、中国、日本三个国家参与出品的 Top250 电影数比较

附（R 程序）

```
#找到包含电影年份的行编号
year < -web [grep ('<br>', web) +1]
n1 =length (year)
for (i in 1: n1) {
year [i] =gsub (" ( [])","", year [i])
year [i] =substring (year [i], 1, 4) #提取的电影年份
}
#找到包含电影评分的行编号
score =web [grep (' < span class =:" rating_ num" property =" v: average" >', web)]
n2 =length (score)
for (i in 1: n2) {
score [i] =gsub (" ( [])","", score [i])
score [i] =substring (score [i], 45, 47)
}
#找到评分人数所在的行
```

```
pop=web[grep('<span class=" rating_ num" property=" v: average"
>', web) +2]
n3=length(pop)
gregout.pop <-gregexpr('>\\w+', pop)
for(i in 1:n3){
pop[i] <-getcontent(pop[i], gregout.pop[[i]])
}
pop <-sub('>', '', pop)
pop <-sub('人评价', '', pop)

for(i in 1:9)
{
k=25*i
url0 <- paste(" https://movie.douban.com/top250? start =", k,"
&filter=", sep='')
web0 <-readLines(url0, encoding=" UTF-8")
#-------------提取电影名称----------------------
----------------------------------
name0 <-web0[grep('<span class=" title" >', web0)]
gregout0 <-gregexpr('>\\w+', name0)
n0=length(gregout0)
movie.names0=0
for(j in 1:n0)
{movie.names0[j] <-getcontent(name0[j], gregout0[[j]])}
movie.names0 <-sub('>', '', movie.names0)
movie.names0=movie.names0[-which(movie.names0=="")]
movie.names=c(movie.names, movie.names0)
#-------------提取年份-------------------------
----------------------------------
year0 <-web0[grep('<br>', web0) +1]
ny=length(year0)
for(m in 1:ny){
year0[m] =gsub("([])","", year0[m])
year0[m] =substring(year0[m], 1, 4)
}
year=c(year, year0)
#-------------提取电影评分----------------------
---------------------------------
score0=web0[grep('<span class=" rating_ num" property=" v: aver-
```

```
age" >', web0)]
    ns = length (score0)
    for (w in 1: ns) {
    score0 [w] = gsub (" ( [  ])","", score0 [w])
    score0 [w] = substring (score0 [w], 45, 47)
    }
    score = c (score, score0)
    #-------------提取评分人数--------------------
---------------------------------------
    pop0 = web0 [grep ('<span class = " rating_ num" property = " v: average"
>', web0) +2]
    np = length (pop0)
    gregout. pop0 < - gregexpr ('> \ \w+', pop0)
    for (s in 1: np) {
    pop0 [s] < - getcontent (pop0 [s], gregout. pop0 [ [s]])
    }
    pop0 < - sub ('>', '', pop0)
    pop0 < - sub ('人评价', '', pop0)
    pop < - c (pop, pop0)
    }

    movie = data. frame (names = movie. names, year = as. numeric (year),
    score = as. numeric (score), pop = as. numeric (pop))
    library (ggplot2)
    p < - ggplot (data = movie, aes (x = year, y = score))
    p + geom_ point (aes (size = pop), colour = 'lightskyblue4', position = "
jitter", alpha = 0. 8) +
    geom_ point (aes (x = 1997, y = 8. 9), colour = 'red', size = 4)
```

案例 14　投入产出表的应用

制作人：杨博文；
适用课程：统计学，国民经济核算；
使用说明：可作为教与学的一个案例。

一、理论介绍

投入产出核算的核心是美国著名经济学家列昂惕夫（Wassily W. Leontief）所创立的投入产出表（input - output table），这是一项曾经获得诺贝尔经济学奖的杰出工作。它不仅可以清晰地描述出各个经济部门之间的平衡关系，还可以基于投入产出分析建立模型，以分析经济因素的关联和复杂影响。

投入产出表的基本形状为曲尺状，是一个缺了一个角的长方形。关于投入产出表核心结构的另一个重要角度是四个象限的划分，表 1-13 给出了投入产出表的四个象限的位置与基本含义。其中，第一象限的中间使用流量记录的是各个部门之间的资源转移；第三象限的最初投入流量记录的是各个部门各种资源的初始投入量；第二象限记录的是产品用于消费、投资、出口等用途的最终使用流量；并且横向相加可得到总产出。

表 1-13　投入产出表的四个象限

第一象限中间投入/中间使用流量	第二象限最终使用流量
第三象限最初投入（收入形式）流量	第四象限？

将投入产出表的各项数据稍做调整可以得到如表 1-14 所示的各类投入产出系数。最重要的投入产出系数是第一象限的 a_{ij}，称为直接消耗系数。假定部门数为 n，每个元素除以所在列对应的总产出得到直接消耗系数，因此直接消耗系数也是一个 $n \times n$ 的矩阵，一般记为 $\boldsymbol{A}$。在第三象限的最初投入部分，可以分别计算各部门固定资产折旧、劳动报酬、生产税净额、营业盈余及其合计增加值各自占总产出的比例，分别得到固定资产折旧系数、劳动报酬系数、生产税净额系数、营业盈余系数及其增加值系数。可以证明：

$$a_{dj} + a_{lj} + a_{tj} + a_{mj} = a_{vj}$$

表 1-14　投入产出系数

<table>
<tr><td colspan="2"></td><td>中间使用</td><td colspan="5">最终使用</td><td>进口</td><td>总产出</td></tr>
<tr><td rowspan="2">中间投入</td><td rowspan="2">n 个部门</td><td>n 个部门</td><td>居民消费</td><td>政府消费</td><td>固定资本形成总额</td><td>存货增加</td><td>出口</td><td rowspan="2"></td><td rowspan="2"></td></tr>
<tr><td>$a_{ij} = \frac{X_{ij}}{X_j}$
$r_{ij} = \frac{X_{ij}}{X_i}$</td><td colspan="5">可以计算各类构成系数，如居民消费的产品构成系数，等于某产品居民消费量与居民消费总量之比</td></tr>
<tr><td rowspan="5">最初投入</td><td>固定资产折旧</td><td>$a_{dj} = D_j / X_j$</td><td colspan="7" rowspan="6"></td></tr>
<tr><td>劳动者报酬</td><td>$a_{lj} = L_j / X_j$</td></tr>
<tr><td>生产税净额</td><td>$a_{tj} = T_j / X_j$</td></tr>
<tr><td>营业盈余</td><td>$a_{mj} = M_j / X_j$</td></tr>
<tr><td>增加值</td><td>$a_{vj} = V_j / X_j$</td></tr>
<tr><td colspan="2">总投入</td><td></td></tr>
</table>

投入产出表的基本平衡关系是中间使用之和加上最终使用等于总产出，用数学形式表示为 $\sum_{j=1}^{n} X_{ij} + Y_i = X_i$（$i = 1, 2, \cdots, n$），引入直接消耗系数作为参数，可以将上式写成：$\sum_{j=1}^{n} a_{ij} X_{ij} + Y_i = X_i$（$i = 1, 2, \cdots, n$）。用矩阵形式表达：

$$\boldsymbol{AX}+\boldsymbol{Y}=\boldsymbol{X} \tag{1.6}$$

其中，$\boldsymbol{A}$ 为 $n \times n$ 阶直接消耗系数矩阵，$\boldsymbol{X}$ 为 $n \times 1$ 阶总产出列向量，$\boldsymbol{Y}$ 为 $n \times 1$ 阶最终使用列向量。将式（1.6）稍做转化，变为

$$\boldsymbol{X}=(\boldsymbol{I}-\boldsymbol{A})^{-1}\boldsymbol{Y} \tag{1.7}$$

这就是投入产出分析的核心模型——行模型。等式的右端，$\boldsymbol{I}$ 是一个对角线为 1、其他元素均为 0 的单位矩阵，$\boldsymbol{A}$ 是直接消耗系数矩阵，所以利用该公式，可以由 $\boldsymbol{Y}$ 推出 $\boldsymbol{X}$。再进一步可以由式（1.7）推出：

$$\Delta\boldsymbol{X}=(\boldsymbol{I}-\boldsymbol{A})^{-1}\Delta\boldsymbol{Y} \tag{1.8}$$

$\Delta\boldsymbol{Y}$、$\Delta\boldsymbol{X}$ 分别表示 $\boldsymbol{Y}$ 的变动值和相应的 $\boldsymbol{X}$ 的变动值。由此，就可以根据 $\boldsymbol{Y}$ 的变动来预测 $\boldsymbol{X}$ 会发生怎样的改变，至此，一个具有分析功能的模型就在一个简单的平衡关系的基础上建立起来了。

在此基础上，还可以计算出各个部门的感应度系数。所谓感应度系数是指国民经济各产品部门均增加一个单位最终产品时，某一个产品部门由此而受到的需求感应程度，即需要该部门为其他部门的生产而提供的产出量。感应度系数越大，该部门所受到的需求压力越大。现假定各部门最终产品或最终需求都是一个单位时，由 $\boldsymbol{q}=\boldsymbol{CY}$ 矩阵形式为

$$\begin{pmatrix} q_1 \\ q_2 \\ \vdots \\ q_i \\ \vdots \\ q_n \end{pmatrix} = \begin{pmatrix} C_{11} & C_{12} & \cdots & C_{1j} & \cdots & C_{1n} \\ C_{21} & C_{22} & \cdots & C_{2j} & \cdots & C_{2n} \\ \vdots & \vdots & \vdots & \vdots & \vdots & \vdots \\ C_{i1} & C_{i2} & \cdots & C_{ij} & \cdots & C_{in} \\ \vdots & \vdots & \vdots & \vdots & \vdots & \vdots \\ C_{n1} & C_{n2} & \cdots & C_{nj} & \cdots & C_{nn} \end{pmatrix} \begin{pmatrix} 1 \\ 1 \\ \vdots \\ 0 \\ \vdots \\ 1 \end{pmatrix} = \begin{pmatrix} \sum\limits_{j=1,\ j\neq i}^{n} c_{1j} \\ \sum\limits_{j=1,\ j\neq i}^{n} c_{2j} \\ \vdots \\ \sum\limits_{j=1,\ j\neq i}^{n} c_{ij} \\ \vdots \\ \sum\limits_{j=1,\ j\neq i}^{n} c_{nj} \end{pmatrix}$$

结合列昂惕夫系数矩阵的经济含义可知，$\sum C_{ij}$（$j=1,\ 2,\ \cdots,\ n$）表示的是各部门的最终需求都是一个单位时对 i 部门的全部需求，$\frac{1}{n}\sum\sum C_{ij}$ 反映的是各部门的最终需求都是一个单位时对各部门的平均需求，这两者的对比关系就是感应系数 F_i，即

$$F_i = \sum_{j=1}^{n} C_{ij} \Big/ \frac{1}{n}\sum_{i=1}^{n}\sum_{j=1}^{n} C_{ij} \tag{1.9}$$

（1）当 $F_i>1$ 时，表明各部门需求程度超过社会平均需求程度，F_i 越小，表明各部门对 i 部门的相对需求越大，即 i 部门受其他部门影响越大；

（2）当 $F_i=1$ 时，表明各部门需求程度等于社会平均需求程度；

（3）当 $F_i<1$ 时，表明各部门需求程度小于社会平均需求程度，F_i 越小，表明各部门对 i 部门的相对需求越小。

二、模型应用

本案例借鉴 2007 年的投入产出数据来分析软件产业的感应度和影响度。从中选出信息

传输、计算机服务和软件业以及第一产业中的农林牧渔业，第二产业中的食品制造及烟草加工业，第三产业中的交通运输及仓储业，分析这四个部门之间的投入产出关系，组成一个投入产出表，见表1-15。

表1-15　投入产出表

单位：万元

项目		中间使用				中间使用合计	居民消费支出	总产出
		信息传输、计算机服务和软件业	农林牧渔业	食品制造及烟草加工业	交通运输及仓储业			
中间投入	信息传输、计算机服务和软件业	3 403 184	1 733 280	743 950	2 851 686	55 161 079	29 805 925	100 304 221
最初投入	农林牧渔业	0	68 771 565	159 461 184	3 797 407	343 439 679	111 560 499	488 930 000
	食品制造及烟草加工业	208 987	47 022 865	79 566 496	2 426 387	220 632 380	166 879 064	417 903 947
	交通运输及仓储业	1 760 552	7 652 485	11 048 376	21 623 598	244 750 616	23 508 247	317 001 113
中间投入合计		40 095 271	202 338 262	316 119 411	170 756 912			
增加值合计		60 208 950	286 591 738	101 784 536	146 244 201			
总投入		100 304 221	488 930 000	417 903 947	317 001 113			

由式（1.6）~式（1.8）可得

$$\boldsymbol{I}-\boldsymbol{A}=\begin{pmatrix}1&0&0&0\\0&1&0&0\\0&0&1&0\\0&0&0&1\end{pmatrix}-\begin{pmatrix}0.033\,93&0.003\,55&0.001\,78&0.009\\0&0.140\,66&0.579\,89&0.011\,98\\0.002\,08&0.096\,18&0.190\,39&0.007\,65\\0.017\,55&0.015\,65&0.026\,44&0.068\,21\end{pmatrix}$$

$$\boldsymbol{C}=(\boldsymbol{I}-\boldsymbol{A})^{-1}=\begin{pmatrix}1.035\,32&0.005\,02&0.004\,97&0.010\,11\\0.001\,62&0.228\,97&0.579\,89&0.020\,58\\0.003\,04&0.146\,25&1.304\,51&0.012\,62\\0.019\,61&0.024\,89&0.046\,85&1.074\,10\end{pmatrix}$$

当信息传输、计算机服务和软件业最终需求为一个单位，对其余各产品的最终需求全部为0时，可以得到：

$$\boldsymbol{q}=\boldsymbol{C}\times\boldsymbol{Y}=\begin{pmatrix}1.035\,32&0.005\,02&0.004\,97&0.010\,11\\0.001\,62&0.228\,97&0.579\,89&0.020\,58\\0.003\,04&0.146\,25&1.304\,51&0.012\,62\\0.019\,61&0.024\,89&0.046\,85&1.074\,10\end{pmatrix}\begin{pmatrix}1\\0\\0\\0\end{pmatrix}=\begin{pmatrix}1.035\,32\\0.001\,62\\0.003\,04\\0.019\,61\end{pmatrix}$$

1.035 32、0.001 62、0.003 04、0.019 61就是信息传输、计算机服务和软件业提供出一个单位的最终需求而分别影响信息传输、计算机服务和软件业、农林牧渔业、食品制造及烟草加工业、交通运输及仓储业所必须提供的全部产品，因此信息传输、计算机服务和软件业最终需求为一个单位时，影响各产业必须提供的全部产品的总和为1.059 59，此即软件产业对所有产业的总影响效果。

利用相同的方法，分别求出其他三个产业部门的总影响效果分别为：农林牧渔业 1.405 12；食品制造及烟草加工业 1.936 22；交通运输及仓储业 1.117 40。四个产业总影响为 5.518 32；平均值为 1.379 58。信息传输、计算机服务和软件业总影响效果与这个平均值的比例关系即软件产业的影响力系数 B_1（1.059 59/1.379 58）<1。其表明信息传输、计算机服务和软件业对其他部门的影响程度低于社会平均影响水平，增长与发展不十分依赖原材料，而更多地依靠劳动和资本等的投入。

案例 15　对奥肯定律的再思考

制作人：杨博文；

适用课程：统计学，国民经济核算；

使用说明：可作为教与学的一个案例。

一、背景介绍

美国著名经济学家阿瑟·奥肯于 20 世纪 60 年代发现，周期波动中经济增长率和失业率之间存在一种较稳定的线性关系，即当失业率增加 1% 时，真实的 GDP（国民生产总值）增速将下降 3%，称为奥肯定律。

结合我国 20 世纪 90 年代以来的数据，会发现中国的失业率与实际 GDP 之间并不存在负相关，1990—2007 年，我国经济增速从 1990 年的 3.8% 上升到 2007 年的 13.0%，失业率反而出现上涨之势，由 1990 年的 2.3% 上升到 2007 年的 4.0%。

2007—2009 年，由于经济的起伏性较大，失业率的波动相对明显。2009 年之后，我国的实际 GDP 增速明显回落，但是城镇居民的失业率没有任何变化，再次呈现出与奥肯定律所描述的负相关关系相背离的现象。2010 年我国的实际 GDP 增速为 10.4%，2013 年我国的 GDP 增速降为 7.7%，但城镇居民的失业率都保持在 4.1%，没有出现任何变化。

二、对奥肯定律失效的思考

前面的分析结果表明，奥肯定律在我国并不成立。那么，奥肯定律在我国为什么失效？下面从两方面入手对奥肯定律的失效进行分析。

1. 统计口径的差异

失业是指具有劳动能力并有劳动意愿但没有劳动机会或者就业后又失去工作的状态。国际劳工组织将在调查期内达到一定年龄并满足以下条件者认定为失业：①没有工作，即未被雇用时也未自谋职业；②目前可以工作，即可被雇用或自谋职业；③正在寻找工作，即在最近特定时期已经采取明确步骤寻找工作或自谋职业。关于失业的定义，各国有不同的界定，但都与此大同小异。

目前，我国统计的失业人口是指城镇非农业户口、在劳动年龄内（16 岁以上）有劳动能力、无业而要求就业，并在当地劳动部门所属的劳动服务公司进行失业登记的人员。可以看到，我国将失业人口限定在城镇人口的范围内，并附加了失业登记的条件。关于城镇登记失业率存在的问题，已有很多论述，基本结论是城镇登记失业率低估了我国的真实失业率。

从以上分析来看，失业率口径的差异是奥肯定律在我国失效的一个重要原因。

2. 奥肯定律的分解

根据对经济活动的参与能力与参与程度，一个经济体中的总人口被划分为劳动力和非劳动力，其中劳动力是指劳动年龄（我国为16岁）以上的人口。劳动力又被划分为经济活动人口和非经济活动人口。其中，经济活动人口包括就业人口和失业人口。根据这种分类，可以得到特定时期内就业和失业的人口及其变动，见表1-16。

表1-16　就业和失业的人口及其变动

项目		就业人口	失业人口
初期存量		E_0	U_0
变动	新增经济活动人口	eN	$(1-e)N$
	非经济活动人口转化为经济活动人口	n_e	n_u
	失业转化为就业	t	$-t$
期末存量		$E_0+eN+t+n_e$	$U_0+(1-e)N-t+n_u$

从表1-16中可以看到，就业和失业的变动包括三个方面的原因：

第一，劳动力总量变动带来的就业和失业，即表1-16中以 eN 和 $(1-e)N$ 表示的变动。N 是净值，等于当期新增劳动力（达到劳动年龄人口）中的经济活动人口与因退出劳动力队伍（死亡）而减少的经济活动人口之差，不包括非经济活动人口与经济活动人口之间的转化。e 表示新增经济活动人口中的就业率。

第二，由经济活动人口与非经济活动人口之间的转化所带来的就业和失业，即表1-16中 n_e 和 n_u 表示的变动。n_e 和 n_u 是净值。如果 $n_e>0$，表示非经济活动人口转化为就业人口；如果 $n_e<0$，表示就业人口转化为非经济活动人口。同理可推出 n_u 的含义。

第三，由就业人口与失业人口之间的转化所带来的就业和失业，即表1-16中以 t 表示的变动。t 是净值。如果 $t>0$，表示失业向就业转化；如果 $t<0$，表示就业向失业转化。

期初该经济体的失业率为

$$u_0=\frac{U_0}{U_0+E_0}$$

期末的失业率为

$$\begin{aligned}u_1&=\frac{U_0+(1-e)N-t+n_u}{[U_0+(1-e)N-t+n_u]+(E_0+eN+t+n_e)}\\&=\frac{U_0+(1-e)N-t+n_u}{U_0+E_0+N+n_u+n_e}=\frac{U_0+(1-e)N-t+n_u}{U_0+E_0+N+n}\end{aligned}$$

式中，$n=n_e+n_u$，即非经济活动人口转化为经济活动人口的总量。

失业率的变动为

$$u_1-u_0=\frac{[(1-e)N-t+n_u]E_0-(eN+t+n_e)U_0}{(U_0+E_0)(U_0+E_0+N+n)}$$

可以看到，通常情况下分母为正值，即 $U_0+E_0+N+n>0$，因此失业率的变动取决于分子的符号。

在影响失业率变动的诸多因素中，如果人口自然增长幅度较小，则 N 很小。在下面的分析中，为简化起见，忽略 N 的影响，失业率变动因此取决于 $(n_u-t)\ E_0-\ (t+n_e)\ U_0$ 的符号。

当经济增长时，对劳动力的需求增加，工资呈上涨态势。此时，如果企业能够承受工资上涨幅度，则企业对劳动力的需求成为现实需求，就业扩大。就业人口的增加既可以来自失业人口向就业人口转化（$t>0$），也可以来自非经济活动人口向就业人口的转化（$n_e>0$）。但是，就业的增加并不必然带来失业率的下降，失业率的变动还取决于非经济活动人口与失业人口之间转化的规模，即 n_u。如果

$$n_u \leqslant 0 \tag{1.10}$$

或

$$0 \leqslant n_u \leqslant t \tag{1.11}$$

或

$$t < n_u < \frac{U_0}{E_0}n_e + \left(1+\frac{U_0}{E_0}\right)t \tag{1.12}$$

则失业率下降；否则，如果

$$n_u > \frac{U_0}{E_0}n_e + \left(1+\frac{U_0}{E_0}\right)t \tag{1.13}$$

则失业率不仅不下降，反而会上升。

条件式（1.10）意味着失业人口转化为非经济活动人口；条件式（1.11）意味着非经济活动人口转化为失业人口，但是其规模小于失业人口向就业人口的转化；条件式（1.12）意味着非经济活动人口转化为失业人口，并且其转化规模大于失业人口向就业人口的转化；条件式（1.13）则意味着虽然就业人口增加，但是由于非经济活动人口转化为失业人口的激增突破了导致失业率上升的临界规模，因此失业率不降反增。

在经济增长时期，由于劳动力需求增长以及工资上涨的吸引，通常会发生非经济活动人口的转移，但是只有这部分新增的劳动力供给被吸纳进就业队伍，才能降低失业率。

对于我国而言，由于20世纪90年代末以来的扩张财政政策和货币政策都鼓励资本密集型企业的发展，具有明显逆就业倾向，因此容易出现上述经济增长未带来失业率下降的情形。

综上所述，失业率的变动取决于劳动力市场诸多因素的变动，进而取决于企业对劳动力和资本的相对需求，以及人们对生活时间的安排。换言之，奥肯定律的成立有一定的前提，它对于特定时期的美国经济成立，在我国目前的经济条件下则并不成立。

中课题实践

课题1　试运用案例1的方法调查研究讨论肯德基、麦当劳连锁店的情形。

课题2　运用现代工业统计或统计质量控制中的方法，研究如何提高生活质量或学习质量或四六级英语考试成绩。

课题3　学习 Python 爬虫案例：基金数据的抓取，其为16分钟的录像，学习网址：http：//www. xueqing. tv/lesson/326。

课题4　学习网页采集器：八爪鱼（一款任何网站数据都能抓取的免费工具），选择一

个网站如一个论坛或一个购物网站抓取某一主题信息。学习网址：http：//www. bazhuayu. com/。

课题 5　阅读、学习 SPOC 中的中型案例资源，选择一案例实践。

课题 6　研讨 C－D 函数更多的应用。

参考文献

［1］管于华. 统计学［M］. 北京：高等教育出版社，2012.

［2］袁卫. 统计学［M］. 北京：高等教育出版社，2009.

［3］徐国祥，王芳. 连续性抽样调查中的样本轮换研究［J］. 统计研究，2011（5）：89-96.

［4］郭丽雅. 全国味精需求量的计量经济模型［J］. 预测，1987（2）：36-41.

［5］吕一文，宗铭新，张国亮. 在土地详查中用回归求扣除量［J］. 数理统计与管理，1986（6）：14-23

［6］魏振军. 漫游数据王国［M］. 北京：中国统计出版社，2010.

第三部分　大型案例

本部分选择了编者自己的一些论文或经典应用案例，它们的特点是脍炙人口、有一定量的统计分析或模型且富有趣味。

案例1　《红楼梦》等名著的作者是谁?

制作人：王庚；
适用课程：统计学，概率论与数理统计，统计模型与统计实验，统计科学文化；
使用说明：可作为教与学的一个案例。

《红楼梦》等名著的作者是谁? 让统计学来证明。

一、《红楼梦》是否为一人所作

《红楼梦》成书迄今已逾200年，作为我国最重要的一部小说，它不仅感动了中国人，也得到其他国家人民的重视与喜爱。《红楼梦》有各种不同的版本、数十种续书，流传到世界各国，被翻译成各种文字。

长期以来，人们普遍认为曹雪芹只写了《红楼梦》的前80回，后40回是高鹗续写，但数学统计进入文学领域后，这个结论遭到了质疑。1981年，首届国际《红楼梦》研讨会在美国召开，美国威斯康星大学讲师陈炳藻独树一帜，宣读了题为《从词汇上的统计论〈红楼梦〉作者的问题》的论文，首次借助计算机进行《红楼梦》研究，轰动了国际红学界。陈炳藻从字、词出现频率入手，通过计算机进行统计、处理、分析，对《红楼梦》后40回为高鹗所作这一流行看法提出异议，认为120回均为曹雪芹所作。

语体风格是人们在语言文字表达活动中的个人言语特征，是人格在语言文字活动中的某种体现。这种风格可以在一定程度上通过数量特征来刻画。例如，句长和词长可以代表作者造词句的风格，当然，反映作者风格的不是单个词的词长和单个句子的句长，而是以一定数量的语料为基础的平均句长和平均词长；此外，字、词在作品中出现的频率也是个人风格的体现。利用计算机计算一部作品或作者平均词长和平均句长，对作品或作者使用的字、词、句的频率进行统计研究，从而了解作者的风格，这称为计算风格学。计算风格学现在在社会科学领域成为一门独立的学科，在判断作者真伪，考证作者疑难方面大显身手。

二、让佚名作者现身

“作者考证”有时是一个很困难的问题，计算风格学可被用来解决这种问题。我们来看两个例子。

出现于16世纪90年代的一部五幕剧《爱德华三世》，表现了14世纪英王爱德华三世统治时期勇武的骑士精神。但该剧作者究竟是谁，戏剧界争论了几百年。不久前，通过计算机对该剧的语言风格进行分析，研究莎士比亚作品的权威机构——阿顿公司正式确认，《爱德华三世》是莎士比亚的一部早期作品。莎剧专家说，这部作品本身所表现出的深刻人性、博大精神和文辞语言的华丽无可辩驳地“用莎士比亚自己的声音”证明了它的来源。

1964年，美国统计学家摩斯·泰勒等考证了12篇署名“联邦主义者”的文章作者，可能的作者是两个人：一个是美国开国政治家汉密尔顿；另一位是美国第四任总统麦迪逊。究竟是哪一位呢？统计学家在进行分析时发现汉密尔顿和麦迪逊在已有著作中的平均句长几乎完全相同。这使得这一能反映写作风格特征的数据失效了。于是，统计学家转而从用词习惯上来找出这两位作者的有区别性的风格特征，而且终于找到了两位作者在虚词的使用上有明显的不同。汉密尔顿在他已有的18篇文章中，有14篇使用了“enough”一词；而麦迪逊在他的14篇文章中根本未使用“enough”一词。汉密尔顿喜欢用“while”，而麦迪逊总是用“whilst”。汉密尔顿喜欢用“upon”，而麦迪逊很少用。然后，把两位可能的作者的上述风格特征指标，与未知的12篇署名“联邦主义者”的文章中表现出来的相应的风格特征进行比较。结果发现那位署名“联邦主义者”的作者就是美国第四任总统麦迪逊。这样就了结了这一考据学上长期悬而未决的公案。统计学家所使用的数学方法也得到了学术界的好评。

三、《静静的顿河》是不是抄袭

长篇小说《静静的顿河》是一部既磅礴壮观又委婉细腻、扣人心弦的史诗性长篇小说，是当代世界文学中流传最广泛、读者最多的名著之一。他的作者肖洛霍夫因此获得1965年诺贝尔文学奖。但小说出版后即有人说这本书是肖洛霍夫从一位名不见经传的哥萨克作家克留柯夫那里抄袭来的。苏联流亡在国外的一些作家如索尔仁尼琴、麦德维杰等，认为《静静的顿河》的大部分内容抄袭自哥萨克作家克留柯夫的作品，理由是该书第一卷出版时，肖洛霍夫年纪尚轻，并无生活经历；另外，他以后未能写出具有同样文学价值的作品。肖洛霍夫充其量是合作者罢了。

为了弄清楚谁是《静静的顿河》的真正作者，捷泽等学者采用计算风格学的方法进行考证。具体办法是把《静静的顿河》四卷本同肖洛霍夫、克留柯夫这两人的其他在作者问题上没有疑义的作品都用计算机进行分析，获得可靠的数据，并加以比较，以期澄清疑问，得出谁是真正作者的结论。

捷泽等学者从《静静的顿河》中随机挑选出2 000个句子，再从肖洛霍夫、克留柯夫的各一篇小说中随机地挑出500个句子，总共3组样本，3 000个句子，输入计算机进行处理。处理的步骤如下：

（1）计算句子的平均长度，结果3组样本十分接近。于是按不同的长度细分成若干组，对3组样本中对应的句子组进行比较，发现肖洛霍夫的小说与《静静的顿河》比较吻合，而克留柯夫的小说与《静静的顿河》相去甚远。

（2）进行词类统计分析。从3个样本中各取出10 000个单词，结果发现，除了代词以外，有6类词肖洛霍夫的小说都与《静静的顿河》相符，而克留柯夫的小说与之不相符。

（3）考察处在句子中的不同位置的词类状况。俄语的词类在句子中的不同位置可以很好地表现文体的风格特点，特别是句子开头的两个词和句子结尾的3个词往往可以起到区分文体风格的作用。捷泽等学者统计了3种样本中句子开头的词类和句子结尾的词类，发现肖洛霍夫的小说与《静静的顿河》十分接近，而克留柯夫的小说与之有相当大的距离。

（4）进行句子结构的分析，统计3种样本中句子的最常用格式。结果发现，肖洛霍夫的小说与《静静的顿河》的最常见句式都是以“介词+体词”起始的句子，而克留柯夫的小说的最常见句式是以“主词+动词”起始的句子。

（5）统计3种样本中频率最高的15种开始句子的结构，发现肖洛霍夫小说中有14种结构与《静静的顿河》相符，而克留柯夫小说中只有5种出现在《静静的顿河》中。

（6）统计3种样本中频率最高的15种结尾句子的结构，发现肖洛霍夫小说中15种结构与《静静的顿河》完全相符，而克留柯夫小说中结尾句子的结构与《静静的顿河》完全不符。

根据以上6个方面的统计结果与分析，捷泽等人已可以下结论：《静静的顿河》的真正作者是肖洛霍夫。然而，捷泽等人对于这样一个世界文学界的重大疑案，采取了十分谨慎的态度，为了更加精准，他们在更大规模样本基础上进行研究，最终确定《静静的顿河》确实是肖洛霍夫的作品，他在写作时或许参考过克留柯夫的手稿。后来，苏联文学研究者从另外一些方面又进一步证实了肖洛霍夫是《静静的顿河》的真正作者。

计算风格学不仅能考证作者，在更广阔的范围内，通过对不同时期的文学家作品的统计计算，还可以反映一个时代的文化风格变迁。曾有人对20位德语作者的22部著作的平均词长和平均句长进行过计算，发现德语书面语言的句子有变短的趋势。

案例2　高尔顿与相关、回归

制作人：王庚；
适用课程：统计学，概率论与数理统计、统计模型与统计实验；
使用说明：可作为教与学的一个案例。

高尔顿在1877年发表了关于种子的研究结果，指出回归到平均值现象的存在，这个概念与现代统计学中的“回归”并不相同，但其是回归一词的起源。在此后的研究中，高尔顿第一次使用了相关系数的概念。他使用字母“r”来表示相关系数，这个传统一直延续至今。

弗朗西斯·高尔顿（Francis Galton，1822—1911）——查尔斯·达尔文的表弟——是一名英格兰维多利亚时代的人类学家、优生学家、热带探险家、地理学家、发明家、气象学家、统计学家、心理学家和遗传学家。

高尔顿一生中发表了超过340篇的报告，他在1909年被授予勋爵称号。他在1883年率先使用“优生学”（Eugenics）一词。在他于1869年的著作《遗传的天才》（*Hereditary Genius*）中，高尔顿认为人类的才能是能够通过遗传延续的。

高尔顿是指纹现象的“发现者”。高尔顿的贡献是认识到指纹对每一个人都是独特的，此外，他还发明了通常用于识别和分类指纹的方法。指纹具有唯一性源自手指中的不规则标识和切面，这被称为“高尔顿标识”（Galton Marks）。

作为一个只是将生物学算作业余爱好的科学家，高尔顿通过对数字模型的研究，寻求将数学的严密思想引入生物学，这同样是富有价值的。他所初创的各种调查当中的一项，是对天才遗传的研究。在这项研究中，他搜集了有关父子的信息，这些人因智商高而闻名。但由于当时对智力的测量没有什么好的办法，他发现研究这个问题特别困难，于是他决定转向诸如身高之类的遗传特征的研究，因为这些特征更容易测量。

高尔顿在伦敦成立了生物统计实验室，并打广告动员不同的家庭来做测量。在这个实验室中，他搜集身高、体重数据，测量特殊的骨骼和家庭成员的其他特性。他和他的助手将这些数据列成表格，并一再检验，以寻找出利用父母测度数据来推断子女的某些办法。比如说，很明显，高个子父母很容易有高个子的小孩，但是不是存在某些数学公式，只用父母的身高就可以预测孩子将有多高呢?

高尔顿用这种方法，发现了他称为“向平均值回归”的现象，这表现为：非常高的父亲，其儿子往往要比父亲矮一些；而非常矮的父亲，其儿子往往要比父亲高一些。似乎是某种神秘的力量，使得人类的身高从高矮两极移向所有人的平均值。高尔顿仔细思考了他的惊人发现，而后认识到这必定是真实的，在进行所有观察之前这就是可以预料的。他说，假设不发生这种向平均值的回归，那么从平均意义上看，高身材父亲的儿子将与他们的父亲一样高，在这种情况下，一些儿子的身材必须高于他们的父亲，以抵消身材比父亲矮小者的影响，使平均值不变。高身材者这一代人的孙子也将如此。这个过程将一代一代延续下去。同样地，将会有一部分儿子身材比他们的父亲矮小，而且有一部分孙子将更加矮小，如此下去，不用多少代，人类种族就出现特别高和特别矮的两极。

上述情形并没有发生，人类的身高在平均意义上趋向于保持稳定。只有当非常高的父亲其儿子平均身材变矮，而非常矮的父亲其儿子的平均身材变高，才能出现这种稳定。向平均值回归是一种保持稳定性的现象，它使得某给定物种代与代之间大致相同。

高尔顿发现了这种关系的一种数学测度，并称之为“相关系数”。高尔顿给出了明确的公式，以计算这个系数，所用的资料是在生物测量实验室中搜集的。这是一个非常详细而明确的公式，它只计算了向平均值回归的一个方面，但没有告诉我们任何有关这种现象原因的信息。正是在这个意义上，高尔顿最先使用了“相关”这个字眼，这之后它演变进大众词汇。与高尔顿特定的相关系数相比，“相关”经常被用来表示更为模糊的东西，尽管“相关”本身有严格的科学含义。

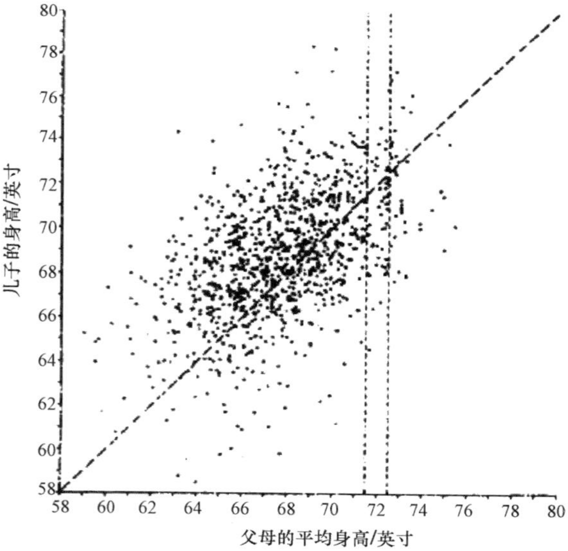

图 1-29　1 078 对父子身高的散点图

高尔顿和他的学生皮尔逊（K. Pearson，1856—1936）在研究父母身高与其子女身高的遗传问题时，观察了 1 078 对夫妇，以每对夫妇的平均身高作为自变量，而取他们的一个成年儿子的身高作为因变量，将结果在平面直角坐标系上绘成散点图（图 1-29)，发现趋势近乎一条直线，计算出的回归直线方程为

$$y = 34.22 + 0.51x$$

这一方程表明：父母平均身高每增减一个单位时，其子女的平均身高仅增减 0.51 个单位。

案例3　大学生幸福模型

制作人：王庚，詹鹏；

适用课程：统计学，概率论与数理统计，统计模型与统计实验；

使用说明：可作为教与学的一个案例。

一、问题提出与问题分析

幸福就是衡量幸福感受具体程度的主观指标数值。幸福感是一种心理体验，它既是对生活的客观条件和所处状态的一种事实判断，又是对于生活的主观意义和满足程度的一种价值判断。它表现为在生活满意度基础上产生的一种积极心理体验。

幸福是人们对生活满意程度的一种主观感受。一个人的幸福与很多因素有关。首先，与享受到的商品与劳务的数量有关。所谓商品与劳务的数量，通常指的是衣、食、住宅、交通等。如果享受到的商品与劳务较多，在其他条件不变的情况下，得到的满意度较高，也就是说，比较幸福。此外，人们的幸福还与其他的因素有关，比如，闲暇、安全、健康、婚姻与家庭、荣誉感、满足感等。

关于幸福感的量化，从古希腊时代人类就开始研究这个问题。目前有幸福感问卷打分、幸福指数测试、幸福的数学公式等研究方法。

用一个少因素的数学公式来表达幸福度是人们多年追求的梦想，早在古希腊时期，苏格拉底就提出“知识 = 美德 = 幸福”这个公式。亚里士多德宣称，幸福的生活是一辈子都要有善行，如果你是有罪的，你不可能获得幸福。

后有人提出所谓幸福快乐的非物质生存公式，即

$$(B/A + C)\ D + E = F + G$$

其中，A = 经历；B = 情感；C = 事业；D = 成就；E = 爱好；F = 幸福；G = 快乐。

比较有名的是经济学意义下的幸福公式。在经济学中，习惯用“效用”表示对整个生活满意度的测量。经济学家萨缪尔森有一个著名的幸福公式：幸福 = 效用/欲望，显然，效用越大越幸福，欲望越少越幸福。

什么是效用？效用是一个抽象的概念，在经济学中，用来表示从消费物品中得到的主观享受或满足。因为它的主观性，所以价格越高不一定效用越高，消费越多也不一定效用越大。

什么是欲望？欲望就是想要达到的目标。从个人和家庭的角度来看，欲望就是过上高品质的生活，本人、子女受到良好教育，能满足自己的爱好，一生平安，无忧无虑。

欲望本身无论有多奢侈，它都是美好生活的象征，它被变成一个分母或除数，成为幸福的反义词，主要是因为我们的幸福生活会受到财务资源的约束。

无论多富有的人，他所拥有的财富都是有限的，即便衣食无忧的人，如果他有无穷的欲望，则难免“欲壑难平”。无欲无求的人，欲望为零，幸福就是无穷大吗？非也，没有生活目标的人，也是一个没有效用的人，所以看破并不等于幸福。

幸福方程式（用多因素的数学公式表达幸福）于 2004 年由英国科学家科恩给出，他首先请被试平心静气地回答下面四个问题：

（1）你是否充满活力，以灵活和开放的心态面对变化？

（2）你是否以积极的心态面对未来，可以快速地从挫折中恢复过来，重新感到有力量掌控自己的生活？

（3）生活中基本的需要你是否实现了呢？例如健康的身心、不错的财务状况、个人安全感、拥有选择的自由。

（4）是否有亲密的朋友在需要的时候，给你有力的支持呢？无论做什么，你都可以沉浸其中，而不受其他事情的干扰？你能否达到对自己期望的水平，而且鼓励自己，义无反顾地去达到目标呢？

针对上面四个问题，在访问了 1 000 多人之后，科恩得出了结论。他认为，只有爱情、大笔财富或者一份好工作并不能带来真正的幸福。真正的幸福可以用一个方程式来概括：

$$幸福 = P + (5 \times E) + (3 \times H)$$

其中，P 代表个性，比如你的世界观、适应能力和应变能力；E 代表生存，包括健康状况、财务状况和交友的情况；H 代表更高层次的需要，比如自我评价、期望、雄心和幽默感。

上面的第一、二个问题对应的是 P 即个性，人的个性对幸福的影响不言而喻；第三个问题对应的是 E 即生存；第四个问题对应的是 H 即更高层次的需要。假设每题满分为 10 分，总分为 100 分，如果你第一题和第二题的分数分别是 7 分、7 分，那么 P 的得分就是 $7+7=14$，如果第三题得分为 6 分，那么 E 项得分就是 6 分，第四题的得分为 7 分，那么 H 就是 7 分，所以你的幸福指数 $=14+(5\times6)+(3\times7)=14+30+21=65$。有兴趣的话可以回答上面的四个问题，测试一下自己的幸福指数！

二、模型建立

鉴于大学生是个特殊人群，参考 20 世纪 50 年代美国经济学家、诺贝尔奖得主萨缪尔森所提出的幸福指数公式（幸福 = 效用/欲望），并将影响大学生的幸福程度的因素进一步细化，使其能够真正量化大学生的幸福感受。

首先，细化一下大学生的欲望。在大学的 4 年中影响大学生幸福感的因素有 7 个，即自我意识、学校学习、人际交往、恋爱、工作与社会适应、家庭环境、休闲活动。为了增强幸福感，大学生的目标应当是“形成积极的自我意识”“工作与社会适应性强”“快乐和高质量的学校学习”“身体健康且业余生活丰富”“好的人际交往能力、恋爱成功”等。

其次，将这些目标量化，用表 1-17 来表示上述几个目标的量化数值。比如说，一个人当上学生会主席，那么在“形成积极的自我意识”这个指标上可以得满分（5 分）。

表 1-17　大学生个人效用大小细化表

分值	自我意识 A	学校学习 B	工作与社会适应 C	身体、业余生活 D	人际交往、恋爱 E	月支配经费 F
5	很自信，目标大且好	全国奖项，很有兴趣	优秀干部，超强	很健康，极丰富	人缘好，恋爱很成功	月支配 1 100
4	较自信，目标适中	省级奖项，有兴趣	良好干部，强	健康，有多个	人缘可以，恋爱稳定	月支配 900

续表

分值	自我意识 A	学校学习 B	工作与社会适应 C	身体、业余生活 D	人际交往、恋爱 E	月支配经费 F
3	有自信，目标小	校级奖项，有点兴趣	一般干部，一般	无疾病、有	人缘一般、有恋爱	月支配 700
2	不太自信，目标模糊	院系奖项，无兴趣	当过干部，弱	不健康，少	无人缘，无恋爱	月支配 500
1	不自信，无目标	无，烦恼且无兴趣	一般学生，极弱	体弱多病，无	坏人缘，恋爱失败	月支配 300

再次，运用 C－D 生产函数推算效用，生产函数是描述生产过程中投入的生产要素的某种组合同它可能的最大产出量之间的依存关系的数学表达式。

生产函数最早于 1928 年被美国数学家查尔斯·柯布（Charles Cobb）和经济学家保罗·道格拉斯（Paul Dauglas）提出，他们用 1899—1922 年的数据资料，导出了著名的生产函数。C－D 生产函数模型为

$$y = aK^{\beta_1}L^{\beta_2}$$

生产函数是在西方国家发展起来的，作为西方经济学理论体系的一部分，与特定的生产理论与环境相联系。在这里应用生产函数反映的是生产中投入要素与产出量之间的技术关系。

建立效用函数来度量一个大学生的满意程度：

$$U = A^a B^b C^c D^d E^e F^f$$

其中，A、B、C、D、E、F 分别是相应的 5 个指标的分值。a、b、c、d、e、f 分别是这个大学生对各个指标的偏好程度（注意 $a+b+c+d+e+f=1$）。比如说，某个大学生注重对“自我意识”的培养，那么相应地 a 的数值就比较大，对“工作与社会适应”方面没有太大兴趣，c 的数值就应该比较小。

最后，通过萨缪尔森的幸福方程式来计算一下大学生个人的幸福指数：

$$\text{幸福指数} = \text{效用}/\text{欲望} = U/S \times 100\%$$

这里，分母 S 应是个人的欲望的最大值，不妨设 S 取最大的分值，即 $S=5$。当 $U=5$ 时，表明个人的欲望全部得到了最大的满足，幸福指数为 100%，此时最幸福。当 $U=0$ 时，表明大学生个人的欲望一点也没有得到满足，幸福指数为 0，此时最不幸福。按照幸福指数的大小，可以把大学生的幸福程度分为以下 7 项，见表 1-18。

表 1-18　个人幸福程度量化表

90% ~100%	80% ~90%	70% ~80%	60% ~70%	50% ~60%	30% ~50%	30% 以下
很幸福	幸福	较幸福	一般	较不幸福	不幸福	很不幸福

三、模型求解

假如说大学生某甲在三年级的时候较自信且目标适中，同时学校学习状态好且有兴趣获得省级奖项（如全国大学生数学建模竞赛江苏赛区一等奖），学生干部工作良好且社会适应强，身体很健康且业余生活极丰富，人缘好、恋爱很成功。这个人对“自我意识”很感兴

趣，他对各个指标的偏好程度反映在如下的参数当中：$a=0.5$，$b=0.3$，$c=0.05$，$d=0.1$，$e=0.05$，那么甲的效用大小为 $U=4^{0.5}4^{0.3}4^{0.05}5^{0.1}5^{0.05}=4.14$，幸福指数为 $4.14/5\times100\%=82.8\%$。

这个大学生的幸福指数是82.8%，从表1-18中可以看出：他的生活是幸福的。

通过上面的这个计算，将会发现：幸福指数的大小与个人对不同指标的偏好程度有很大的关系。

比如说，乙学生对“工作与社会适应”“自我意识”也很感兴趣，是优秀学生干部，人缘一般、有恋爱，业余打工，目前别的没有，也就是有点钱，月支配经费虽然在1 100元以上，但没有什么获奖，由于打工劳累，身体一般，业余生活单调，学校学习一般。因此，他对各个指标的偏好程度可设为 $a=0.5$，$b=0.02$，$c=0.3$，$d=0.1$，$e=0.02$。于是乙的效用大小为 $U=1^{0.5}1^{0.02}5^{0.3}1^{0.05}3^{0.1}4^{0.02}=1.859\ 71$，幸福指数为 $1.859\ 71/5\times100\%=37.194\ 2\%$。

从表1-18中可以看出：乙学生尽管有点钱，但生活幸福指数比较低。

但是，如果某丙学生认为：一个大学生注重“上研究生”“出国”即 A 和 B，还不都是为了赚钱。在“上研究生”“出国”这些方面我不跟别人比较，所以偏好系数都是0；所以在 D、E、F 这些方面我也不跟别人比较，偏好系数也是0；我的身体虽然一般，但是我的收入比较高，该享受的都享受了一下，即使生命短一些，但是生活的质量很高，也不用跟别人比较。我只在乎工作与社会适应和月支配经费，所以丙的效用大小为 $U=A^0B^05^{0.5}D^0E^04^{0.5}=4.472\ 14$，幸福指数为 $4.472\ 14/5\times100\%=89.442\ 8\%$。从表1-18中可以看出：他的生活是幸福的。

可见，幸福是一种主观的感受，同一个人在同等条件下，不同的偏好幸福程度的高低将会不同。基于此，个人可以通过调整自己的心态来改变偏好系数，实现较高的幸福程度。因为幸福=效用/欲望，所以，当欲望很少时，一点小小的满足就可以让人感到幸福；如果欲望无限，那么，即使在面前放一座金山，人们仍然可能觉得自己生活得很不幸福，所以，还是要正确地看待幸福。

案例4　牙膏的销售量问题

制作人：王庚；

适用课程：统计学，概率论与数理统计，统计模型与统计实验；

使用说明：可作为教与学的一个案例。

一、问题提出

某大型牙膏制造企业为了更好地拓展产品市场，有效地管理库存，公司董事会要求销售部门根据市场调查，找出公司生产的牙膏销售量与销售价格、广告费用投入量的关系，从而预测出在不同销售价格和广告投入情况下的销售量。为此，销售部的研究人员收集了过去30个销售周期（每个销售周期为4周）公司生产的牙膏销售量、销售价格、广告费用投入量，以及同期其他厂家生产的同类牙膏的平均销售价格，见表1-19。试根据这些数据建立一个统计模型，分析牙膏销售量与其他因素的关系，为制定价格策略和广告投入策略提供数据依据。

表 1-19　牙膏销售量与销售价格、广告费用投入量等数据

销售周期	x_3/元	x_4/元	x_2/百万元	x_1/元	y/百万支
1	3.85	3.80	5.50	-0.05	7.38
2	3.75	4.00	6.75	0.25	8.51
3	3.70	4.30	7.25	0.60	9.52
4	3.70	3.70	5.50	0	7.50
5	3.60	3.85	7.00	0.25	9.33
6	3.60	3.80	6.50	0.20	8.28
7	3.60	3.75	6.75	0.15	8.75
8	3.80	3.85	5.25	0.05	7.87
9	3.80	3.65	5.25	-0.15	7.10
10	3.85	4.00	6.00	0.15	8.00
11	3.90	4.10	6.50	0.20	7.89
12	3.90	4.00	6.25	0.10	8.15
13	3.70	4.10	7.00	0.40	9.10
14	3.75	4.20	6.90	0.45	8.86
15	3.75	4.10	6.80	0.35	8.90
16	3.80	4.10	6.80	0.30	8.87
17	3.70	4.20	7.10	0.50	9.26
18	3.80	4.30	7.00	0.50	9.00
19	3.70	4.10	6.80	0.40	8.75
20	3.80	3.75	6.50	-0.05	7.95
21	3.80	3.75	6.25	-0.05	7.65
22	3.75	3.65	6.00	-0.10	7.27
23	3.70	3.90	6.50	0.20	8.00
24	3.55	3.65	7.00	0.10	8.50
25	3.60	4.10	6.80	0.50	8.75
26	3.65	4.25	6.80	0.60	9.21
27	3.70	3.65	6.50	-0.05	8.27
28	3.75	3.75	5.75	0	7.67
29	3.80	3.85	5.80	0.05	7.93
30	3.70	4.25	6.80	0.55	9.26

符号说明：x_1——价格差，x_2——广告费用，x_3——公司销售价格，x_4——其他厂家平均价格，y——销售量。（其中价格差指其他厂家平均价格与公司销售价格之差）

二、问题分析

牙膏的销售量受到多种因素的影响，如产品销售价格、同类产品销售价格、广告费用投入量、产品质量等。为了简化研究，这里只考虑两个对结果有显著性影响的因素，即广告费用投入量及同类产品销售价格。在考虑同类产品销售价格时不好处理，在这里仅考虑其他产品同本公司产品的价格差，利用回归方法分析这个数据集。研究任务是建立一个能用来估计销售量 y 与价格差 x_1、广告费用投入量 ρ 之间的回归方程。在管理报告中应适当包括一些技术资料，如计算机输出、残差图等。

模型假设：

H1：在一定时期内假设市场总需求量没有太大的变化。

H2：同类产品在一定时期内价格无明显变化。

H3：通过调节本公司的价格都能够达到理想的价格差。

三、模型建立

为了大致分析 y 与 x_1 和 x_2 的关系，首先利用散点图观察销售量 y 与价格差 x_1 及 y 与广告费用投入量 x_2 之间的关系。

y 与 x_1 的关系：

从图 1-30 发现，随着 x_1 增加，y 的值有明显的线性增加趋势，图中直线是用线性模型

$$y_0 = \beta_0 + \beta_1 x_1 + \varepsilon \tag{1.14}$$

拟合的（其中 ε 是随机误差）。

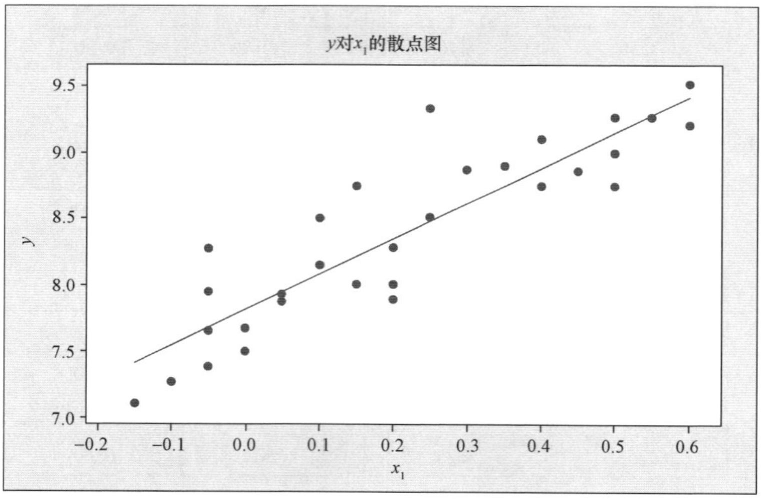

图 1-30　y 对 x_1 的散点图

y 与 x_2 的关系：

在图 1-31 中，当 x_2 增大时，y 有向上弯曲增加的趋势，图中的曲线是二次函数模型

$$y = \beta_0 + \beta_1 x_1 + \beta_2 x_2^2 + \varepsilon \tag{1.15}$$

拟合的。综上分析，结合模型式（1.14）和式（1.15），建立如下的回归模型：

$$y = \beta_0 + \beta_1 x_1 + \beta_2 x_2 + \beta_3 x_2^2 + \varepsilon \tag{1.16}$$

其中，用 $\hat{y} = \beta_0 + \beta_1 x_1 + \beta_2 x_2 + \beta_3 x_2^2$ 对 y 进行估计（其中 β_0、β_1、β_2、β_3 是待估计的参数），ε 是随机误差。

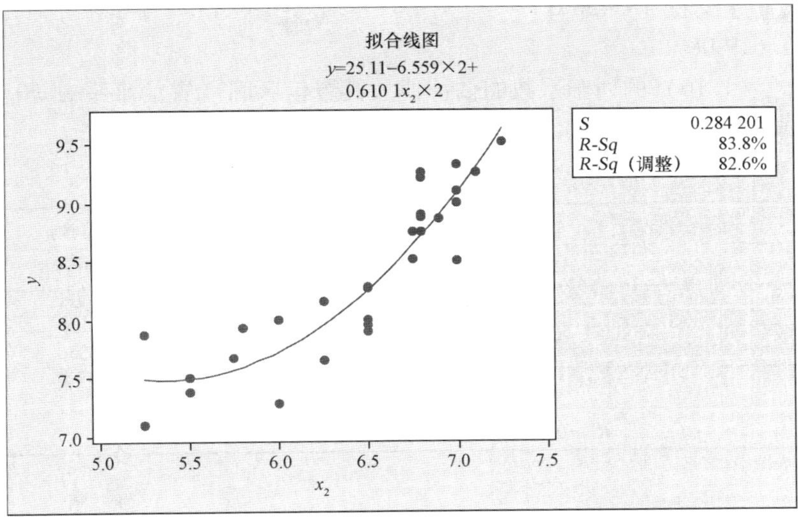

图 1-31　y 对 x_2 的散点图

四、模型求解

利用 Minitab 15.0 求解步骤

步 1：制作数表，在 C4 上用 Minitab 计算中的计算器，x_2^2 可产生一列 x_2 的平方。

步 2：执行菜单“统计”—“回归”—“回归”命令。

步 3：在回归对话框里，响应选 y，预测变量选 x_1、x_2、x_2^2，单击“确定”按钮。

步 4：输出。

结果：牙膏的销售量

回归分析：y 与 x_1，x_2，x_2^2

回归方程为 $y = 17.3 + 1.31x_1 - 3.70x_2 + 0.349x_2^2$

自变量	系数	系数标准误	T	p
常量	17.324	5.641	3.07	0.005
x_1	1.307 0	0.303 6	4.30	0.000
x_2	−3.696	1.850	−2.00	0.056
x_2^2	0.348 6	0.151 2	2.31	0.029

$S = 0.221\ 296$　$R - Sq = 90.5\%$　$R - Sq$（调整）$= 89.4\%$

$PRESS = 1.773\ 60$　$R - Sq$（预测）$= 86.82\%$

方差分析：

来源	自由度	SS	MS	F	p
回归	3	12.185 3	4.061 8	82.94	0.000
残差误差	26	1.273 3	0.049 0		

合计　　　29　13.458 6

统计量 =1.619 08

得到模型式（1.16）的回归系数的估计值及其置信区间（置信水平 $\alpha=0.05$）、检验统计量 R^2、F、p 的结果（表 1-20）。

表 1-20　估计结果

参数	参数估计	T 检验 p
β_0	17.324 4	0.005
β_1	1.307 0	0.000
β_2	−3.696	0.056
β_3	0.348 6	0.029
$R^2=0.905\ 4$　$F=82.940\ 9$　$p<0.000\ 1$		

五、结果分析

y 为模型式（1.16）中的数据，x 为对应与回归系数 $\beta=(\beta_0,\beta_1,\beta_2,\beta_3)$ 的数据显著水平 $\alpha=0.05$；输出 b 为 β 的估计值，常记作 $\hat{\beta}$，p 为 b 的 T 检验 p，stats 为回归模型的检验统计量，有 3 个值回归方程决定系数 R^2、f 统计量、f 统计量对应的概率值 p。

由表中的数据显示，$R^2=0.905\ 4$ 指因变量的 y 的 90.54% 可由模型确定，F 远远超过 F 检验的临界值，p 远远小于 α，因而模型式（1.16）可用。

表 1-20 的回归系数给出了模型（1.16）中 β_0，β_1，β_2，β_3 的估计值 $\hat{\beta}_0=17.324\ 4$，$\hat{\beta}_1=1.307\ 0$，$\hat{\beta}_2=-3.696$，$\hat{\beta}_3=0.348\ 6$。检查它们的置信区间发现，只有 β_2 的置信区间包含零点（但区间右端点距零点很近），表明回归变量 x_2（对因变量 y 的影响）不是太显著的，但由于 x_2^2 是显著的，仍将变量 x_2 保留在模型中。

经回归系数的估计值代入模型式（1.16），即可预测公司未来某个销售周期牙膏的销售量 y，将预测值记为 $\hat{y}$，得到模型式（1.16）的预测方程：

$$\hat{y}=\hat{\beta}_0+\hat{\beta}_1x_1+\hat{\beta}_2x_2+\hat{\beta}_3x_2^2$$

只需知道该销售周期的价格差 x_1 和广告费用投入量 x_2，就可以计算预测值 $\hat{y}$。

公司无法直接确定价格差 x_1，只能制定公司的牙膏销售价格 x_4，但是其他厂家平均价格一般可以根据市场情况及原材料的价格变化等估计。模型中用价格差作为回归变量的好处在于，公司可以更灵活地来预测产品的销售量或市场需求量，因为其他厂家平均价格不是公司所能控制的。预测时只要调整公司的牙膏销售价格达到设定的回归变量价格差 x_1 的值。如控制价格差 $x_1=0.2$ 元，广告费用投入量 $x_2=650$ 万元，由 Minitab 15.0 求解（即在回归选项中新观察值的预测区间栏中输入 0.200，6.50，42.3 再一直单击“确定”按钮即可。），得

新观测值的预测值

新观测值	拟合值	拟合值标准误	95% 置信区间	95% 预测区间
1	8.293 3	0.058 1	(8.173 8，8.412 8)	(7.823 0，8.763 6)

新观测值的自变量值

新观测值	x_1	x_2	x_2^2
1	0.200	6.50	42.3

即

$$\hat{y}=\hat{\beta}_0+\hat{\beta}_1 x_1+\hat{\beta}_2 x_2+\hat{\beta}_3 x_2^2=8.2933\text{（百万支）}$$

销售量预测区间为［7.823 0，8.763 6］（置信度 95%）

其中上限用作库存管理的目标值，下限用来把握公司的现金流。

若估计 $x_3=3.9$，设定 $x_4=3.7$，则可以 95% 的把握知道销售额在 $7.8230\times3.7\approx29$（百万元）以上。

回归模型的一个重要应用是，对于给定的回归变量的取值，可以以一定的置信度预测因变量的取值范围，即预测区间。

六、模型改进

模型式（1.16）中回归变量 x_1、x_2 对因变量 y 的影响是相互独立的，即牙膏销售量 y 的均值和广告费用投入量 x_2 的二次关系由回归系数 β_2、β_3 确定，而不依赖价格差 x_1，同样，y 的均值与 x_1 的线性关系由回归系数 β_1 确定，不依赖 x_2。根据经验可猜想，x_1 和 x_2 之间的交互作用会对 y 有影响，简单地用 x_1、x_2 的乘积代表它们的交互作用，将模型式（1.16）增加一项，得

$$y=\beta_0+\beta_1x_1+\beta_2x_2+\beta_3x_2^2+\beta_4x_1x_2+\varepsilon \tag{1.17}$$

在这个模型中，y 的均值与 x_2 的二次关系为 $\beta_2x_2+\beta_3x_2^2+\beta_4x_1x_2$，由系数 β_2、β_3、β_4 确定，并依赖价格差 x_1。

利用 Minitab 15.0 求解，得

结果：牙膏的销售量

回归分析：y 与 x_1，x_2，x_2^2，$x_1\ x_2$

回归方程为

$y=29.1+11.1\ x_1-7.61\ x_2+0.671\ x_2^2-1.48\ x_1\ x_2$

自变量	系数	系数标准误	T	p
常量	29.113	7.483	3.89	0.001
x_1	11.134	4.446	2.50	0.019
x_2	−7.608	2.469	−3.08	0.005
x_2^2	0.671 2	0.202 7	3.31	0.003
$x_1\ x_2$	−1.477 7	0.667 2	−2.21	0.036

$S=0.206339$　$R-Sq=92.1\%$　$R-Sq$（调整）$=90.8\%$

方差分析

来源	自由度	SS	MS	F	p

回归	4	12.394 2	3.098 5	72.78	0.000
残差误差	25	1.064 4	0.042 6		
合计	29	13.458 6			

七、讨论

对实验中存在的问题、进一步的想法等（例如两模型销售量预测比较、两模型 y 与 x_1、x_2 关系的比较、交互作用影响的讨论、完全二次多项式模型）进行讨论。

案例 5 票房预测的谷歌模型

制作人：王庚；
适用课程：统计学，统计预测与决策；
使用说明：可作为教与学的一个案例。

一、问题提出

电影上映首周的票房收入一直是业界人士和广大影迷广为关注的。随着互联网的日益普及，人们通过谷歌或百度等搜索引擎做一个与即将上映电影相关的搜索是一件极其平常的事，这使得提前一个月预测电影上映首周的票房收入成为可能。

如果与即将上映电影相关的搜索包括电影的搜索量（电影上映前一周的）、电影广告的点击量（电影上映前一周的）、上映影院数量、同系列电影前几部的票房表现等，请建立模型预测电影上映首周的票房收入，使准确度高达 90% 以上。

二、问题分析

电影的搜索量（电影上映前一周的）、电影广告的点击量（电影上映前一周的）、上映影院数量、同系列电影前几部的票房表现等与票房收入之间存在较强的关联性吗？

随着互联网的发展，人们越来越习惯于在网上搜索电影信息。据谷歌统计，从 2011 到 2012 年，电影相关的搜索量增长了 56%。谷歌发现，电影相关的搜索量与票房收入之间存在很强的关联性。

图 1-32 显示了 2012 年电影票房收入和电影的搜索量的曲线。可以看到，两条曲线的起伏变化有着很强的相似性。

更进一步地，谷歌把电影的搜索分成了两类：

Ⅰ. 涉及电影名的搜索；

Ⅱ. 不涉及电影名的搜索。这类搜索不包含具体的名字，而是一些更宽泛的关键词搜索，如“热门电影”“爱情片”“好莱坞电影”等。

图 1-33 显示了票房收入与两类搜索量的关系。从图上可以看到，在大部分情况下，第Ⅰ类搜索量超过第Ⅱ类搜索量。但在电影淡季的时候（图中灰色椭圆区域，这时候票房收入较低），第Ⅰ类搜索量会低于第Ⅱ类搜索量。这符合常理，因为在淡季的时候知名度高的电影很少，人们往往用更宽泛的搜索来寻找想看的电影。

这一发现对电影的网络营销来说有一定的指导意义：在淡季的时候，电影公司可多购买

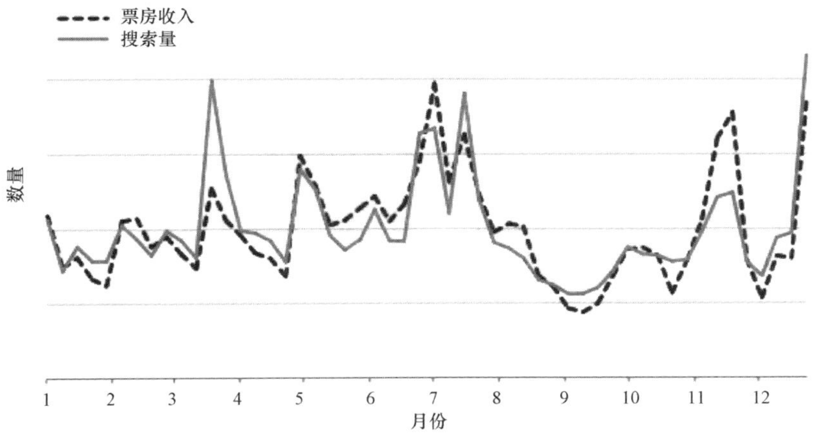

图 1-32　2012 年票房收入与搜索量的曲线

注：本文的所有图片均引用自谷歌的白皮书：*Quantifying Movie Magic with Google Search*。

相对宽泛的关键词的广告，而在旺季的时候，多购买涉及电影名的，更具体的关键词的广告。

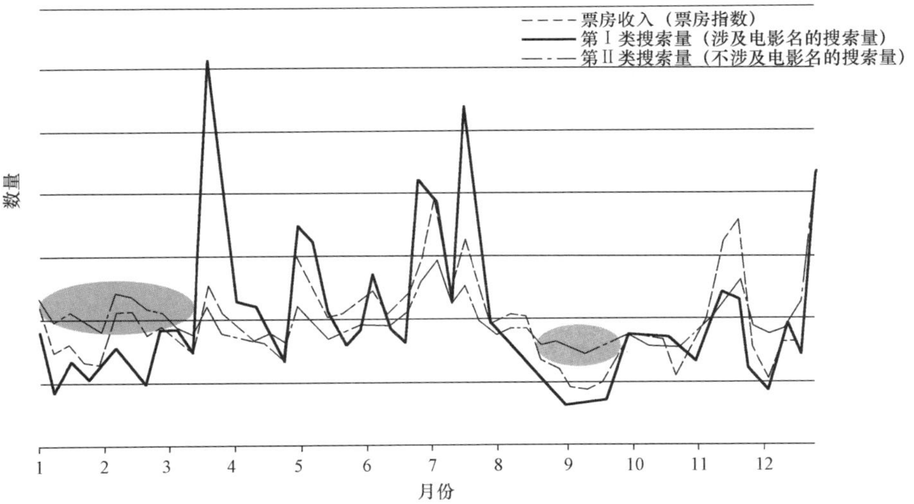

图 1-33　2012 年票房收入和两类搜索量的关系

类似地，电影票房收入与电影广告的点击量（电影上映前一周的）、上映影院数量、同系列电影前几部的票房表现之间均存在较强的关联性。

三、统计建模与求解

1. 单指标线性模型

上面的讨论表明用电影的搜索量来预测票房是有可能的。那么，如果单纯使用搜索量来预测首周票房收入，效果怎么样？通过对 2012 年上映的 99 部电影的研究，谷歌发现仅依靠搜索量来预测是不够的。谷歌尝试构建了一个单指标线性模型，但只达到 70% 的准确度（图 1-34）。

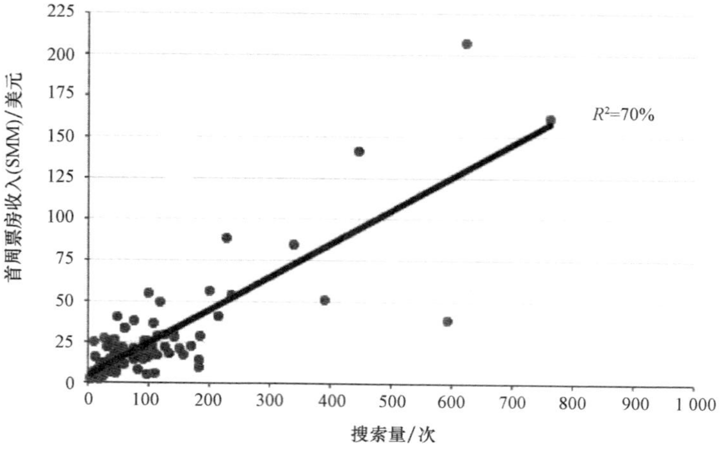

图 1-34　搜索量与首周票房收入之间的线性关系

2. 四指标线性回归模型

为了构建更加精确的预测模型，谷歌最终采用了四类指标：

（1）（电影上映前一周的）电影的搜索量；

（2）（电影上映前一周的）电影广告的点击量；

（3）上映影院数量；

（4）同系列电影前几部的票房表现。

其中每类指标又包含了多项类内指标。

在获取每部电影的这些指标后，谷歌构建了一个线性回归模型，来建立这些指标和票房收入的关系。线性回归模型在大数据分析领域里算是最基本的模型之一，它认为票房收入与这些指标之间是简单的线性关系。

图 1-35 展示了模型的效果，其中灰色圆点代表了首周实际票房收入，黑色方形点代表了首周预测票房收入。可以看到，预测的结果与实际的结果差异很小。

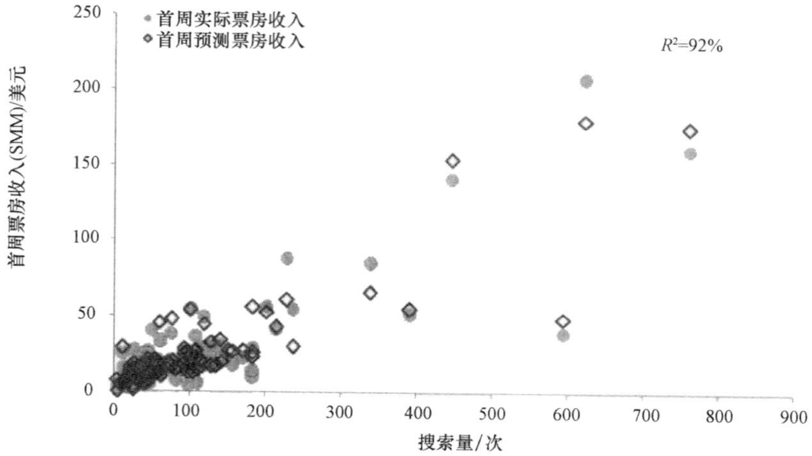

图 1-35　提前一周预测票房的效果

3. 三指标线性回归模型

提前一周预测可以达到92%的准确度，对于电影的营销来说，价值并不大，因为一周的时间往往很难调整营销策略，改善营销效果。因此，谷歌又进一步研究，使得模型可以提前一个月预测首周票房。

实现提前一个月预测的关键在于：谷歌采用了一项新的指标——电影预告片的搜索量。谷歌发现，预告片的搜索量比起电影的直接搜索量而言，可以更好地预测首周票房表现。这一点不难理解，因为在电影放映前一个月的时候，人们往往更多地搜索预告片。

仅使用预告片的搜索量仍然不够，因此谷歌的模型最终采用了三类指标：

（1）电影预告片的搜索量；

（2）同系列电影前几部的票房表现；

（3）档期的季节性特征。

其中每类指标又包含了多项类内指标。

在获取到每部电影的这些指标后，谷歌再次构建了一个线性回归模型，来建立这些指标和票房收入的关系。

图1-36展示了模型的效果，其中灰色圆点代表了首周实际票房收入，黑色方形点代表了首周预测票房收入。可以看到，预测结果与实际结果非常接近。

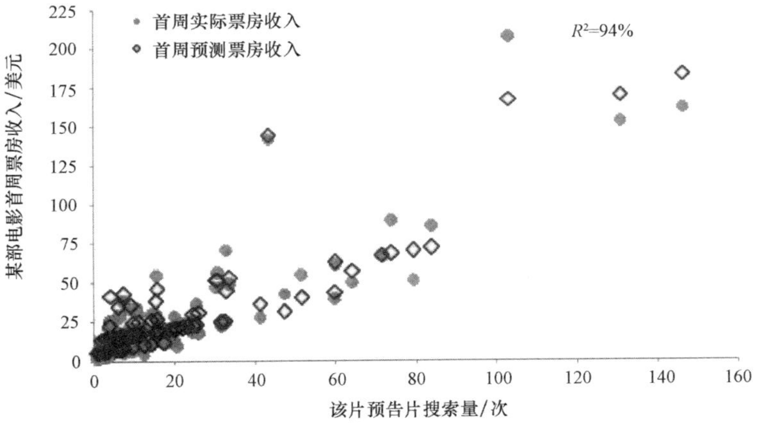

图1-36　提前一个月预测票房的效果

四、模型评价

谷歌采用的是数据分析中最简单的模型之一——线性回归模型，这对很多人来说多少有点意外，为什么谷歌用的模型如此简单？

首先，线性回归模型虽然简单，但已经达到了很高的准确度（94%）。简单且效果好，正是人们在实际应用中一直追求的。

其次，简单的模型易于被人们理解，也易于分析。大数据分析技术的优势正是能够从大量数据中挖掘出人们可以理解的规律，从而加深对行业的理解。谷歌使用了线性回归模型，所以它很容易对各项指标的影响做出分析。例如谷歌的报告中给出了这样的分析结论：“距离电影上映一周的时候，如果一部影片比同类影片多获得25万搜索量，那么该片的首周票房就很可能比同类影片高出430万美元。若一部电影有搜索引擎广告，也可以通过其广告的点击量来推测票房表现——如果点击量超出同类电影2万，那该片首周票房将领先750万美元。”

对于电影的营销来说，掌握各项指标对票房收入的影响，可以优化营销策略，降低营销成本。谷歌的报告中指出，用户一般会通过多达13个渠道来了解电影的信息。票房预测模型的出现无疑使得营销策略的制定更加有效。

2013年6月，谷歌公布了这项重要研究成果——电影票房预测模型。该模型能够提前一个月预测电影上映首周的票房收入，准确度高达94%。这在业内引起了热烈讨论，不少业内人士认为该模型非常适合好莱坞电影公司通过预测票房来及时调整电影营销战略，但同时也有吐槽者暗示谷歌的票房预测模型别有用心，旨在鼓动电影公司购买其搜索引擎广告。孰是孰非，上述谷歌票房预测模型的分析讨论已说明了一切。

案例6　人民币汇率组合预测模型的构建

制作人：白先春；
适用课程：统计学，统计预测与决策；
使用说明：可作为教与学的一个案例。

汇率稳定是一个国家宏观经济政策的主要目标之一。汇率作为两种货币相对价格的表示，在世界经济交往中发挥着重要的作用，它不仅会影响宏观经济的运行，而且会影响微观经济的资源配置。随着经济全球化的发展，国家之间的经济关系越来越密切。

由于影响汇率变动的因素很多，既有宏观因素，又有微观结构因素，这些因素之间又相互作用、相互影响，因此很难找到一种函数形式来表达汇率与它们之间的关系。时间序列模型则恰好绕开这一难题，无须参考其他信息，只要利用变量自身的信息，即可预测其未来的走势。各种模型都有其自身的特点，不能贸然地断定某一模型是最好的。选择哪一种模型必须依据实际的条件而定，同时必须注意每一模型的时效性。模型的应用带有一定的局限性，在实际操作中往往比较难以把握，可以根据汇率的历史数据建立组合预测模型，综合反映汇率变化的信息，以弥补单一模型的缺陷。

一、单一预测模型

（一）原始数据

虽然人民币汇率不再单一盯住美元，但是在一篮子货币中，美元仍然是占有大比重的币种，因此正确分析和预测人民币/美元汇率的短期走势非常重要。本案例的实证数据来自中国人民银行官方网站，选取2010年6月17日到2011年4月29日每周的人民币/美元汇率中间价，共39个时序数据（见本案例末尾附表1-1）。

（二）人民币/美元汇率的走势

从图1-37可知：2010年6月19日央行宣布进一步推进人民币汇率形成机制改革以来，人民币小幅升值，双向浮动特征明显，汇率弹性显著增强。人民币对美元中间价在2010年6月21日为1美元兑6.827 5元人民币，到了2010年12月31日，人民币对美元中间价报收于1美元兑6.622 7元人民币，人民币升值幅度已达3%。2011年1月4日，人民币对美元中间价为6.621 5，到了2011年4月29日，人民币对美元中间价报收于1美元兑6.499元人民币，升值1.85%，并仍有进一步升值的趋势。

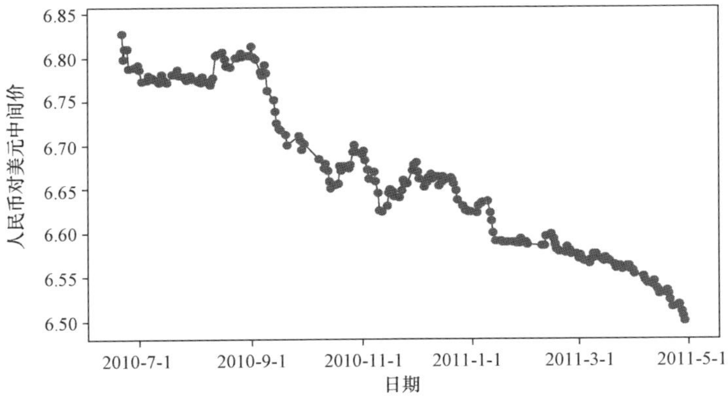

图1-37　人民币对美元日汇率走势图

注：2010-7-1表示2010年7月1日，2010-9-1表示2010年9月1日，以此类推。

（三）模型建立

通过对原始数据的分析，建立如下几种典型的预测模型。

1. 线性函数模型

线性函数模型 $y_t = a + bt$，其中，t 表示时间，y_t 为对应的汇率。

利用附表1-1的原始序列，用最小二乘法进行回归分析，得到回归模型：

$$\hat{y}_t = 6.821 - 0.007t$$

模型回归方程的决定系数 $R^2 = 0.963$，说明此回归模型拟合程度较高。然后进行回归系数的显著性检验，从表1-21中可以看出，在置信水平 $\alpha = 5\%$ 的情况下，系数的 p 值都小于0.05，因此常数项和 t 都是显著的。其中 t 的系数为负数，表明人民币兑美元汇率有下降的趋势。

表1-21　参数检验

系数	t	p
6.821	887.922	0.000
-0.007	-21.825	0.000

2. 布朗单一参数线性指数平滑法模型

当时间序列有趋势存在时，一次和二次指数平滑值都落后于实际值，将一次和二次指数平滑值之差加在一次指数平滑值上，则可对趋势进行修正。其平滑公式为

$$s_t^{(1)} = \alpha y_t + (1-\alpha)\, s_{t-1}^{(1)}$$

$$s_t^{(2)} = \alpha s_t^{(1)} + (1-\alpha)\, s_{t-1}^{(2)}$$

式中，$s_t^{(1)}$ 为一次指数平滑值，$s_t^{(2)}$ 为二次指数平滑值，y_t 为本期观测值。

由两个平滑值可以计算线性平滑模型的两个参数：

$$a_t = s_t^{(1)} + (s_t^{(1)} - s_t^{(2)}) = 2s_t^{(1)} - s_t^{(2)}$$

$$b_t = \frac{\alpha}{1-\alpha}(s_t^{(1)} - s_t^{(2)})$$

得到线性平滑模型：

$$\hat{y}_{t+m} = a_t + b_t m$$

在这里，m 为预测的超前期数。

平滑常数 α 的选择：通过计算均方误差（MSE），选择均方误差最小的 α。

$$MSE = \frac{1}{n}\sum_{i=1}^{n}(y_i - \hat{y}_i)^2$$

利用 SPLUS 编程，得到结果见表 1-22。

表 1-22　不同 α 下模型对应的 MSE

α	0.1	0.2	0.3	0.4	0.5
MSE	0.000 921	0.000 539	0.000 438	0.000 37	0.000 324
α	0.6	0.7	0.8	0.9	
MSE	0.000 295	0.000 279	0.000 274	0.000 279	

从表 1-22 可以看出：当 $\alpha = 0.8$ 时，MSE 最小。因此选择 $\alpha = 0.8$，得到模型为

$$\hat{y}_{t+m} = 6.54608 - 0.009375m$$

3. 灰色预测模型

利用附表 1-1 的原始序列 $x_{(i)}^{(0)}$，$i = 1, 2, 3, \cdots, 39$，由累加公式形成的序列 $x_{(i)}^{(1)} = \sum_{k=1}^{i} x_{(k)}^{(0)}$，则相应的微分方程为 $\frac{\mathrm{d}x^{(1)}}{\mathrm{d}t} + ax^{(1)} = u$，式中，$a$ 称为发展灰数，u 称为内声控制灰数。

构造累加矩阵：

$$\boldsymbol{B} = \begin{bmatrix} -\frac{1}{2}(x_{(1)}^{(1)} + x_{(2)}^{(1)}) & 1 \\ -\frac{1}{2}(x_{(2)}^{(1)} + x_{(3)}^{(1)}) & 1 \\ \vdots & \vdots \\ -\frac{1}{2}(x_{(38)}^{(1)} + x_{(39)}^{(1)}) & 1 \end{bmatrix}$$

常数项 $\boldsymbol{Y}_n$：$\boldsymbol{Y} = [x_{(2)}^{(0)}, \cdots, x_{(39)}^{(0)}]$，由最小二乘法解方程组 $\boldsymbol{B}\hat{a} = \boldsymbol{Y}_n$，其中 $\hat{a} = [a, u]'$，所以 $\hat{a} = (\boldsymbol{B}'\boldsymbol{B})^{-1}\boldsymbol{B}'\boldsymbol{Y}_n$。将数据代入得：$\hat{a} = [0.001096, 6.818879]'$，即 $a = 0.001096$，$u = 6.818879$。将 a、u 的值代入预测公式，得：

$$\hat{y}_t = -a\left(x_{(1)}^{(0)} - \frac{u}{a}\right)e^{-a(t-1)} = 6.81141\,e^{-0.001096(t-1)}$$

建立模型之后要对模型进行检验，灰色预测检验一般包括残差检验、关联度检验和后验差检验。

（1）残差检验。按预测模型计算预测值，然后计算原始序列与预测值的绝对误差序列及相对误差序列，只要相对误差小于 0.5%，则通过残差检验。

绝对误差序列

$$\Delta_{(i)}^{(0)} = |x_i^0 - \hat{x}_{(i)}^{(0)}| \qquad (i=1,\ 2,\ \cdots,\ n)$$

相对误差序列

$$\Phi_{(i)} = \frac{\Delta_{(i)}^{(0)}}{x_i^0} \times 100\% \qquad (i=1,\ 2,\ \cdots,\ n)$$

通过计算，相对误差序列见表 1-23。

表 1-23　模型的相对误差

序号	1	2	3	4	5	6	7
相对误差	0.016 6%	0.271 0%	0.295 1%	0.212 1%	0.005 2%	0.039 2%	0.104 4%
序号	8	9	10	11	12	13	14
相对误差	0.377 4%	0.624 8%	0.826 2%	0.965 4%	0.736 0%	0.109 8%	0.174 0%
序号	15	16	17	18	19	20	21
相对误差	0.588 0%	0.514 6%	0.105 7%	0.100 8%	0.516 1%	0.438 1%	0.189 3%
序号	22	23	24	25	26	27	28
相对误差	0.216 6%	0.149 3%	0.259 0%	0.263 4%	0.0319%	0.139 9%	0.016 3%
序号	29	30	31	32	33	34	35
相对误差	0.253 7%	0.142 1%	0.046 3%	0.047 5%	0.032 5%	0.026 5%	0.132 7%
序号	36	37	38	39			
相对误差	0.213 8%	0.193 7%	0.269 6%	0.186 1%			

从表 1-23 可以看出，相对误差大多数小于 0.5%，说明通过残差检验，模型的精确度高。

（2）关联度检验。先计算出模型的预测值，然后计算预测值与原始序列的关联系数，最后计算出关联度，根据经验，当 $\rho=0.5$ 时，关联度大于 0.6 便可以了。

关联度系数

$$\eta(i) = \frac{\min \Delta_{(i)}^{(0)} + \rho \max \Delta_{(i)}^{(0)}}{\Delta_{(i)}^{(0)} + \rho \max \Delta_{(i)}^{(0)}} \qquad (i=1,\ 2,\ \cdots,\ n;\ \rho=0.5)$$

关联度

$$r = \frac{1}{n}\sum_{i=1}^{n} \eta(i)$$

当 $\rho=0.5$ 时，计算出关联度 $r=0.722\ 03$，满足时的检验准则 $r>0.6$。

（3）后验差检验。计算原始序列的标准差：

$$S_1 = \sqrt{\frac{\sum [x_{(i)}^{(0)} - \overline{x}^{(0)}]^2}{n-1}}$$

计算绝对误差序列的标准差：

$$S_2 = \sqrt{\frac{\sum \left[\Delta_{(i)}^{(0)} - \overline{\Delta}^{(0)} \right]^2}{n-1}}$$

计算方差比：

$$C = \frac{S_2}{S_1}$$

计算小误差概率：

$$P = p\ \{ | \Delta_{(i)}^{(0)} - \overline{\Delta}^{(0)} | < 0.674\,5S_1 \}$$

令 $e_i = | \Delta_{(i)}^{(0)} - \overline{\Delta}^{(0)} |$，$S_0 = 0.674\,5S_1$，则 $P = p\ \{ e_i < S_0 \}$。

判断准则见表 1-24。

表 1-24　判断准则

P	C	检验效果
>0.95	<0.35	好
>0.8	<0.5	合格
>0.7	<0.65	勉强合格
<0.7	>0.65	不合格

通过计算，$P = 1$，$C = 0.185\,3$，检验效果好，模型通过后验差检验。

4. ARMA 模型

（1）数据平稳性分析。一般来讲，当时间序列具有不平稳性时，会出现“伪回归”现象，那么各项统计检验将毫无意义。因此在建立计量模型之前，要对所采用的时间序列进行单位根检验，以确定各序列的平稳性。本案例采用增强的迪基—福勒（Dickey – Fuller）检验（ADF 检验）来对变量进行检验。

先用 EViews 生成新序列 lny 并用 ADF 检验其平稳性，结果见表 1-25。

表 1-25　序列 lny 的 ADF 检验

序列	检验类型（C，T，K）	ADF	5% 临界值	结论
lny	（c，t，0）	−3.306 067	−3.536 601	不平稳

注：检验类型（C，T，K）中的 C、T 和 K 分别表示常数项、时间趋势和滞后阶数。

从表 1-25 可以看出 lny 没有通过检验，是一个非平稳过程，进行一阶差分后检验其平稳性，ADF 检验结果见表 1-26。

表 1-26　序列 dlny 的 ADF 检验

序列	检验类型（C，T，K）	ADF	5% 临界值	结论
dlny	（c，t，0）	−4.265 759	−3.536 601	平稳

从表 1-26 可以看出 dlny 通过 ADF 检验，是一个平稳过程。

（2）确定适用模型并定阶。可以先生成原始数据的一阶差分数据 dlny，并观测其相关系数 AC 和偏自相关系数 PAC，以确定其为 AR、MA 或者 ARMA 模型。

先观测一阶差分数据 dlny 的 AC 和 PAC 图（图 1-38）。经检验，可以看出 AC 和

PAC 有明显的截尾性，尝试用 AR 或 MA 模型，具体的滞后项 p、q 还需用 *AIC* 和 *SC* 具体确定。

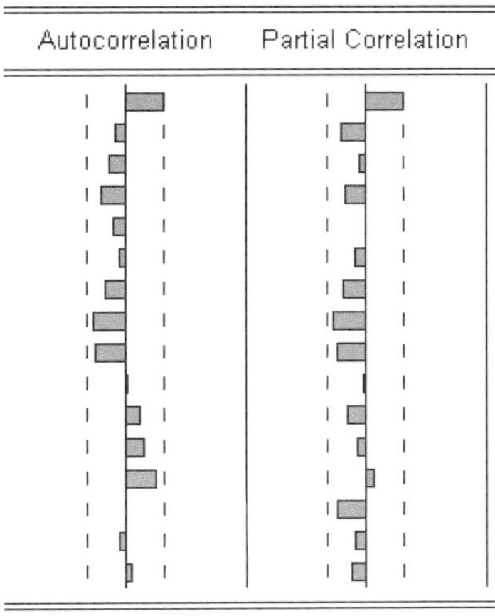

	AC	PAC	Q-Stat	Prob
1	0.325	0.325	4.3348	0.037
2	-0.089	-0.217	4.6680	0.097
3	-0.146	-0.047	5.5912	0.133
4	-0.203	-0.175	7.4295	0.115
5	-0.099	0.003	7.8809	0.163
6	-0.057	-0.098	8.0355	0.236
7	-0.168	-0.196	9.4129	0.224
8	-0.286	-0.281	13.557	0.094
9	-0.264	-0.246	17.209	0.046
10	0.011	-0.021	17.216	0.070
11	0.117	-0.157	17.984	0.082
12	0.158	-0.061	19.446	0.078
13	0.261	0.076	23.594	0.035
14	0.007	-0.247	23.597	0.051
15	-0.050	-0.084	23.765	0.069
16	0.042	-0.122	23.884	0.092

图 1-38 序列 dlny 的 *AC* 和 *PAC* 图

尝试不同模型，根据 *AIC* 和 *SC* 最小化的原理确定模型，见表 1-27。

表 1-27 不同模型的 *AIC* 和 *SC*

模型	*AIC*	*SC*
AR（1）	−9.381 41	−9.337 87
MA（1）	−9.379 21	−9.336 12

从表 1-27 可知，*AR*（1）模型的 *AIC* 和 *SC* 都比 *MA*（1）模型的小，因此选取 *AR*（1）模型作为预测模型。利用 EViews 计算，得出此模型的具体表达式为

$$\mathrm{dln}y_t = 0.429\ 908\,\mathrm{dln}y_{t-1}$$

$$y_t = \exp\ (1.429\ 908\ln y_{t-1} - 0.429\ 908\ln y_{t-2})$$

（3）残差检验。残差序列白噪声检验的相伴概率（$p-Q$）如图 1-39 所示，其 p 值都大于 0.05，模型残差满足独立性假设。

对模型的残差进行 LM 检验，结果见表 1-28。

表 1-28 残差的 LM 检验

F 统计值	0.341 7
P	0.713 0

从表 1-28 可以看出，残差 LM 检验的相伴概率等于 0.713，明显大于 0.05，表明在 5% 的置信水平下，模型的残差互不相关，模型拟合效果好。

（四）预测结果的比较分析

利用上述所建立的预测模型，求出第 40 期的预测值，结果见表 1-29。

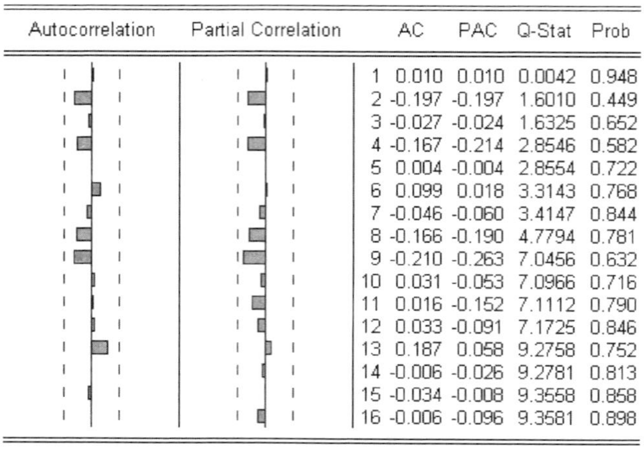

图 1-39　残差序列白噪声检验的相伴概率图

表 1-29　不同单一模型的第 40 期预测值

序号	真实值	线性函数	线性指数平滑法	灰色预测	ARMA
40	6. 537	6. 541	6. 536 7	6. 526 4	6. 540 2

从表 1-29 可以看出，四种预测模型都得到了和实际值十分相近的结论。其中相对来说，布朗单一参数线性指数平滑法的预测效果最好。

二、组合预测模型

假设有 n 个模型都通过了统计检验，在通过了有关合理性检验准则（如经济含义检验准则）后，可选出 r 个满意的模型。为简化问题，只考虑在某时点上的组合预测方法。设 T 为预测的终点时刻，$\{x_t\}$，$t=1,2,\cdots,N$（$N\leqslant T$）为观测序列，在时刻 t 时，模型 y_i 的观测值为$\hat{x}_{it}$，综合模型的预测值为 $\hat{x}_t$，则 $\hat{x}_t=\sum_{i=1}^{r}w_i\hat{x}_{it}$，$\sum_{i=1}^{r}w_i=1$，$0\leqslant w_i\leqslant 1$。式中，$w_i$ 为赋予第 i 个模型的权重，w_i 在 [0，1] 内的大小表示对第 i 种方法的偏重程度，$w_i=1$ 表示只采用第 i 种方法而完全舍弃其他方法，$w_i=0$ 表示完全舍弃第 i 种方法。

现根据以上的讨论及第 40 期的最后预测结果选取为例，来探讨不同方法的组合预测模型。

1. 算术平均法

取 $w_i=\dfrac{1}{r}$（$i=1,2,\cdots,r$），即对所有的模型同等看待，当对模型的取舍没有明确的把握时，常采用此法。但显然，此法有较大的局限性。

2. 标准差法

取权重 $w_i=\dfrac{s-s_i}{s}\times\dfrac{1}{r-1}$，式中，$s=\sum_{i=1}^{r}s_i$，$i=1,2,\cdots,5$，其中，$s_i$ 为第 i 个模型的标准差。可以证明用此法所得到的综合结果，其标准差小于其中任一单一模型。此法的结果是赋予最小标准差模型最大的权，反映了以模型的拟合程度作为取舍依据的观点。

3. 离异系数法

定义 $d_i = \frac{1}{T}\sqrt{\sum_{t=1}^{T}(X_{it} - \hat{x}_t)^2}$ 为离异系数，式中，$\bar{x}_t$ 为 r 个模型在 t 点的预测均值，$t = 1, 2, \cdots, T$，T 为 T 个预测点，则 $w_i = \frac{d - d_i}{d} \times \frac{1}{r-1}$，$d = \sum_{i=1}^{r} d_i (i = 1, 2, \cdots, r)$。由于 d_i 反映了第 i 个模型预测值与 r 个模型预测均值之离差，故本法赋予最小离差模型最大的权重，这将促使综合模型预测值向 r 个模型预测均值收敛。这种方法是有实际意义的，能使预测值较接近真实值。

用上述三种方法对四个不同模型所得的预测点进行修正选取，可得新的综合预测值，见表1-30。

表1-30　不同组合模型的相对误差值

序号		40
实际值		6.537
算术平均法	预测值	6.536 1
	相对误差	0.013 8%
标准差法	预测值	6.535 2
	相对误差	0.027 5%
离异系数法	预测值	6.536 2
	相对误差	0.012 2%

由表1-30可看出，几乎每种方法都取得了更精确的预测值，使预测误差大大减小，算术平均法不仅简单易行，而且预测结果很精确，相对误差只有0.013 8%。标准差法在理论上应该优于算术平均法，但在本例中并没有取得预期的效果，它的相对误差为0.027 5%，但还是相对提高了预测精度。离异系数法在本例中效果最好，它的相对误差为0.012 2%。

由以上的分析可以看出，组合预测模型比一般的预测模型更具稳健性，这是由于组合预测模型中的结果是由单一预测模型加权得来的，只要单一模型是合理的，组合模型就不会产生不合理的结果，因此组合预测模型对人民币汇率的预测是可行的。而且组合预测模型更具有较高的可靠性，这是由于该模型综合利用了各单一模型的预测结果，在不等权的情况下，组合模型赋予较优的预测模型以较大的权重，从而体现了可靠性高的模型的预测倾向。

附表1-1　原始数据

序　号	1	2	3	4	5	6	7
人民币对美元中间价/元	6.812 5	6.785 6	6.776 5	6.774 7	6.781 3	6.776 8	6.773 8
序　号	8	9	10	11	12	13	14
人民币对美元中间价/元	6.785 0	6.794 4	6.800 7	6.802 8	6.779 7	6.729 8	6.703 4

续表

序　号	15	16	17	18	19	20	21
人民币对美元中间价/元	6.668 5	6.666 0	6.685 9	6.678 9	6.644 1	6.6419	6.651 1
序　号	22	23	24	25	26	27	28
人民币对美元中间价/元	6.670 9	6.659 1	6.659 1	6.652 1	6.625 2	6.629 3	6.611 7
序　号	29	30	31	32	33	34	35
人民币对美元中间价/元	6.588 8	6.589 0	6.588 0	6.587 0	6.578 8	6.571 2	6.571 0
序　号	36	37	38	39			
人民币对美元中间价/元	6.569 1	6.560 6	6.558 4	6.545 7			

案例 7　第六次江苏省人口普查数据的主成分分析及评价

制作人：王芳；
适用课程：统计学，多元统计分析；
使用说明：可作为教与学的一个案例。

一、案例背景

人口普查 10 年进行一次。2010 年 11 月，第六次全国人口普查全面展开，此次人口普查标准时点为 11 月 1 日零点，主要调查人口和住房的基本情况，包括性别、年龄、民族、受教育程度、行业、职业、迁移流动、社会保障、婚姻生育、死亡、住房情况等。本案例将利用江苏省 13 个市的总人口数，平均受教育年数，总就业人数，卫生和社会保障、社会福利业人数，人均住房建筑面积等经济学、社会学指标数据资料进行主成分分析，分析影响人口基本特征的因素。

二、问题提出

在许多实际问题的解决中，经常用多个变量来刻画描述某一现象，但由于变量之间可能具有相关性，从而带有重复的信息，给问题的分析带来很多不便，使分析结论的真实性和可靠性受到质疑。比如要研究一个企业的经济效益，可以采用总产值利税率、销售收入利税率、资金利税率、固定资产利税率、产品成本利税率、全员劳动生产率等指标来描述，在很多情况下，一次只能用一个指标来反映企业的经济效益，但这些指标是从不同角度来反映企业经济效益，只用其中的一个或几个指标来分析经济效益都不全面。因此，人们希望寻找到少量几个综合变量来代替原来较多的变量，使这几个综合变量能较全面地反映原来多个变量的信息，同时相互之间不相关。主成分分析正是满足上述要求的一种处理多变量问题的方法。

主成分分析有两个目的：①数据的压缩；②数据的解释。那么，数据如何压缩？得到的结果如何解释？

三、问题分析

数据如何压缩？这必须去探究主成分分析的基本数学思想。主成分分析就是设法将原来

的 p 个指标重新组合成一组相互无关的新指标的过程。通常数学上的处理就是将原来的 p 个指标做线性组合。为了能更清晰地解释主成分的基本思想，下面从用两个指标来衡量 n 个样本点的二维空间入手进行介绍。

在二维空间中，n 个样本点的变量信息若用离差平方和来表示，则变量的信息总量为总方差 $\frac{1}{n}\sum_{i=1}^{n}(x_{i1}-\bar{x}_1)^2+\frac{1}{n}\sum_{i=1}^{n}(x_{i2}-\bar{x}_2)^2$ 。对于每个变量的离差平方和，它们的取值可能出现各种情况：①如果离差平方和 $\sum_{i=1}^{n}(x_{i1}-\bar{x}_1)^2$ 和 $\sum_{i=1}^{n}(x_{i2}-\bar{x}_2)^2$ 之间相差悬殊，如取值之比为 10∶1，说明变量 x_1 在方差总信息量中占较重要的地位，可剔除变量 x_2 达到降维的目的；②如果 $\sum_{i=1}^{n}(x_{i1}-\bar{x}_1)^2$ 和 $\sum_{i=1}^{n}(x_{i2}-\bar{x}_2)^2$ 数值相差不大，说明两个指标在方差总信息量中的比重相当，统计分析时，两个指标都不可放弃，此时可对 x_1、x_2 做适当的变量替换，通过某方法寻找到两个新的变量 y_1、y_2（必须是原变量 x_1、x_2 的线性组合），使新变量满足 $\sum_{i=1}^{n}(y_{i1}-\bar{y}_1)^2+\sum_{i=1}^{n}(y_{i2}-\bar{y}_2)^2=\sum_{i=1}^{n}(x_{i1}-\bar{x}_1)^2+\sum_{i=1}^{n}(x_{i2}-\bar{x}_2)^2$，(其中 $\bar{y}_1=\frac{1}{n}\sum_{i=1}^{n}y_{i1}$，$\bar{y}_2=\frac{1}{n}\sum_{i=1}^{n}y_{i2}$)，上式说明新变量 y 继承了原变量 x 的全部信息，并且要求 $\sum_{i=1}^{n}(y_{i1}-\bar{y}_1)^2$ 和 $\sum_{i=1}^{n}(y_{i2}-\bar{y}_2)^2$ 数值比例相差大，这时仅用 y_1 来分析原问题就可以了，变量的个数从 2 变为了 1。此时的 y_1 方差最大，包含的信息最多。y_1 称为第一主成分，y_2 称为第二主成分。

借助几何图形来阐释以上思想更容易理解。

设有两个变量的信息如图 1-40 所示，大部分的样本点集中在椭圆范围内。如果取椭圆的长轴 y_1、短轴 y_2 作为样本点新的坐标轴，容易看出 y_1 坐标变化程度大，即 y_1 的方差较大，而 y_2 的变化程度较小，即 y_2 的方差较小。于是可以说变量（x_1，x_2）的信息大部分集中在新变量 y_1 上，而小部分集中在新变量 y_2 上。图 1-40 中的新坐标 y_1、y_2 是 x_1、x_2 经过坐标旋转而得到的，其旋转公式为

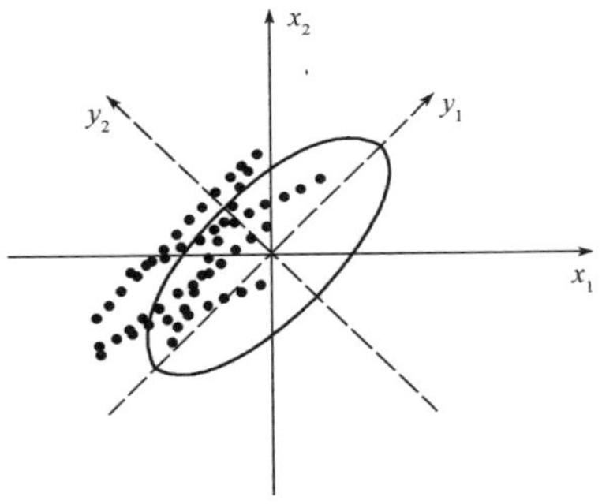

图 1-40　两个变量的信息分布

$$y_1=\cos\theta x_1+\sin\theta x_2$$
$$y_2=-\sin\theta x_1+\cos\theta x_2$$

系数满足的要求是：

$$(\cos\theta)^2+(\sin\theta)^2=1;\ (-\sin\theta)^2+(\cos\theta)^2=1;\ \cos\theta\ (-\sin\theta)\ +\sin\theta\cos\theta=0$$

我们可以称 y_1 为它们的第一主成分，y_2 为它们的第二主成分，坐标的正交变换为主成分变换。

推广开来，对于 p 维总体 $X=(X_1, X_2, \cdots, X_p)'$，寻求正交变换 $A=(a_{ij})_{p\times p}$，使得

$$Y=\begin{bmatrix}Y_1\\Y_2\\\vdots\\Y_p\end{bmatrix}=\begin{bmatrix}A_1X\\A_2X\\\vdots\\A_pX\end{bmatrix}=\begin{bmatrix}\sum_{j=1}^{p}a_1X_j\\\sum_{j=1}^{p}a_2X_j\\\vdots\\\sum_{j=1}^{p}a_pX_j\end{bmatrix}$$

其中，$a_i'a_i=1$，能得到：

$$\mathrm{var}(Y_i)=a'_i\sum a_i(i=1,2,\cdots,p)$$

$$\mathrm{cov}(Y_i,Y_j)=a'_i\sum a_j\ (i=1,2,\cdots,p)$$

在所有正交变换中，所选正交矩阵 $\boldsymbol{A}$，使第一主成分 Y_1 的方差达到最大，其方差越大，表示其所包含的信息越多。如果第一主成分还不能反映原指标的全部信息，再考虑选取第二主成分 Y_2，Y_2 在剩余的线性组合中方差最大，并且与 Y_1 不相关，如若第一、第二主成分仍然不能反映原变量的全部信息，再考虑选取第三主成分 Y_3，Y_3 在剩余的线性组合中方差最大，并且与 Y_1、Y_2 不相关，依此可求出全部 p 个主成分，它们的方差是依次递减的。在实际工作中，在不损失较多信息的情况下，通常选取前几个主成分来进行分析，以达到简化数据结构的目的。

四、主成分分析数据要求

（一）数据的标准化

原总体 $X=(X_1,X_2,\cdots,X_p)'$是由 p 个变量组成的，代表不同性质的 p 个指标，通常情况下，一些经济指标具有不同的量纲，也就是具有不同的计量单位，有的指标在数量级上有很大的差异，有的是自然数，有的是百分数，在应用主成分分析研究经济问题时，不同的量纲和数量级会引出新的问题。主成分分析法是选择几个新的变量来反映总信息，这几个新变量是原变量的线性组合，但从原则上讲，不同量纲是不能求和的，即使形式上得到这些指标的线性组合，这个线性组合的经济意义无从解释。为了消除由于量纲的不同可能带来的一些不合理的影响，在进行主成分分析之前先对数据进行标准化处理，以使每一个变量的均值为0，方差为1。

变量标准化的公式为

$$Z_i=\frac{X_i-E(X_i)}{\sqrt{D(X_i)}}$$

考察标准化后的变量的协方差及相关系数：

$$\mathrm{cov}(Z_i,Z_j)=[EZ_i-E(Z_i)][Z_j-E(Z_j)]=E(Z_iZ_j')$$

$$\rho_{z_i,z_j}=\frac{\mathrm{cov}(Z_i,Z_j)}{\sqrt{D(Z_i)}\cdot\sqrt{D(Z_j)}}=\mathrm{cov}(Z_i,Z_j)$$

上式表明，数据标准化后，总体的协方差矩阵与总体的相关系数矩阵相等。所以对于标准化后的变量，求其主成分时，可以从协方差矩阵求出，也可从相关系数矩阵求出。

（二）数据的相关性

在对 p 维总体的分析研究中，并不是任何涉及多变量的问题都可以用主成分分析法来解决，是否用主成分分析法取决于各变量数据之间的关系。对于 p 个变量完全相关和完全不相关的情况根本不必实施主成分分析，所以主成分分析主要针对变量之间不完全相关的情况。不完全相关有高、中、低度相关之分，主成分分析法适用于变量之间存在较强相关性的数据，如果原始数据相关性较弱，运用主成分分析后不能起到很好的降维作用，因为每个变量之间重叠的信息较少，无法通过主成分分析法来过滤重叠的信息。因此主成分分析法适用变量间高度相关或中度相关的情况。

江苏省人口普查主要经济学社会学指标数据见表1-31，分析其数据是否适合做主成分分析。

表1-31　江苏省人口普查主要经济学社会学指标数据

地区	总人口/人	平均受教育年数/年	总就业人数/人	卫生和社会保障、社会福利业/人	人均住房建筑面积/（平方米·人$^{-1}$）
南京市	8 003 744	10.95	393 167	7 295	34.10
无锡市	6 374 399	9.70	375 203	4 529	39.86
徐州市	8 577 225	9.15	455 924	5 209	34.11
常州市	4 592 431	9.62	268 447	3 020	39.58
苏州市	10 459 890	9.80	662 820	6 387	39.61
南通市	7 283 622	8.97	461 190	4 478	50.04
连云港市	4 393 482	9.10	228 768	2 812	34.05
淮安市	4 801 662	9.04	259 823	2 797	35.90
盐城市	7 262 200	9.02	422 540	4 073	34.02
扬州市	4 460 066	9.17	254 939	3 090	41.88
镇江市	3 114 105	9.62	177 326	2 143	40.00
泰州市	4 618 937	8.95	277 166	3 023	47.89
宿迁市	4 719 178	8.70	249 393	2 235	33.95

因各指标计量单位不一致，先对数据进行标准化，结果见表1-32。

表1-32　变量标准化

地区	总人口/人	平均受教育年数/年	总就业人数/人	卫生和社会保障、社会福利业/人	人均住房建筑面积/（平方米·人$^{-1}$）
南京市	0.92	2.71	0.36	2.11	-0.89
无锡市	0.15	0.57	0.23	0.37	0.19
徐州市	1.19	-0.37	0.83	0.80	-0.88
常州市	-0.69	0.43	-0.58	-0.57	0.14

续表

地区	总人口/人	平均受教育年数/年	总就业人数/人	卫生和社会保障、社会福利业/人	人均住房建筑面积/（平方米·人$^{-1}$）
苏州市	2.08	0.74	2.39	1.54	0.14
南通市	0.58	-0.68	0.87	0.34	2.09
连云港市	-0.78	-0.46	-0.87	-0.70	-0.90
淮安市	-0.59	-0.56	-0.64	-0.71	-0.55
盐城市	0.57	-0.60	0.58	0.09	-0.90
扬州市	-0.75	-0.34	-0.68	-0.53	0.57
镇江市	-1.38	0.43	-1.26	-1.12	0.22
泰州市	-0.67	-0.72	-0.51	-0.57	1.69
宿迁市	-0.63	-1.14	-0.72	-1.06	-0.91

对标准化后的变量进行相关系数分析，得5个变量的相关系数矩阵

$$\boldsymbol{R}=\begin{bmatrix} 1 & 0.349 & 0.971 & 0.894 & -0.100 \\ 0.349 & 1 & 0.251 & 0.688 & -0.186 \\ 0.971 & 0.251 & 1 & 0.812 & 0.069 \\ 0.894 & 0.688 & 0.812 & 1 & -0.103 \\ -0.100 & -0.186 & 0.069 & -0.103 & 1 \end{bmatrix}$$

从各变量之间的相关系数中发现，大部分变量之间存在一定的相关性，表明该数据适合进行主成分分析。

五、模型的求解

主成分分析法的关键是求出主成分表达式中的系数，系数的求解还要基于原始变量的协方差矩阵。

假设$\sum$是随机向量$X=(X_1,X_2,\cdots,X_p)'$的协方差矩阵，$\sum$有相应的特征值—特征向量对$(\lambda_1,e_1),(\lambda_2,e_2),\cdots,(\lambda_p,e_p)$，其中$\lambda_1\geqslant\lambda_2\geqslant\cdots\geqslant\lambda_p\geqslant 0$。由线性代数知识（有兴趣的同学可以查阅相关书籍）可知，

$$\max_{a\neq 0}\frac{a'\sum a}{a'a}=\lambda_1\ (\text{当 } a=e_1 \text{ 时达到最大值})$$

因为特征向量已经规范化了，$e_1'e_1=1$，因此，

$$\max_{a\neq 0}\frac{a'\sum a}{a'a}=\lambda_1=\frac{e'_1\sum e_1}{e'_1 e_1}=e'_1\sum e_1=\mathrm{var}(Y_1)$$

类似地，我们得到 $\max\limits_{a\perp e_1,e_2,\cdots,e_k}\dfrac{a'\sum a}{a'a}=\lambda_{k+1}\qquad(k=1,2,\cdots,p-1)$

对于选取$a=e_{k+1}$使$e'_{k+1}e_i=0$（$i=1,2,\cdots,k$；$k=1,2,\cdots,p-1$）

$$\frac{e'_{k+1}\sum e_{k+1}}{e'_{k+1}e_{k+1}} = e'_{k+1}\sum e_{k+1} = \mathrm{var}(Y_{k+1})$$

对于任意特征向量 e_i 和 e_k，$e_i'e_k = 0$，$i \neq k$。因为 $\sum e_k = \lambda_k e_k$，对于任意的 $i \neq k$，有 $\mathrm{cov}(Y_i, Y_k) = e_i'\sum e_k = e_i'\lambda_k e_k = \lambda_k e_i' e_k = 0$。

由以上分析可知，主成分表达式的系数，是随机向量 X 的协方差矩阵的特征向量，主成分之间互不相关，而且它们的方差等于 $\sum$ 的特征值。

又因为 $e'_{k+1}(\sum e_{k+1}) = \lambda_{k+1}e'_{k+1}e_{k+1} = \lambda_{k+1}$，所以 $\mathrm{var}(Y_{k+1}) = \lambda_{k+1}$。

以下我们不加证明地给出主成分的有关性质。

性质1：第 k 个主成分 y_k 的系数向量是第 k 个特征根 λ_k 所对应的标准化特征向量 e_k。

性质2：第 k 个主成分的方差为第 k 个特征根 λ_k，且任意两个主成分都是不相关的，也就是主成分 y_1，y_2，…，y_p 的样本协方差矩阵是对角矩阵。

性质3：样本主成分的总方差等于原变量样本的总方差。

性质4：第 k 个样本主成分与第 j 个变量样本之间的相关系数为

$$r(y_k, x_j) = r(y_k, zx_j) = \sqrt{\lambda_k}e_{kj}$$

该相关系数又称为因子载荷量。

例1　根据标准化后的江苏省人口经济社会指标，求解主成分系数。

解：求解主成分系数，是从原始变量的协方差开始的，求解出协方差矩阵的特征根与特征向量，就可以得到相应主成分的方差及主成分系数。

标准化后的变量协方差矩阵 $\sum$ 为

$$\sum = \begin{bmatrix} 1 & 0.349 & 0.971 & 0.894 & -0.100 \\ 0.349 & 1 & 0.251 & 0.688 & -0.186 \\ 0.971 & 0.251 & 1 & 0.812 & 0.069 \\ 0.894 & 0.688 & 0.812 & 1 & -0.103 \\ -0.100 & -0.186 & 0.069 & -0.103 & 1 \end{bmatrix}$$

根据 $\left|\sum - \lambda I\right| = 0$，求得特征值（从大到小排列）为3.065，1.122，0.761，0.049，0.002，再根据 $(\sum - \lambda I)e = 0$，求解五个特征向量为

$$e_1' = (0.546 \quad 0.347 \quad 0.516 \quad 0.558 \quad -0.068)$$

$$e_2' = (0.151 \quad -0.464 \quad 0.321 \quad -0.057 \quad 0.810)$$

$$e_3' = (-0.282 \quad 0.710 \quad -0.261 \quad 0.146 \quad 0.573)$$

$$e_4' = (-0.063 \quad 0.380 \quad 0.583 \quad -0.720 \quad -0.052)$$

$$e_5' = (0.692 \quad 0.121 \quad -0.426 \quad -0.348 \quad 0.085)$$

以上五个特征向量就是五个主成分的系数。

六、主成分个数的选取

为了达到降维的目的，选择几个主成分来代替原始随机变量的信息才合适？

一般有两种方法：一种是利用方差贡献率；另一种是画特征值的碎石图。

第 i 个主成分的方差贡献率是指第 i 个主成分的方差占总方差的比重：

$$第 i 个主成分的方差率 = \frac{\lambda_i}{\lambda_1 + \lambda_2 + \cdots + \lambda_p}$$

一般来说，前 k 个主成分的累计方差贡献率达到85%以上，则可以提取前 k 个主成分来替代原始变量的信息。

画碎石图是帮助判断提取主成分个数的一个有用方法，以主成分的个数 i 为横坐标，每个主成分的方差 λ_i 为纵坐标，画出折线图，可根据图中出现的拐点，来判断合适的主成分个数。在拐点之后的主成分方差一般都很小，所以只要保留拐点之前的主成分就可以了。

例 2　从 5 个经济效益指标中提取几个主成分合适？

解： 从方差贡献率上看，前两个主成分的方差贡献率分别为 61.307%、22.443%，累计方差贡献率达 83.75%，本案例中选取前两个主成分就能代替原来 5 个变量的信息了。

七、主成分的解释

对于最终确定的主成分，如何去解释，一般是从系数值的大小及方向上去判断。一个主成分表达式中，系数值越大，表明对应的原始变量的权重越大，主成分包含该变量的信息就越多。

例 3　对提取的两个主成分进行命名、解释。

解： 由以上分析，可以得用前两个主成分来替代原来 5 个变量的信息，此两个主成分的表达式为

$$y_1 = 0.546zx_1 + 0.347zx_2 + 0.516zx_3 + 0.558zx_4 - 0.068zx_5$$
$$y_2 = 0.151zx_1 - 0.464zx_2 + 0.321zx_3 - 0.057zx_4 + 0.810zx_5$$

第一主成分五个人口特征变量的系数绝对值中，总人口数、总就业人数、卫生社会保障和社会福利业人数三个变量的系数较大，这三个变量主要是反映就业方面的指标，所以第一主成分可以命名为“人口就业主成分”；

第二主成分中，人均住房建筑面积的系数最大，所以该主成分可以命名为“人口居住主成分”。

八、主成分分析法的讨论与推广

（1）数据标准化是不是一定得做？一般而言，对于度量单位不同的指标或是取值范围相关非常大的指标，不直接由其协方差矩阵出发进行主成分分析，而应该考虑将数据标准化。如案例中的总就业人数等指标与平均受教育年数计量单位不同，这时如果直接从协方差矩阵入手进行主成分分析，会出现有些指标明显起到重要支配作用，而另一些指标的作用很难在主成分中体现出来的情况，此时应该考虑对数据进行标准化处理。

但是，对原始数据进行标准化处理后各个指标在主成分的构成中的作用趋于相等。对于取值范围相差不大或是度量相同的指标进行标准化处理后，其主成分分析的结果仍与由协方差矩阵出发求得的结果有较大区别。其原因是对数据进行标准化的过程实际上也就是抹杀原始变量离散程度差异的过程，标准化后的各变量方差相等均为 1，而实际上方差也是对数据

信息的重要概括形式，也就是说，对原始数据进行标准化后抹杀了一部分重要信息，因此才使得标准化后各变量在主成分构成中的作用趋于相等。由此看来，对同度量或是取值范围在同量级的数据，还是直接从协方差矩阵求解主成分为宜。

（2）数据要不要必须服从正态分布？与很多多元统计方法不同，主成分分析不要求数据来自正态总体。主成分分析是对矩阵结构的分析，其中主要用到的技术是矩阵运算的技术及矩阵对角化和矩阵的谱分解技术。对多元随机变量而言，其协方差矩阵或其相关矩阵均是非负定的，这样就可以按照求解主成分的步骤求出其特征值、标准正交特征向量，进而求出主成分，达到缩减数据维数的目的。

（3）主成分分析并不是最终目的。主成分分析方法所得的结果在很多情况下，并不是最终目的，也就是说，运用该方法求得主成分后，我们还可以运用各主成分的含义和主成分的特点进一步进行分析，比如利用主成分互不相关的特点，对回归方程的多重共线性进行修正；利用前几个主成分以及其方差贡献率，对研究问题进行综合评价；等等。更多的应用需要在研究性学习中去发掘。

案例 8　谷物早餐食品营养成分的聚类分析

制作人：王芳；
适用课程：统计学，多元统计分析；
使用说明：可作为教与学的一个案例。

每种品牌谷物早餐所含营养成分不同，如果消费者在购买谷物早餐时，了解到哪些品牌的营养成分相似，哪些品牌的营养成分差异较大，在购买谷物早餐时就可以合理搭配，避免营养失衡。现调查了 12 种品牌谷物早餐的蛋白质、糖类、脂肪、热量和维生素 A 含量，根据其营养成分的相似特征，对 12 种品牌进行聚类。

调查数据见表 1-33。

表 1-33　品牌谷物早餐营养成分

品牌	蛋白质/g	糖类/g	脂肪/g	热量/cal①	维生素 A/g
1	6	19	1	110	0
2	3	23	0	100	25
3	2	26	0	110	25
4	6	21	0	110	25
5	2	25	0	110	25
6	3	28	1	120	25
7	2	24	0	110	100
8	3	23	1	110	25
9	3	23	1	110	100

续表

品牌	蛋白质/g	糖类/g	脂肪/g	热量/cal①	维生素 A/g
10	1	13	0	50	0
11	1	26	0	110	25
12	2	25	0	110	25

注：1 cal = 0.004 2 kJ。

一、聚类分析的基本思想

在社会、经济、管理和自然科学的众多领域中都存在着大量的分类问题，很多情况下人们会依靠经验和专业知识对事物进行分类，但这种分类不可避免地具有一定的主观性和任意性，往往缺乏足够的说服力。

聚类分析是建立一种分类方法将一批样本或变量按照它们在性质上的相似、疏远程度进行科学分类的方法。聚类分析是目前应用最广泛的分类技术，它把性质相近的个体归为一类，是研究“物以类聚”的一种方法。其基本思想是认为研究的样本或变量之间存在着程度不同的相似性，根据一批样本的多个观测指标，具体找出一些能够度量样本或指标之间相似程度的统计量，以这些统计量为划分类型的依据，把一些相似程度较大的样本（或变量）聚合为一类，把另外一些彼此之间相似程度较大的样本（或变量）也聚合为一类，关系密切的聚合到一个小的分类单位，关系疏远的聚合到一个大的分类单位，直到把所有的样本（或变量）都聚合完毕，把不同的类型一一划分出来，形成一个由小到大的分类系统；最后把整个分类系统画成一张图，将亲疏关系表示出来。

二、数据的标准化

通常在聚类分析时，为了消除量纲和数量级对数据的影响，避免在计算数据相似程度统计量时出现不一致的现象，在聚类分析之前，最好先对数据进行标准化。表 1-34 是各品牌早餐营养成分含量标准化后的数据。

表 1-34　营养成分含量标准化后的数据

品牌	蛋白质/g	糖类/g	脂肪/g	热量/cal	维生素 A/g
1	1.93	-1.01	1.35	0.28	-1.02
2	0.10	0.00	-.68	-0.28	-0.26
3	-0.51	0.76	-0.68	0.28	-0.26
4	1.93	-0.51	-0.68	0.28	-0.26
5	-0.51	0.51	-0.68	0.28	-0.26
6	0.10	1.26	1.35	0.84	-0.26
7	-0.51	0.25	-0.68	0.28	2.05
8	0.10	0.00	1.35	0.28	-0.26
9	0.10	0.00	1.35	0.28	2.05
10	-1.12	-2.53	-0.68	-3.08	-1.02

续表

品牌	蛋白质/g	糖类/g	脂肪/g	热量/cal	维生素 A/g
11	-1.12	0.76	-0.68	0.28	-0.26
12	-0.51	0.51	-0.68	0.28	-0.26

注：1 cal = 0.004 2 kJ。

三、聚类统计量

在聚类分析中，首先需要有度量样本或变量之间相似程度的统计量，通常采用的统计量有距离统计量和相似系数统计量。

设有 n 个样本，每个样本观测 p 个变量，数据结构为

$$\begin{bmatrix} x_{11} & x_{12} & \cdots & x_{1p} \\ x_{21} & x_{22} & \cdots & x_{2p} \\ \vdots & \vdots & & \vdots \\ x_{n1} & x_{n2} & \cdots & x_{np} \end{bmatrix}$$

其中，x_{ij}是第 i 个样本第 j 个指标的观测值。因为每个样本点有 p 个变量，可以将每个样本点看作 p 维空间中的一个点，那么各样本点之间的接近程度可以用距离来度量。以 d_{ij}表示第 i 个样本点与第 j 个样本点之间的距离长度，距离越短，表明两样本点之间的相似程度越高。最常见的距离指标有

绝对距离：$d_{ij} = \sum |x_{ik} - x_{jk}|$；

欧氏距离：$d_{ij} = \sqrt{\sum_{k=1}^{p} (x_{ik} - x_{jk})^2}$；

欧氏距离平方：$d_{ij}^2 = \sum_{k=1}^{p} (x_{ik} - x_{jk})^2$；

切比雪夫距离：$d_{ij} = \max_{1 \leqslant k \leqslant p} |x_{ik} - x_{jk}|$；

马氏距离：$d_{ij} = [(X_i - X_j)'S^{-1}(X_i - X_j)]^{\frac{1}{2}}$，其中，$X_i = x_{i1}, x_{i2}, \cdots, x_{ip}$ $(i = 1, 2, \cdots, n)$，$\boldsymbol{S}$ 是样本数据矩阵相应的样本协方差矩阵，即 $\boldsymbol{S}$ 的元素 $s_{ij} = \frac{1}{n-1}\sum_{k=1}^{n}(x_{ki} - \bar{x}_i)(x_{kj} - \bar{x}_j)$。

用欧氏距离平方来度量 12 个品牌的谷物早餐营养成分的相似程度，距离矩阵结果见表 1-35。

表 1-35　欧氏距离平方结果

案例	欧氏距离平方											
	1	2	3	4	5	6	7	8	9	10	11	12
1	0.000	9.389	13.781	4.970	12.949	9.421	21.085	4.950	13.789	27.011	17.118	12.949
2	9.389	0.000	1.261	3.907	941	6.981	6.053	4.439	9.743	16.325	2.373	0.941
3	13.781	1.261	0.000	7.531	0.064	5.066	5.559	5.071	10.375	23.082	0.371	0.064
4	4.970	3.907	7.531	0.000	6.956	10.910	11.812	7.718	13.021	25.266	10.869	6.956
5	12.949	0.941	0.064	+6.956	0.000	5.386	5.368	4.762	10.055	21.484	0.435	0.000

续表

案例	欧氏距离平方											
	1	2	3	4	5	6	7	8	9	10	11	12
6	9.421	6.981	5.066	10.910	5.386	0.000	11.137	1.913	7.217	35.987	6.178	5.386
7	21.085	6.053	5.559	11.812	5.368	11.137	0.000	9.863	4.560	28.852	5.930	5.368
8	4.950	4.439	5.071	7.718	4.762	1.913	9.863	0.000	5.304	23.907	6.184	4.752
9	13.789	9.743	10.375	13.021	10.055	7.217	4.560	5.304	0.000	32.746	11.487	10.055
10	27.011	16.325	23.082	25.266	21.484	35.987	28.852	23.907	32.746	0.000	22.712	21.484
11	17.118	2.373	0.371	10.869	0.435	6.178	5.930	6.184	11.487	22.712	0.000	0.435
12	12.949	0.941	0.064	6.956	0.000	5.386	5.368	4.752	10.055	21.484	0.435	0.000

一般来说，若是对样本进行聚类，会采用距离作为相似性度量统计量，而若是对变量进行聚类，则会采用相似系数统计量作为相似性度量统计量。对于 p 维总体，由于它是由 p 个变量构成的，而且变量之间一般都存在内在联系，因此往往可用相似系数来度量各变量之间的相似程度。相似系数为 -1 ~ 1，绝对值越接近于 1，表明变量之间的相似程度越高。常见的相似系数有

夹角余弦：$$\cos\theta_{ij} = \frac{\sum_{k=1}^{n} x_{ki}x_{kj}}{\sqrt{\sum_{k=1}^{n} x_{ki}^2 \sum_{k=1}^{n} x_{kj}^2}} \quad (i, j=1, \cdots, p)$$

相关系数：$$r_{ij} = \frac{\sum_{k=1}^{n} (x_{ki} - \bar{x}_i)(x_{kj} - \bar{x}_j)}{\sqrt{\sum_{k=1}^{n} (x_{ki} - \bar{x}_i)^2 \sum_{k=1}^{n} (x_{kj} - \bar{x}_j)^2}} \quad (i, j=1, \cdots, p)$$

四、系统聚类法

系统聚类法是聚类分析中应用最广泛的一种方法。凡是具有数值特征的变量和样本都可以采用系统聚类法。选择适当的距离和聚类方法，可以获得满意的聚类结果。该方法事先不需确定需要分多少类。

1. 分类的形成

将所有的样本各自算作一类，将最近的两个样本点首先聚类，再将这个类和其他类中最靠近的结合，这样继续合并，直到所有的样本合并为一类为止。若在聚类过程中，距离的最小值不唯一，则将相关的类同时进行合并。

2. 类与类间的距离

系统聚类方法的不同取决于类与类之间距离的选择，由于类与类之间距离的定义有许多种，例如定义类与类间距离为最近距离、最远距离或两类的重心之间的距离等，所以不同的选择就会产生不同的聚类方法。常见的有最短距离法、最长距离法、重心距离法、类平均法、离差平方和法等。

设两个类 G_l、G_m，分别含有 n_1 和 n_2 个样本点，

最短距离法：$d_{lm} = \min\{d_{ij}, X_i \in G_l, X_j \in G_m\}$；

最长距离法：$d_{lm} = \max\{d_{ij}, X_i \in G_l, X_j \in G_m\}$；

重心距离法：两类的重心分别为 $\bar{x}_l$，$\bar{x}_m$，则 $d_{lm} = d_{\bar{x}_l \bar{x}_m}$；

类平均法：$d_{lm} = \frac{1}{n_1 n_2} \sum_{X_i \in G_l} \sum_{X_j \in G_m} d_{ij}$。

离差平方和法：首先将所有的样本自成一类，然后每次缩小一类，每缩小一类，离差平方和就要增大，选择使整个类内离差平方和增加最小的两类合并，直到所有的样本归为一类为止。

本案例采用离差平方和法来计算类与类之间的距离，利用 SPSS 软件，绘制树形聚类图，如图 1-41 所示。

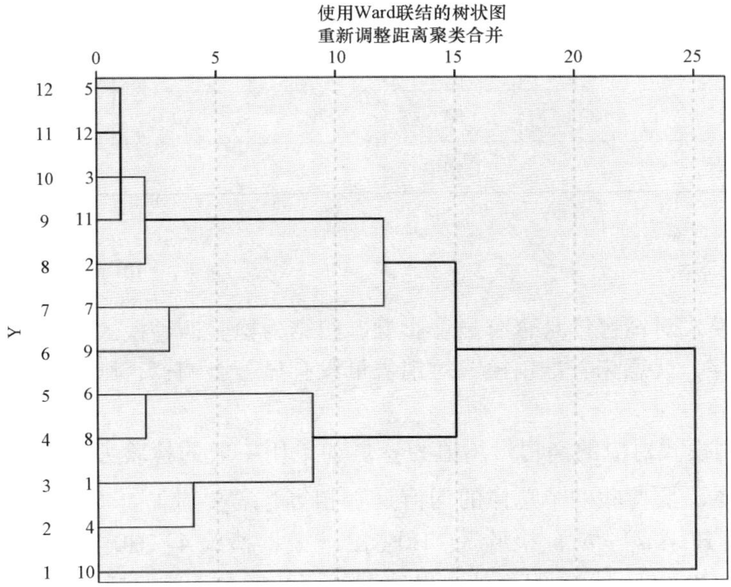

图 1-41　聚类分析树形图

从图 1-41 中，可以清楚地看出聚类的过程及结果，第 5、12、3、11 四个品牌的营养成分非常接近，首先聚在一起，而第 10 个品牌的营养成分与其他品牌相差较大，最后才聚到一类中去。依据聚类图，将 12 个谷物早餐品牌聚为三类较佳，其中第 2、3、5、7、9、11、12 品牌聚为一类，第 1、4、6、8 品牌聚为一类，而第 10 品牌独自成为一类。在此基础上，消费者可以有目的地选择不同类的谷物早餐。

案例 9　推销方式对销售量的影响研究

制作人：张艳芳；

适用课程：统计学，概率论与数理统计，方差分析；

使用说明：可作为教与学的一个案例。

一、问题提出

某公司采用多种模式推销其产品，比如网络推销模式（包括微博、微信等），以及传统的推销模式（包括上门推销、电话推销等）。为检验不同模式对产品销售的效果，在每种推销模式下随机抽取了5名员工，汇总了这些员工一年的销售量记录，结果见表1-36。试分析不同推销模式对销售量是否有显著影响。

表1-36　某公司产品推销模式所对应的销售量

推销模式＼序号	1	2	3	4	5	水平均值
模式1	77	86	81	88	83	83
模式2	95	92	78	96	89	90
模式3	71	76	68	81	74	74
模式4	80	84	79	70	82	79
总均值						81.5

二、问题分析

要判断四种模式对销售量是否有显著影响，归结为检验四种模式下的销售量均值是否相等。如果它们相等，就意味着推销模式对销售量没有显著影响；否则，就意味着推销模式对销售量有显著影响。

设第i种推销模式对应的销售量均值为μ_i。如果用一般的检验方法，例如t检验，一次只能研究两个样本。要检验四个总体的均值是否相等，需要做$C_4^2=6$次检验。检验1：H0：$\mu_1=\mu_2$；检验2：H0：$\mu_1=\mu_3$；检验3：H0：$\mu_1=\mu_4$；检验4：H0：$\mu_2=\mu_3$；检验5：H0：$\mu_2=\mu_4$；检验6：H0：$\mu_3=\mu_4$。很显然，做这样的两两比较十分烦琐。此外，如果假设每次检验两个总体均值是否相等时犯第一类错误的概率是0.05，而且6次检验都是相互独立的，则6次检验都不犯第一类错误的概率为$0.95^6=0.735$，因此6次检验中至少有一次犯第一类错误的概率为$1-0.735=0.265$，因此做多次检验会使犯第一类错误的概率相应地增加。

为此，20世纪20年代英国统计学家费歇提出了方差分析（analysis of variance，ANOVA）的方法，用来检验多个总体的均值是否相等。该方法最初只应用于生物和农业田间试验，后来被广泛应用于心理学、生物学、工程和医药方面。实际上，方差分析是通过检验各总体的均值是否相等来判断分类型自变量对数值型自变量是否有影响。例如，两个总体之间是否有关系、关系的强度如何等。

如果只涉及一个分类型自变量，称为单因素方差分析。因此，单因素方差分析研究一个分类型自变量对一个数值型因变量的影响。在本例中，推销模式是自变量，是分类型变量，包括推销模式1、推销模式2、推销模式3和推销模式4。销售量是因变量，是数值型变量，取值范围为［0，+∞）。因此，本例需要进行单因素方差分析。

三、单因素方差分析

1. 基本术语

在方差分析中，所要检验的对象称为因素或因子（factor）。因素的不同表现称为水平（level）。每个因素水平下的样本数据称为样本观测值。比如，在本例中，“推销模式”是所要检验的对象，称为“因素”或“因子”；推销模式1、推销模式2、推销模式3、推销模式4是“推销模式”这一因素的具体表现，称为“水平”；在每种推销模式下得到的样本数据称为观测值。因素的每一个水平可以看作一个总体。在本例中，推销模式1、推销模式2、推销模式3、推销模式4可以看作四个总体，表1-36的数据可以看作从这四个总体中抽取的样本数据。

2. 数据结构和符号

进行单因素方差分析时，需要得到的数据结构见表1-37。

表1-37　单因素方差分析的数据结构

观测值 j / 水平 i		1	2	…	k
因素 A	水平1	x_{11}	x_{12}	…	x_{1k}
	水平2	x_{21}	x_{22}	…	x_{2k}
	⋮	⋮	⋮	⋮	⋮
	水平 r	x_{r1}	x_{r2}	…	x_{rk}

为叙述方便，在单因素方差分析中，用 A 表示因素，水平1～水平 r 表示因素的 r 个水平。每个水平下的样本容量为 n_i，每个观测值用 x_{ij}（$i=1, 2, \cdots, r$；$j=1, 2, \cdots, n_i$）表示，即 x_{ij} 表示第 i 个水平的第 j 个观测值。其中，从不同水平中所抽取的样本容量可以相等，也可以不等。在本例中，各水平下的样本容量相等，即 $n_1=n_2=n_3=n_4=5$。

令 $\bar{x}_i$ 为水平 i 的样本均值，则

$$\bar{x}_i=\frac{1}{n_i}\sum_{j=1}^{n_i}x_{ij}\quad(i=1, 2, \cdots, r)$$

例如，在本例中，推销模式1的样本均值为 $\bar{x}_1=\frac{1}{5}\sum_{j=1}^{5}x_{1j}=\frac{77+86+81+88+83}{5}=83$。同理，可以得到其他推销模式对应的样本均值，见表1-38。

表1-38　单因素方差分析计算表（1）

项目	模式1	模式2	模式3	模式4	
1	77	95	71	80	
2	86	92	76	84	
3	81	78	68	79	
4	88	96	81	70	
5	83	89	74	82	总均值

续表

水平均值	83	90	74	79	81.5
					合计
总离差平方	85.25	571.25	379.25	147.25	1 183
误差项离差平方	74	210	98	116	498
水平项离差平方	11.25	361.25	281.25	31.25	685

令 $\bar{\bar{x}}$ 为全部观察值的总均值，则

$$\bar{\bar{x}} = \frac{\sum_{i=1}^{r}\sum_{j=1}^{n_i} x_{ij}}{\sum_{i=1}^{r} n_i}$$

在本例中，$n_1 = n_2 = n_3 = n_4 = 5$，因此，$\bar{\bar{x}} = \frac{\sum_{i=1}^{4}\sum_{j=1}^{5} x_{ij}}{20} = \frac{\sum_{i=1}^{4}\sum_{j=1}^{5} \frac{x_{ij}}{5}}{4} = \frac{\sum_{i=1}^{4} \bar{x}_i}{4} = \frac{83 + 90 + 74 + 79}{4} = 81.5$。

3. 基本假定

方差分析表 1-38 中有三个基本假定：

（1）每个总体都应服从正态分布。也就是说，对于因素的每一个水平，其观测值是来自正态分布总体的简单随机样本。在本例中，每种推销模式下的销售量必须服从正态分布。

（2）各个总体的方差 σ^2 必须相同。也就是说，对于各组观测数据，是从具有相同方差的正态总体中抽取的。在本例中，四种推销模式下的销售量的方差必须相同。

（3）观测值是独立的。在本例中，每种推销模式下的销售量都与其他推销模式下的销售量是独立的。

在上述假定成立的前提下，要分析自变量对因变量是否有影响，实际上就是要检验自变量的各个水平均值是否相等。本例实际上就是检验具有同方差的四个正态总体的均值是否相等。

4. 单因素方差模型

在单因素方差分析中，设因素有 r 个水平，每个水平的均值分别用 μ_1，μ_2，…，μ_r 表示，要检验 r 个水平的均值是否相等，做出如下假设：

H0：$\mu_1 = \mu_2 = \cdots = \mu_r$，自变量对因变量没有显著影响

H1：μ_1，μ_2，…，μ_r 不全相等，自变量对因变量有显著影响

在本例中，设第 i 种推销模式下销售量的均值为 μ_i（$i = 1, 2, 3, 4$）。为检验推销模式对销售量是否有显著影响，需要做出以下假设：

H0：$\mu_1 = \mu_2 = \mu_3 = \mu_4$，推销模式对销售量没有显著影响

H1：μ_1，μ_2，μ_3，μ_4 不全相等，推销模式对销售量有显著影响

四、模型求解

单因素方差分析的步骤如下：

1. 求离差平方和和均方和

在单因素方差分析中，为构造检验统计量，需要计算总离差平方和、误差项离差平方和与水平项离差平方和三种离差平方和。

（1）总离差平方和（sum of squares for total，SST），它是全部观测值 x_{ij} 与总均值 $\bar{\bar{x}}$ 的离差平方和，计算公式为

$$SST = \sum_{i=1}^{r}\sum_{j=1}^{n_i}(x_{ij} - \bar{\bar{x}})^2$$

总离差平方和反映了全部观测值的离散状况。在本例中，总离差平方和为

$$SST = \sum_{i=1}^{4}\sum_{j=1}^{5}(x_{ij} - \bar{\bar{x}})^2 = (77 - 81.5)^2 + \cdots + (82 - 81.5)^2 = 1\ 183$$

（2）误差项离差平方和（sum of squares for error，SSE），又称为组内离差平方和。它是各个水平下的各样本数据与其对应的水平均值的离差平方和，计算公式为

$$SSE = \sum_{i=1}^{r}\sum_{j=1}^{n_i}(x_{ij} - \bar{x}_i)^2$$

误差项离差平方和反映了水平内部观测值的离散情况，即随机因素产生的影响。在本例中，先求出每种推销模式下的样本数据与其水平均值的离差平方和，即

推销模式 1：$\sum_{j=1}^{5}(x_{1j} - \bar{x}_1)^2 = (77 - 83)^2 + \cdots + (83 - 83)^2 = 74$；

推销模式 2：$\sum_{j=1}^{5}(x_{2j} - \bar{x}_2)^2 = (95 - 90)^2 + \cdots + (89 - 90)^2 = 210$；

推销模式 3：$\sum_{j=1}^{5}(x_{3j} - \bar{x}_3)^2 = (71 - 74)^2 + \cdots + (74 - 74)^2 = 98$；

推销模式 4：$\sum_{j=1}^{5}(x_{4j} - \bar{x}_4)^2 = (80 - 79)^2 + \cdots + (82 - 79)^2 = 116$。

然后将上述四个离差平方和加总就得到误差项离差平方和，即 $SSE = 74 + 210 + 98 + 116 = 498$。

（3）水平项离差平方和（sum of squares for factor A，SSA），又称组间离差平方和。它是各水平均值 $\bar{x}_i$（$i = 1, 2, \cdots, r$）与总均值 $\bar{\bar{x}}$ 的离差平方和，计算公式为

$$SSA = \sum_{i=1}^{r}\sum_{j=1}^{n_i}(\bar{x}_i - \bar{\bar{x}})^2 = \sum_{i=1}^{r} n_i(\bar{x}_i - \bar{\bar{x}})^2$$

水平项离差平方和既包括随机性误差，又包括系统性误差。

在本例中，水平项离差平方和为

$$SSA = 5\left[(83 - 81.5)^2 + (90 - 81.5)^2 + (74 - 81.5)^2 + (79 - 81.5)^2\right] = 685$$

由于各样本的独立性，使得离差平方和具有可分解性，即总离差平方和等于误差项离差平方和加上水平项离差平方和，用公式表达为

$$SST = SSA + SSE$$

本例也可以验证上述关系是成立的。

从上述三个离差平方和的公式可以看出，*SSA* 是对随机性误差和系统性误差大小的度量，反映了自变量对因变量的影响，也称为自变量效应或者因子效应；*SSE* 是对随机性误差大小的度量，反映了除自变量对因变量的影响之外，其他因素对因变量的总影响，因此 *SSE* 也称为残差变量，它所引起的误差也称为残差效应；*SST* 是全部数据总误差程度的度量，它反映了自变量和残差变量的共同影响，因此等于自变量效应加上残差效应。

各离差平方和的大小与观测值的多少有关。为了消除观测值多少对离差平方和大小的影响，需要将其平均。也就是说，用离差平方和除以相应的自由度 *df*，这称为均方和。*SST* 的自由度为 $n-1$，其中 $n=\sum_{i=1}^{r} n_i$ 为全部观测值的个数；*SSA* 的自由度为 $r-1$，其中 r 为因素水平的个数；*SSE* 的自由度为 $n-r$。

记 $MSA=SSA/(r-1)$，称为组间均方和；记 $MSE=SSE/(n-r)$，称为组内均方和。在本例中，$MSA=\frac{SSA}{r-1}=\frac{685}{3}=228.333$，$MSE=\frac{SSE}{n-r}=\frac{498}{16}=31.125$。

2. 构造检验统计量

如果原假设成立，即 H0：$\mu_1=\mu_2=\cdots=\mu_r$ 为真，则表明没有系统性误差，组间均方和和组内均方和之间的差异就不会太大。如果组间均方和显著地大于组内均方和，说明各水平之间的差异不仅仅是随机性误差造成的，还有系统性误差影响。因此，将组间均方和 *MSA* 和组内均方和 *MSE* 相比，即得到所需要的检验统计量 *F*。当原假设 H0 成立时，*F* 服从第一自由度 df_1 为 $r-1$、第二自由度 df_2 为 $n-r$ 的 *F* 分布。即

$$F=\frac{MSA}{MSE}\sim F(r-1,\ n-r)$$

在本例中，$F=\frac{MSA}{MSE}=\frac{228.333}{31.125}=7.34$

3. 判断与结论

将统计量 *F* 与给定的显著性水平 α 的临界值 $F_\alpha(r-1,\ n-r)$ 比较，可以做出决策，如图 1-42 所示。

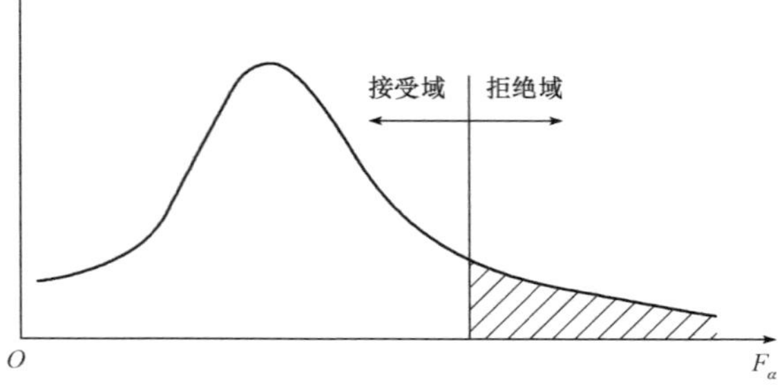

图 1-42　*F* 检验示意图

若 $F\geqslant F_\alpha$，则拒绝原假设 H0，表明均值之间的差异显著，因素 *A* 对观测值有显著影响；若 $F<F_\alpha$，则不能拒绝原假设 H0，表明均值之间的差异不显著，因素 *A* 对观测值没有显著影响。

在本例中，$F=7.34$，若 $\alpha=0.05$，则临界值 $F_{0.05}$（3，16）$=3.24$。由于 $F>F_{\alpha}$，故应拒绝原假设，认为推销方式对销售量有影响。

为了使方差分析的计算过程更加清晰，通常将上述过程的内容列在一张表内，即方差分析表，其一般形式见表 1-39。

表 1-39　方差分析表

方差来源	离差平方和	df	均方和	F
组间	SSA	$r-1$	$MSA=SSA/(r-1)$	MSA/MSE
组内	SSE	$n-r$	$MSE=SSE/(n-r)$	
总方差	SST	$n-1$		

对应于本例，方差分析见表 1-40。

表 1-40　单因素方差分析计算表（2）

方差来源	离差平方和	df	均方和	F
组间	685	3	228. 333	7. 34
组内	498	16	31. 125	
总方差	1 183	19		

事实上，借助 Excel 的"方差分析—单因素方差分析"数据分析工具可以直接得到方差分析表，进而做出判断。

五、多重比较

通过上面的分析，可以得出不同的推销方式对销售量有显著影响的结论。但究竟是哪些销售模式之间存在显著差异呢？也就是说，μ_1 与 μ_2、μ_1 与 μ_3、μ_1 与 μ_4、μ_2 与 μ_3、μ_2 与 μ_4、μ_3 与 μ_4 之间究竟哪一对均值不同呢？这就需要做进一步的分析，所使用的方法是多重比较方法，它通过对总体均值之间的两两比较来进一步检验到底哪些均值之间存在差异。

多重比较方法有多种，但以费歇提出的最小显著差异方法（Least Significant Difference，LSD）使用最多，该方法利用到了 t 检验。具体步骤如下：

（1）提出假设。

H0：$\mu_i=\mu_j$（第 i 个总体的均值等于第 j 个总体的均值）

H1：$\mu_i\neq\mu_j$（第 i 个总体的均值不等于第 j 个总体的均值）

（2）计算检验统计量。

$$t=\frac{\bar{x}_i-\bar{x}_j}{\sqrt{MSE\times\left(\frac{1}{n_i}+\frac{1}{n_j}\right)}}$$

当 $\mu_i=\mu_j$ 时，t 服从 t（$n-r$）。因此，采用 t 检验。

(3) 做出判断。

若 $|t| \geqslant t_{\alpha/2}$，拒绝原假设 H0；若 $|t| < t_{\alpha/2}$，不能拒绝原假设 H0。

对本例而言，若假定 α 为 0.05，查表得 $t_{0.025}$ (16) = 2.12，其他计算借助 Excel 工作表，结果如图 1-43 所示。

	A	B	C	D	E	F	G
1–3	$\bar{x}_i$	$\bar{x}_j$	$\lvert\bar{x}_i-\bar{x}_j\rvert$	$\sqrt{MSE\left(\frac{1}{n_i}+\frac{1}{n_j}\right)}$	t值	t的临界值	结论
4	83	90	7	3.5285	1.98	2.12	方式一与方式二没有显著差异
5	83	74	9	3.5285	2.55	2.12	方式一与方式三有显著差异
6	83	79	4	3.5285	1.13	2.12	方式一与方式四没有显著差异
7	90	74	16	3.5285	4.53	2.12	方式二与方式三有显著差异
8	90	79	11	3.5285	3.12	2.12	方式二与方式四有显著差异
9	74	79	5	3.5285	1.42	2.12	方式三与方式四没有显著差异

图 1-43　多重比较结果截图

案例 10　平均货币工资对房屋平均销售价格的影响研究

制作人：张艳芳；

适用课程：统计学，概率论与数理统计，方差分析；

使用说明：可作为教与学的一个案例。

一、问题提出

2006 年房地产调控政策实施以来，即使经历了严厉的房地产新政，全国大部分城市房价不跌反涨，北京、大连、广州等地陆续接过了房价上涨的“接力棒”，各地房价普遍快速上涨，老百姓的收入增长速度已远远落后于房价上涨速度，住房消费已被公认为国人最沉重的生活负担之一。一些学者认为，发达国家的房价收入比在 6～8 倍，是比较合理的。而在 2006 年我国大多数城市的房价收入比超过 13 倍。如此高的房价收入比极其不合理，那么代表收入的平均货币工资对房价到底有没有影响呢？

我国地理区域的差异比较大，东部沿海地区由于人口密集、经济发达、土地资源稀缺等，房屋平均销售价格要比中、西部地区高很多，中、西部欠发达的地区，地广人稀，工资水平也比较低，其房屋的平均销售价格也处于全国相对低的水平。为此，采取分区域讨论的方法更能体现出实际的情况。具体来说，东部地区包括北京、天津、河北、辽宁、上海、江苏、浙江、福建、山东、广东和海南 11 个省（市）；中部地区包括山西、吉林、黑龙江、安徽、江西、河南、湖北和湖南 8 个省（市）；西部地区包括四川、重庆、贵州、云南、西藏、陕西、甘肃、青海、宁夏、新疆、广西和内蒙古 12 个省（市、自治区）。东部省（市）基本上都属于发达地区，西部大部分省（市、自治区）属于不发达地区。三个地区的房屋平均销售价格和平均货币工资之间有很大的差距，各自也呈现出自身的特点。选取《中国统计年鉴》2005 年全国各省（市、自治区）房屋平均销售价格和平均货币工资的数据，见表 1-41。

表 1-41　2005 年全国各省（市、自治区）房屋平均销售价格和平均货币工资

地区	房屋平均销售价格/（元·平方米$^{-1}$）	平均货币工资/元	地区	房屋平均销售价格/（元·平方米$^{-1}$）	平均货币工资/元
上海	6 842	34 345	吉林	1 888	14 409
北京	6 788	34 191	河南	1 867	14 282
天津	4 055	25 271	安徽	2 220	15 334
江苏	3 359	20 957	山西	2 210	15 645
广东	4 443	23 959	内蒙古	1 653	15 985
浙江	4 280	25 896	四川	1 945	15 826
福建	3 162	17 146	重庆	2 135	16 630
山东	2 425	16 614	广西	2 014	15 461
河北	1 862	14 707	宁夏	2 235	17 211
辽宁	2 798	17 331	新疆	1 798	15 558
湖北	2 263	14 419	青海	1 832	19 084
湖南	1 625	15 659	云南	2 165	16 140
黑龙江	2 099	14 458	甘肃	1 936	14 939
江西	1 529	13 688	陕西	2 060	14 796
西藏	1 700	28 950	贵州	1 607	14 344
海南	2 924	14 417			

二、东部地区平均货币工资对房屋平均销售价格的影响分析

东部地区作为我国经济最发达的地区，其房价一直以来在全国处于领先的地位。按照平均货币工资高低对东部地区的数据整理，见表 1-42。

表 1-42　东部地区的平均货币工资由高到低排序表

东部地区	房屋平均销售价格/（元·平方米$^{-1}$）	平均货币工资/元
上海	6 842	34 345
北京	6 788	34 191
浙江	4 280	25 896
天津	4 055	25 271
广东	4 443	23 959
江苏	3 359	20 957
辽宁	2 798	17 331
福建	3 162	17 146
山东	2 425	16 614
河北	1 862	14 707
海南	2 924	14 417

按照平均货币工资把东部地区分为三个水平，第一水平包括上海和北京，第二水平包括浙江、天津、广东和江苏，第三水平包括辽宁、福建、山东、河北和海南，见表 1-43。

表 1-43　东部地区房屋平均销售价格按照平均货币工资分组后的数据　　单位：元

东部地区	水平一	水平二	水平三
第一组	6 842	4 055	3 162
第二组	6 788	3 359	2 425
第三组		4 443	1 862
第四组		4 280	2 798
第五组			2 924

由于方差分析对于正态性的要求不太严格，且数据满足独立性，故主要检验方差齐性是否满足。经过 Levene's 检验，得到 Levene 统计值为 1.620，其伴随概率为 0.257。因此，在显著性水平 0.05 下，数据满足方差齐性。

利用软件对其进行方差分析（见表 1-44），考察平均货币工资对房屋平均销售价格的影响是否显著。

表 1-44　东部地区方差分析表

差异源	*SS*	*df*	*MS*	*F*	*P-value*	*F crit*
组间	25 077 659	2	12 538 830	58.498 2	1.68E-05	4.459 0
组内	1 714 766	8	214 345.7			
总计	26 792 425	10				

从方差分析表中得出 *Sig* = 1.68E-0.05，拒绝原假设，即不同水平之间有显著的差别，也就是说东部地区平均货币工资对房屋平均销售价格有显著影响。之所以出现这样的结论，主要是因为土地量与人口存在一个巨大的反差。由于东部地区地理位置优越，经济发达，外来人口数量十分庞大，特别是近几年来很多大学毕业生都涌到东部来就业，导致房屋的需求大于供给，在房屋资源稀缺的情况下，平均货币工资越高，房屋平均销售价格也就会越高。因此，平均货币工资对房屋平均销售价格有显著影响。

三、中部地区平均货币工资对房屋平均销售价格的影响分析

中部地区面积占全国的 10.7%，人口占 28.1%，经济总量占 19.5%，是我国的人口大区、经济腹地和重要市场，自中华人民共和国成立以来为国家的现代化建设做出了巨大贡献。而作为经济发展的重要指标，关系着国计民生的房屋平均销售价格在中部地区也有较大的涨幅，那么平均货币工资对中部地区房屋平均销售价格的影响是否显著呢？表 1-45 是按照平均货币工资由高到低对中部地区各省（市）的排序。

表 1-45　中部地区的平均货币工资由高到低排序表

地区	房屋平均销售价格/（元 · 平方米$^{-1}$）	平均货币工资/元
湖南	1 625	15 659
山西	2 210	15 645
安徽	2 220	15 334
黑龙江	2 099	14 458
湖北	2 263	14 419
吉林	1 888	14 409

续表

地区	房屋平均销售价格/（元·平方米$^{-1}$）	平均货币工资/元
河南	1 867	14 282
江西	1 529	13 688

按照平均货币工资把中部地区分为四个水平，第一水平包括湖南、山西和安徽，第二水平包括黑龙江、湖北、吉林和河南，第三水平包括江西，见表1-46。

表1-46　中部地区房屋平均销售价格按照平均货币工资分组后的数据　单位：元

中部地区	水平一	水平二	水平三
第一组	1 625	2 099	1 529
第二组	2 210	2 263	
第三组	2 220	1 888	
第四组		1 867	

经过Levene's检验，得到Levene统计值为3.519，其伴随概率为0.111。可见，在显著性水平0.05下，数据满足方差齐性。利用软件对其进行方差分析，考察平均货币工资对房屋平均销售价格的影响是否显著，见表1-47。

表1-47　中部地区方差分析表

差异源	*SS*	*df*	*MS*	*F*	*P-value*	*F crit*
组间	215 096.5	2	107 548.2	1.591 4	0.291 9	5.786 1
组内	337 897.4	5	678 79.48			
总计	552 993.9	7				

从方差分析表中得出$Sig=0.291\ 9>0.05$，接受原假设，即不同水平之间无显著差别，也就是说中部地区平均货币工资对房屋平均销售价格无显著影响。之所以出现这种现象，是因为中部地区的土地成本要低于东部地区，而且随着人才流失，对住房的需求以当地人为主。房价之所以上涨，炒房是很重要的原因，很多人都是为了赚钱而做的投资。当大部分人都拥有自己的住房后，工资的高低已不再是影响城市之间房价的主要因素。

四、西部地区平均货币工资对房屋平均销售价格的影响分析

西部地区是我国欠发达的地区，相对于东、中部地区土地价格比较低，人口也比较少，加之大量人才流失，房价虽然也有上涨，但一直处于全国比较低的水平。那么西部地区平均货币工资对房屋平均销售价格的影响又如何呢？表1-48是按照平均货币工资由高到低对西部地区各省（市、自治区）的排序。

表1-48　西部地区的平均货币工资由高到低排序表

地区	房屋平均销售价格/（元·平方米$^{-1}$）	平均货币工资/元
西藏	1 700	28 950
青海	1 832	19 084
宁夏	2 235	17 211

续表

地区	房屋平均销售价格/（元·平方米$^{-1}$）	平均货币工资/元
重庆	2 135	16 630
云南	2 165	16 140
内蒙古	1 653	15 985
四川	1 945	15 826
新疆	1 798	15 558
广西	2 014	15 461
甘肃	1 936	14 939
陕西	2 060	14 796
贵州	1 607	14 344

按照平均货币工资把西部地区分为四个水平（见表1-49），第一水平包括西藏，第二水平包括青海、宁夏、重庆和云南，第三水平包括内蒙古、四川、新疆和广西；第四水平包括甘肃、陕西和贵州。

表 1-49　西部地区按照货币工资分组后的数据

序叼	水平 1	水平 2	水平 3	水平 4
1	1 700	1 832	1 653	1 936
2		2 235	1 945	2 060
3		2 135	1 798	1 607
4		2 165	2 014	

经过 Levene's 检验，得到 Levene 统计值为 1. 013，其伴随概率为 0. 436。可见，在显著性水平 0. 05 下，数据满足方差齐性。利用软件对其进行单因素方差分析（见表 1-50），考察平均货币工资对房屋平均销售价格的影响是否显著。

表 1-50　西部地区方差分析结果

差异源	*SS*	*df*	*MS*	*F*	*P-value*	*F crit*
组间	192 700. 3	3	64 233. 42	1. 820 6	0. 221 4	4. 066 2
组内	282 244. 4	8	35 280. 55			
总计	474 944. 7	11				

从方差分析表中得出 $Sig = 0.221\,4 > 0.05$，接受原假设，即不同水平之间无显著的差别，也就是说西部地区平均货币工资对房屋平均销售价格无显著的影响。之所以出现这种现象，是因为西部地区的房屋需求相对于东部、中部地区要小得多，基本上是作为消费品，而不是投资品。加之西部地区近年来大量人才流失，人口密度小，土地价格低，和中部地区相似，平均货币工资对其房屋平均销售价格没有显著影响，影响房屋平均销售价格更多的是政策方面的原因。

案例 11　癌症候选基因的识别

制作人：史兴杰；
适用课程：概率论与数理统计，统计模型与统计实验；
使用说明：可作为教与学的一个案例。

在欧美，前列腺癌是仅次于肺癌的一种常见癌症。在进行治疗时，常用的方法是根据临床指标将癌症病人分为低风险、中等程度风险、高风险三组，然后根据病人不同的风险类别给予相应的治疗。观察结果发现：在所有接受前列腺切除术的病人中有相当大的一部分，其各项临床指标显示其为低风险患者。这意味着仅依赖临床指标进行癌症分类有较大的局限性，而弄清癌症背后真正起关键作用的基因就显得十分必要。这不仅可以更准确地诊断癌症的风险类型从而给予恰当的治疗，还可以提前预测癌症风险进而对高风险的潜在患者提供预防措施。

一、问题提出

传统的多重假设检验通常考虑的问题是同时检验 2 ~ 5 个参数［米勒（Miller，1980）］。随着科技的发展，特别是在基因和图像领域，需要同时进行检验的参数数量急剧上升，从 500 到 5 000 个，甚至到 50 000 个。这种问题称为大规模的假设检验。目前最流行的推断方法是“错误发现率”（false discovery rate）。

由高清晰度的基因测序得到了 52 位前列腺癌症患者、50 位健康个体的 6 033 个基因的表达水平。我们的问题是：如何判断出这 6 033 个基因中哪些是跟前列腺癌症密切相关的基因呢？这个问题也可以表达为，如何将 6 033 个基因分成两组，其中一组重要，一组不重要呢？

二、问题分析

如今这样的数据非常普遍，它们通常由相互“平行”的 N 个类似的小问题组成。在前列腺数据中，一共有 $N=6\ 033$ 个基因，对每个基因的表达水平利用两样本 t 检验，可以得到检验统计量 t_1（$i=1, \cdots, N$）。对于每个检验统计量 t，可以通过如下变换得到相对应的 z：

$$z_1=\Phi^{-1}\left[F_{100}(t_1)\right]$$

其中，F_{100}是 t 分布的累计概率分布函数，Φ 是标准正态的概率分布函数。通常在 z_1 上而非 t_1 上进行建模。图 1-44 是关于 6 033 个 z 的分布直方图，图中的实线为标准正态分布的密度函数曲线。可以看出，首先，z 的峰度低于标准正态；其次，z 的尾部较标准正态分布厚，这意味着，有一部分的 z 是显著的（即这 6 033 个基因中有重要的基因）。如何把这样的基因找出来并控制错误发现的比率呢？

这可以转化为如下 N 个假设检验问题：

Null Hypothesis：H1，H2，H3，…，HN

Test Statistic：z_1，z_2，z_3，…，z_N

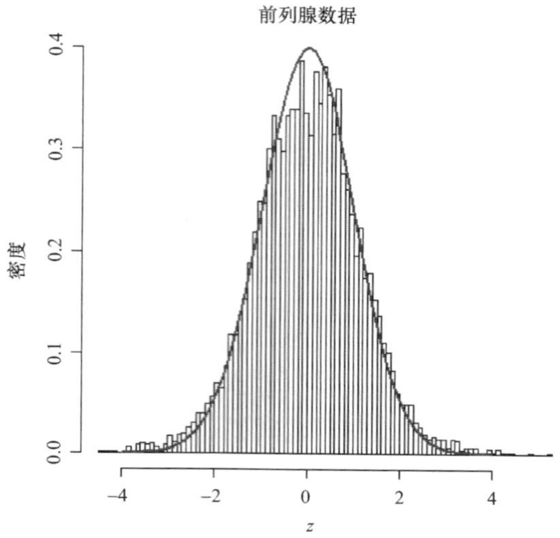

图 1-44　前列腺数据中 6 033 个基因的 z

其中 Hi 为原假设，即基因 i 不重要。在经典的多重假设检验下，被检验的假设数目通常不大，如 $N=20$，因而我们可以采用本弗罗尼（Bonferroni）校正 p。然后，在大规模假设检验下，N 的数目很大，这导致通过本弗罗尼校正后的 p 几乎都不显著，因而我们无法挑出重要的基因。因而，控制错误发现率的方法［本弗罗尼和霍克伯格（Hochberg），1995］非常流行。

三、Two – group 模型

假定这 N 个原假设可以分成两组，一组为真（null），记为 $I=0$，一组为假（non-null），记为 $I=1$；其中，为真的概率为 p_0（通常假定 p_0 很大且接近 1，这在实际问题中也是非常合理的），为假的概率为 $p_1=1-p_0$；检验统计量 z 的概率分布依赖其所属的组：

$$p_0=P(I=0) \quad f_0(z)$$

$$p_1=P(I=1) \quad f_1(z)$$

那么局部错误发现率被定义为（Efron［2005，2007］）

$$fdr(z)=P\{I=0 \mid Z=z\}=p_0f_0(z)/f(z)$$

要得到 $fdr(z)$ 的估计，需要估计 p_0，$f_0(z)$ 以及 $f(z)$。

1. $f(z)$ 的估计

将 z_1 的取值范围划分为 k 个宽度为 Δ 的区间，记第 k 个区间的中点为 $z_{(k)}$，落在第 k 个区间中的 z 个数为 y_k，根据埃夫隆（1996）知 $y_k \sim Poisson(v_k)$。

其中 $v_k=N\Delta f(z_{(k)})$。假定 $f(z)$ 来自如下指数分布族（p 通常取 7）：$f(z)=\exp(\sum_{j=0}^{p}\beta_j z^j)$，估计 $f(z)$ 就变成泊松回归问题。通过极大似然估计得到 β_j 的估计，进而得到 $f(z)$ 的估计。

2. p_0 和 $f_0(z)$ 的估计

可以假定 $f_0(z)$ 为正态分布密度函数，即

$$f_0(z)=\frac{1}{\sqrt{2\pi}\sigma}\exp\left\{-\frac{1}{2}\left(\frac{z-\delta}{\sigma}\right)^2\right\}$$

取对数为

$$\log p_0 f_0(z)=\log p_0-\frac{1}{2}\left\{\frac{\delta^2}{\sigma^2}+\log(2\pi\alpha^2)\right\}+\frac{\delta}{\sigma^2}z-\frac{1}{2\sigma^2}z^2$$

基于假设“中心附近的 z 值主要来自 0 假设成立的基因”，可将 $\log\hat{f}(z)$ 的系数（$\ddot{\beta}_1$，$\ddot{\beta}_2$，$\ddot{\beta}_2$）与 $\log p_0 f_0(z)$ 进行匹配得出 p_0、δ、σ 相应的估计。埃夫隆（2004）证明，当 $p_0>0.9$ 时，用此方法得到的估计几乎是无偏的。

3. 控制 *fdr*

通过上面的方法，可以得到 *fdr* 的估计（所有的计算可以通过统计软件 R 语言的软件包{locfdr}来实现），如图 1-45 所示，进而通过控制 $fdr(z)<\alpha$ 来挑选重要的基因。在本例中，取 $\alpha=0.2$，6 033 个基因中满足该约束的基因共有 19 个（当取 $\alpha=0.1$ 时，6 033 个基因中满足该约束的基因共有 8 个）。同时可以判断，这些基因中被错误拒绝的比例不超过 0.2。

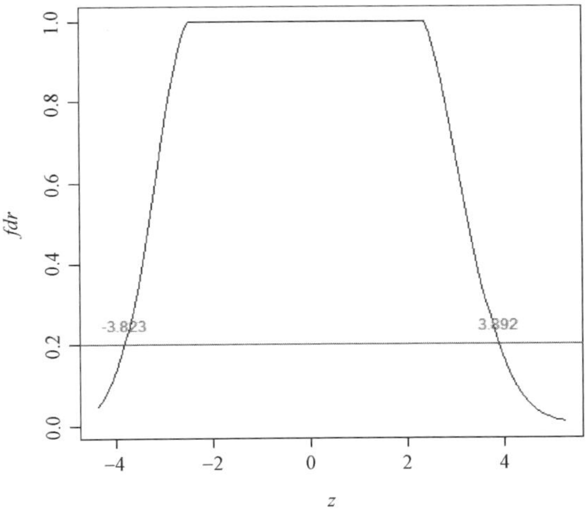

图 1-45　*fdr* 的估计及与 *fdr* =0.2 相对应的 *z* 值

案例 12　江苏省 2014 年地区生产总值预测

制作人：徐立霞；

适用课程：统计学，时间序列分析；

使用说明：可作为教与学的一个案例。

案例所依托的客体为江苏省。江苏省地处我国大陆沿海中部和长江、淮河下游，东濒黄海，北接山东，西连安徽，东南与上海、浙江接壤，是长江三角洲地区的重要组成部分。江苏是我国的经济大省。全省综合经济实力在全国一直处于前列。本案例所使用的数据区间为 2005 年第一季度到 2014 年第二季度。本案例采用统计学中确定性时间序列分析的主要方法分析江苏省季度地区生产总值的发展变动情况，并对 2014 年后两季度的地区 GDP 进行预测。

一、数据图形分析

由图1-46可知，在2005年第一季度到2014年第二季度这段时间内，江苏省的地区生产总值呈现明显的上升趋势。除此以外，还具有非常明显的季节性，在每年相同的时段出现类似的发展态势。季节变动是指现象在一年内，由于受到自然条件或社会条件的影响而形成的以一定时期为周期（通常指一个月或季）的有规律的重复变动，通常以 S 表示，本案例中地区GDP明显受到季节的影响。

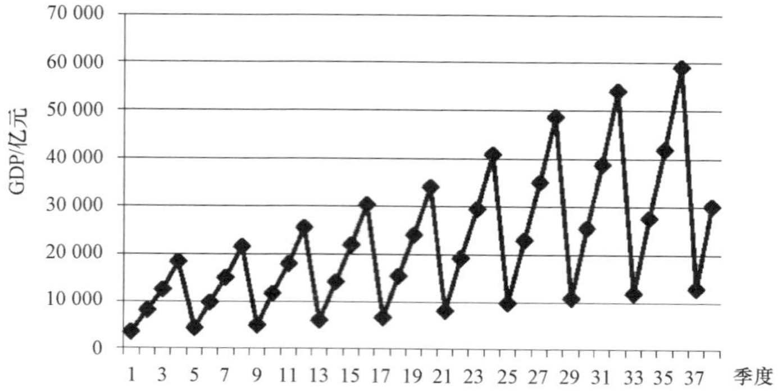

图1-46　江苏省季度GDP变动

二、确定性时间序列分析的因素分解法

根据确定性时间序列分析的因素分解法，对具有趋势的数据，在计算季节指数指标之前，应先提出相应的趋势。从相应的趋势图形看，数据呈现近似线性上升的发展趋势，本案例中采用趋势线法对数据中的趋势部分 T 进行估计。

1. 趋势线法

趋势线法是选择合适的趋势线，并利用回归分析建立趋势方程来拟合时间序列的方法。线性趋势方程的一般公式为

$$\hat{y} = a + bt$$

式中　$\hat{y}$——时间序列 y 的长期趋势值；

t——时间标号；

a、b——待定参数。

本案例中估计结果如下：

$\hat{y} = 7\ 022.522 + 764.165t$。

2. 计算季节指数

测定季节变动的目的是了解季节变动的规律并进行预测。

季节变动规律的测定主要是计算一系列季节指数。季节指数又称季节比率。测定的设计思想是：以总平均水平为对照物，用各季节的平均数与之比较，来反映季节变动的高低程度。季节指数是各季（月）平均数与全时期总平均数的比率，它由一系列数值组成，个数由资料的时间间隔决定，且季节指数之和也与所掌握资料有关。如掌握资料为月份资料，则

有 12 个季节指数，季节指数之和为 1 200%；如掌握为季度资料，则有 4 个季节指数，季节指数之和为 400%。需要注意的是，如果季节指数之和不等于 400% 或 1 200%，就需要调整。调整的方法是首先计算调整系数，然后用调整系数分别乘以各月（季）季节指数，即得调整后的季节指数。调整系数的公式为

$$调整系数=\frac{1\ 200}{各月季节指数之和}$$

或

$$调整系数=\frac{400}{各季季节指数之和}$$

当时间序列包含长期趋势时，用按季平均法计算季节指数就不够准确，应首先将趋势剔除，本案例中将剔除趋势后的序列记为 y/t，计算结果见表 1-51。

从计算得到的季节指数中，可以看出江苏省下半年为价值创造高峰期，前半年相对薄弱。

表 1-51　因素分解结果

时间	y	t	趋势值 T	y/T	季节指数	预测结果
2005. 1	3 556. 56	1	7 786. 69	0. 456 748 84	0. 367 447 139	2 861. 20
2005. 2	8 212. 85	2	8 550. 85	0. 960 471 617	0. 816 758 88	6 983. 98
2005. 3	12 471. 35	3	9 315. 02	1. 338 843 617	1. 195 198 942	11 133. 30
2005. 4	18 272. 12	4	10 079. 18	1. 812 857 595	1. 620 595 04	16 334. 27
2006. 1	4 290. 86	5	10 843. 35	0. 395 713 648	0. 367 447 139	3 984. 36
2006. 2	9 871. 22	6	11 607. 51	0. 850 416 606	0. 816 758 88	9 480. 54
2006. 3	15 013. 45	7	12 371. 68	1. 213 534 067	1. 195 198 942	14 786. 61
2006. 4	21 548. 36	8	13 135. 84	1. 640 424 894	1. 620 595 04	21 287. 88
2007. 1	5 054. 5	9	13 900. 01	0. 363 632 949	0. 367 447 139	5 107. 52
2007. 2	11 752. 1	10	14 664. 17	0. 801 415 945	0. 816 758 88	11 977. 09
2007. 3	18 010. 36	11	15 428. 34	1. 167 356 014	1. 195 198 942	18 439. 93
2007. 4	25 560. 1	12	16 192. 50	1. 578 514 726	1. 620 595 04	26 241. 49
2008. 1	6 116. 83	13	16 956. 67	0. 360 733 079	0. 367 447 139	6 230. 68
2008. 2	14 239. 82	14	17 720. 83	0. 803 563 943	0. 816 758 88	14 473. 65
2008. 3	21 840. 63	15	18 484. 99	1. 181 532 923	1. 195 198 942	22 093. 25
2008. 4	30 312. 61	16	19 249. 16	1. 574 749 777	1. 620 595 04	31 195. 09
2009. 1	6 653. 17	17	20 013. 32	0. 332 437 02	0. 367 447 139	7 353. 84
2009. 2	15 530. 49	18	20 777. 49	0. 747 467 108	0. 816 758 88	16 970. 20
2009. 3	23 915. 19	19	21 541. 65	1. 110 183 534	1. 195 198 942	25 746. 56
2009. 4	34 061. 19	20	22 305. 82	1. 527 009 143	1. 620 595 04	36 148. 70
2010. 1	8 203. 53	21	23 069. 98	0. 355 593 222	0. 367 447 139	8 477. 00
2010. 2	19 114. 1	22	23 834. 15	0. 801 962 762	0. 816 758 88	19 466. 75

续表

时间	y	t	趋势值 T	y/T	季节指数	预测结果
2010. 3	29 351. 53	23	24 598. 31	1. 193 233 409	1. 195 198 942	29 399. 88
2010. 4	40 903. 34	24	25 362. 48	1. 612 750 089	1. 620 595 04	41 102. 31
2011. 1	9 902. 13	25	26 126. 64	0. 379 005 053	0. 367 447 139	9 600. 16
2011. 2	22 918. 26	26	26 890. 81	0. 852 271 136	0. 816 758 88	21 963. 31
2011. 3	35 113. 06	27	27 654. 97	1. 269 683 372	1. 195 198 942	33 053. 20
2011. 4	48 604. 26	28	28 419. 14	1. 710 265 081	1. 620 595 04	46 055. 91
2012. 1	10 881. 46	29	29 183. 30	0. 372 865 947	0. 367 447 139	10 723. 32
2012. 2	25 382. 81	30	29 947. 47	0. 847 577 828	0. 816 758 88	24 459. 86
2012. 3	38 796. 36	31	30 711. 63	1. 263 246 404	1. 195 198 942	36 706. 51
2012. 4	54 058. 22	32	31 475. 80	1. 717 453 522	1. 620 595 04	51 009. 52
2013. 1	11 881. 25	33	32 239. 96	0. 368 525 549	0. 367 447 139	11 846. 48
2013. 2	27 603. 98	34	33 004. 13	0. 836 379 627	0. 816 758 88	26 956. 41
2013. 3	41 934. 3	35	33 768. 29	1. 241 824 706	1. 195 198 942	40 359. 83
2013. 4	59 161. 8	36	34 532. 46	1. 713 222 989	1. 620 595 04	55 963. 13
2014. 1	12 892. 85	37	35 296. 62	0. 365 271 494	0. 367 447 139	12 969. 64
2014. 2	30 115	38	36 060. 79	0. 835 117 653	0. 816 758 88	29 452. 97
2014. 3		39	36 824. 95		1. 195 198 942	44 013. 14
2014. 4		40	37 589. 12		1. 620 595 04	60 916. 74

注：2005. 1 表示 2005 年第一季度，2005. 2 表示 2005 年第二季度，以此类推。其他表格类似表示法意义与此相同。

3. 江苏省 2014 年第三、第四季度地区 GDP 预测

在本案例中，影响地区 GDP 变化的主要因素为长期趋势和季节变动。根据前面的分析计算中获得的趋势的估计表达式，可以得到未来两期趋势的估计结果。另外，本例也已计算出对应的季节变动指数。根据因素分解的形式，可以实现对江苏省 2014 年第三、第四季度地区 GDP 预测，具体预测结果如图 1-47 所示。

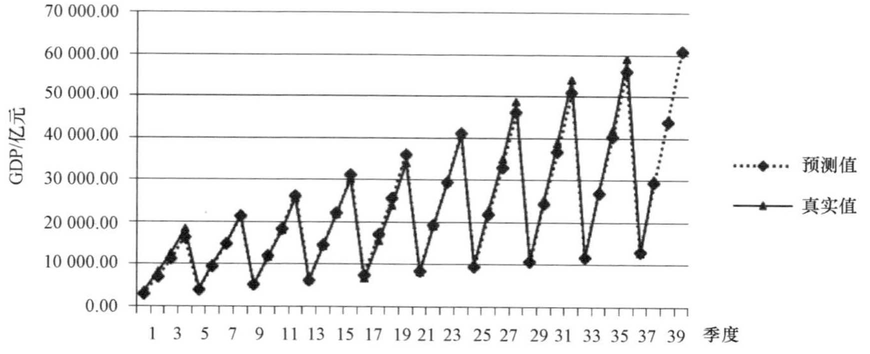

图 1-47　江苏省季度 GDP 变动的拟合图

通过此案例的测算，可以学会在面对一个时间序列式时，如何运用确定性时间序列分析方法进行分析研究。通过对各种分析指标以及变化趋势的测定，可以对时间序列有一个更加理性的认识，从而把握事物发展变化的规律，实现对于事物发展的预测。

案例 13　全国电视观众抽样调查的样本设计与加权方法

制作人：黄莉芳；

适用课程：统计学，现代抽样技术，现代商务统计；

使用说明：可作为教与学的一个案例。

一、背景介绍

我国是世界上人口最多的国家，拥有世界上数量最多的电视观众群体。全国电视观众抽样调查是中央电视台（简称央视）组织的对全国电视观众的大规模抽样调查。从 1987 年开始，每 5 年进行一次。电视观众抽样调查的目的是：准确获取全国电视观众群体规模、构成及分布情况，获取这些观众的收视习惯、对电视频道和栏目的选择倾向、收视人数、收视率与喜爱程度等情况，为改进电视频道设置和栏目的制作、开展电视观众行为研究提供新的依据。本案例的资料为 2002 年进行的第四次调查的抽样设计与数据处理。

为保证调查的客观、公正和准确性，中央电视台委托中国科学院数学与系统科学研究院系统科学所、国家统计局农村调查总队及央视市场调查股份有限公司等机构共同完成该调查项目。为确保调查数据的准确性，央视总编室先后召开了 4 次专家讨论会和论证会，对调查的问卷内容、抽样设计进行了反复推敲与论证。整个调查活动从筹备到公布调查结果历时一年。调查的新闻发布会于 2002 年 12 月 19 日上午在央视举行，并在当天的新闻联播中进行了播报，引起广泛的社会反响，取得了良好的社会效果。

本次调查采用 PPS 抽样方法，把全国所有的区、县作为第一阶段抽样单位，共抽取覆盖全国 31 个省、自治区、直辖市（除港、澳、台外）的包含 11 950 个 13 岁以上的观众样本，实际回收有效问卷 11 760 份，有效率为 98.41%。另外，附带调查了包含 2 042 个 4 ~ 12 岁少儿的样本。

二、目标总体、抽样设计的原则

1. 目标总体

调查的目标总体定为全国 31 个省、自治区、直辖市（除港、澳、台外）电视信号覆盖区域内所有城乡家庭户中的 13 岁以上可视居民以及 4 ~ 12 岁的少儿。包括有户籍的正式户口，也包括所有临时的或其他住户，要求已在本居（村）委会内居住满 6 个月或预计居住 6 个月以上，但不包括住在军区内的现役军人、集体户及无固定住所的人口。

2. 抽样设计的原则

抽样设计遵循科学、效率、便利的原则。首先，作为一项全国性抽样调查，整体方案应为严格的概率抽样，要求样本对全国及某些指定的城市或地区有代表性。其次，抽样方案必须保证较高的效率，即在相同样本量的条件下，方案设计应使调查精度尽可能高，目标量估计的抽样误差尽可能小。最后，方案必须有较强的可操作性，不仅应便于具体抽样的实施，也应便于后期数据的处理。

三、需要考虑的具体问题及相应的处理方法

1. 城乡区分

城市与农村的电视观众收视习惯与爱好有很大的区别。理所当然地应分别进行研究，以便于对比。较方便的一种处理方法是将他们作为两个研究域进行独立抽样，但这样做的代价是调查样本点数量多，地域分散，相应的费用也较高。另一种处理方式是在第一阶段抽样中不区分城乡，统一抽取抽样单元（例如区、县），其后的抽样中再区分城、乡。这样做的优点是样本点相对集中，但数据处理较为复杂。综合考虑各种因素，本方案采用第二种处理方式。在样本区、县中，以居委会的数据代表城市，村委会的数据代表农村。

2. 抽样方案的类型与抽样单元的确定

全国性抽样宜采用区域框为抽样框的多阶抽样方法，而多阶抽样中设计的关键是各阶抽样单元的选择，其中尤以一阶单元（初级抽样单元 PSU）最为重要。本项调查除个别直辖市及大城市外，不要求对省、自治区进行推断，从而可不考虑样本对省的代表性。在这种情况下，选择区、县作为初级抽样单元最为适宜。因为全国区、县的总数量很多，区、县样本量也会较多，选择区、县作为初级抽样单元，以控制第一阶抽样误差。另外对区、县的分层也可更为精细。

本抽样方案采用分层五阶抽样，各阶抽样单元确定如下：

（1）第一阶段抽样：区（地级市以上城市的市辖区）、县（包括县级市等）；

（2）第二阶段抽样：街道、乡、镇；

（3）第三阶段抽样：居委会、村委会；

（4）第四阶段抽样：家庭户；

（5）第五阶段抽样：个人。

为提高抽样效率、减少抽样误差，第一阶段抽样，对区、县按地域及类别进行分层。在每一层内前三阶段抽样均采用按与人口成比例的不等概率抽样（πPS 系统抽样）；第四阶段抽样采用等概率系统抽样，即等距抽样；第五阶段抽样采用简单随机抽样。

3. 自我代表层的设立

根据主持单位的要求，本次调查需要对北京、上海 2 个直辖市以及广州、成都、长沙与西安 4 个省会城市进行独立分析，因而在处理上将上述城市（包括下辖的所有区、县）都作为单独的一层。为方便起见，以下把这样的层称为自我代表层。考虑到全国其他区县在分层中的一些具体问题以及各地的特殊情况，在设计中将天津市、海南省与西藏自治区，都作为自我代表层处理。这样自我代表层共有 9 个。

四、区和县分层及抽选方法

1. 全国区（县）的调查总体

根据 2001 年的全国行政区划资料，全国（除港、澳、台外）共有 787 个市辖区，此外有 5 个地级市（湖州、东莞、中山、三亚、嘉峪关）不设市辖区，若将它们每个都视同一个市辖区，则共有 792 个区；全国共有 1 674 个县（包括自治县、自治旗、特区与林区等）、

400个县级市，县级行政单位的总数为2 074个，这其中包括福建省的金门县，不能进行调查，因此除金门县以外的所有2 865个区、县（792个区及2 073个县）构成此次调查的初级抽样单元（PSU）的抽样框。

2. 区（县）分层方法

为便于调查后的资料分类汇总及提高精度，应将全国区、县进行分层。分层可以按多种标识进行，分层标识应选取与调查指标相关程度较高的那些变量。在本次调查中，应选取与观众收视行为、习惯与爱好等密切相关的变量。关于这方面，已有许多相应的研究结果，例如观众的年龄、性别、文化程度、职业、居住地的生活习惯与气候等。不过，我们不可能按观众的个体来分类，只能按观众居住的区、县来分类。而对于区、县，许多表示人口特征（除人口总数）及社会、经济发展指标（除所在省的人文发展指数及县的人均GDP）的资料都无法得到，经过多方研究，对区、县的分层按以下两种标识进行：

（1）地域。我国幅员辽阔，各地经济、社会、文化与气候的地域差异极大，而所有这些因素都与电视观众的收视行为密切相关。本调查首先将所有县按所在省（自治区、直辖市）的地理位置分成3大层14个子层，其中各省括号内的数字为它们的人文发展指数当时在全国的排位。全国区、县的地域分层见表1-52。

表1-52　全国区、县的地域分层

大层	所含省、自治区、直辖市
第一大层（东部地区）	子层10：上海（1）、北京（2）、天津（3）（每个都作为自我代表层）
	子层11：辽宁（5）、山东（9）
	子层12：江苏（7）、浙江（6）
	子层13：福建（8）、广东（4）
	子层14：海南（13）（自我代表层）
第二大层（中部地区）	子层21：黑龙江（10）、吉林（12）
	子层22：河北（11）、河南（18）、山西（16）
	子层23：安徽（20）、江西（23）
	子层24：湖北（14）、湖南（17）
第三大层（西部地区）	子层31：内蒙古（21）、新疆（15）、宁夏（26）
	子层32：陕西（25）、甘肃（28）、青海（29）
	子层33：重庆（22）、四川（24）
	子层34：广西（19）、云南（27）、贵州（30）
	子层35：西藏（31）（自我代表层）

需要说明的是，以上划分的层还考虑了其他一些因素，各省按联合国制定标准计算的人文发展指数仅是考虑因素之一。例如按人文发展指数，广西（第19位）实际上可划在第二层（中部地区），但考虑到国家西部大开发的范围将广西划入西部地区，我们的划分与其一致，这样便于资料的汇总发布。又如海南省，根据人文发展指数（第13位）放在第一大层稍微牵强，但是其地理位置以及以旅游为主业的产业构成有其特殊性，故作为单独一个子层，也划在第一大层。

（2）区、县类别。同一大层的各市辖区与所隶属城市的规模、在城市中的地理位置

（市区或郊区）和人口构成（如非农业人口占总人口的比例等）有较大差异，各县也因经济文化发达程度有较大差异。我们将各大层中的所有区、县除已划为自我代表层以外（以下称抽样总体），分成一类区、二类区、县级市、一类县、二类县5类，每类组成一个小层。

全国抽样总体中所有区县共分成 $11\times5=55$ 个小层。其中区的划分标准为区中非农业人口占总人口的比例，高于标准的为一类区，低于标准的为二类区；县的划分标准为人均国内生产总值，高于人均国内生产总值的为一类县，低于人均国内生产总值的为二类县。区、县划分类别的标准在三大层中各不相同，具体标准如下：

区类别的划分标准：东部地区与中部地区是非农人口在总人口中的比例大于或等于80%的为一类区，否则为二类区；西部地区该比例大于等于70%的为一类区，否则为二类区。

县类别的划分标准：东部地区人均GDP在5 000元以上的为一类县，否则为二类县；中部地区人均GDP在4 000元以上的为一类县，否则为二类县；西部地区人均GDP在3 000元以上的为一类县，否则为二类县。

3. 自我代表层区、县的构成

根据行政区划，自我代表层中各城市及海南省、西藏自治区所辖的区、县的构成情况见表1-53，其中为区划分所需的非农业人口在总人口中所占比例取自公安部发布的全国区、县户籍人口资料。

表1-53　自我代表层的辖区、县构成　　单位：个

自我代表层	一类区	二类区	直辖市的县及其他县级市	县	总计
北京市	8	5	5	—	18
天津市	7	7	4	—	18
上海市	9	7	3	—	19
广州市	5	5	2	—	12
成都市	5	2	4	8	19
长沙市	2	3	1	3	9
西安市	4	4	0	5	13
海南省	2	2	7	10	21
西藏自治区	—	1	1	71	73

4. 抽样总体区、县小层构成

全国除自我代表层以外的抽样总体各小层的区、县数及人口在（抽样总体）总人口中所占的比例分别见表1-54和表1-55，其中县划分所需要的GDP数据取自各省的2000年或2001年的统计年鉴。

表1-54　抽样总体中各小层的区县数　　单位：个

地域子层	一类区	二类区	县级市	一类县	二类县	合计
东部地区11	43	62	47	19	68	239
东部地区12	30	47	53	31	37	198
东部地区13	22	39	44	59	32	196

续表

地域子层	一类区	二类区	县级市	一类县	二类县	合计
中部地区 21	56	26	40	36	32	190
中部地区 22	39	67	56	140	148	450
中部地区 23	26	34	19	31	95	205
中部地区 24	20	44	39	42	69	214
西部地区 31	27	8	34	91	61	221
西部地区 32	11	16	15	51	131	224
西部地区 33	5	42	14	55	85	201
西部地区 34	19	27	30	74	175	325
合计	298	412	391	629	933	2 663

表 1-55　抽样总体中各小层人口占总人口的比例　　单位:%

地域子层	一类区	二类区	县级市	一类县	二类县	合计
东部地区 11	1. 360	2. 292	3. 194	0. 772	3. 654	11. 272
东部地区 12	0. 704	1. 660	3. 910	1. 420	2. 296	9. 990
东部地区 13	0. 475	1. 132	3. 167	2. 366	1. 489	8. 629
中部地区 21	1. 027	0. 506	1. 783	1. 111	1. 011	5. 437
中部地区 22	0. 933	1. 926	2. 805	4. 560	6. 403	16. 626
中部地区 23	0. 531	1. 188	1. 076	1. 172	4. 972	8. 938
中部地区 24	0. 615	1. 604	2. 559	2. 291	3. 274	10. 343
西部地区 31	0. 437	0. 223	0. 737	1. 235	1. 379	4. 011
西部地区 32	0. 300	0. 544	0. 429	0. 728	3. 078	5. 078
西部地区 33	0. 146	2. 128	0. 965	1. 884	3. 923	9. 046
西部地区 34	0. 365	0. 954	1. 334	2. 668	5. 308	10. 630
合计	6. 893	14. 156	21. 957	20. 207	36. 786	100. 000

注：数据依四舍五入计。

5. 区、县小层样本量的分配

抽样总体中各层（指小层，下同）内对区、县的抽样采用按人口的 πPS 系统抽样，样本量为 2 个；少数人口较多的小层样本量为 3 个。样本量的具体分配见表 1-56。样本区、县总量为 121 个。

表 1-56　各小层的区县样本量的分配　　单位：个

地域子层	一类区	二类区	县级市	一类县	二类县	合计
东部地区 11	2	3	3	2	2	12
东部地区 12	2	2	3	2	2	11
东部地区 13	2	2	3	2	2	11
中部地区 21	2	2	2	2	2	10

续表

地域子层	一类区	二类区	县级市	一类县	二类县	合计
中部地区 22	2	2	3	3	3	13
中部地区 23	2	2	2	2	3	11
中部地区 24	2	2	2	2	2	10
西部地区 31	2	2	2	2	2	10
西部地区 32	2	2	2	2	3	11
西部地区 33	2	2	2	2	3	11
西部地区 34	2	2	2	2	3	11
合计	22	23	26	23	27	121

五、抽样总体中样本区、县内的抽样方法

1. 样本区内的抽样

每个一类样本区内采用街道（乡、镇）、居委会、家庭户及个人的四阶抽样，每个二类样本区内采用街道（乡、镇）、居（村）委会、家庭户及个人的四阶抽样，样本量皆为 90。具体步骤如下：

（1）对街道（乡、镇）的抽样。样本区内对街道（乡、镇）的抽样采用按人口的 πPS 系统抽样，每个样本区抽 3 个街道（乡、镇），其中一类区不抽乡。

（2）对居（村）委会的抽样。样本街道（乡、镇）内对居（村）委会的抽样采用按人口的 πPS 系统抽样，每个样本街道（乡、镇）各抽 2 个居（村）委会，其中一类区不抽村委会。为操作方便，这里的人口数也可用户数。

（3）对家庭户的抽样。样本居（村）委会内对家庭户的抽样采用随机起点的等概率系统抽样，即等距抽样。每个居（村）委会固定抽 15 户。在抽样时，必须首先清点居（村）委会管辖范围内的实际家庭户数，且按规定的顺序排列。

（4）样本户内具体调查对象的确定。对每个被抽中的样本户，在 13 岁以上（含 13 岁）的成员中，完全随机地确定一名为具体调查对象。为确保家庭成员中的每一个这样的成员都有相等的概率被抽中，基什（L. Kish）设计了一种特殊的表格。

本案例采用的基什设计的表是一种被广泛采用、形式较简约的表，该表称为二维随机表（表 1-57）。二维随机表包含的行数和列数不尽相同，表 1-57 中标有数字部分共 12 行 12 列。对于每一样本家庭户，这样的表已包含在调查问卷中，表中的第一行表示列号（1 ~ 12）的数字中的一个已被事先随机圈定（如 8）。调查员将户中所有符合调查年龄的成员按规定的顺序（如先按性别男前女后，同性别的再按年龄从大到小）进行填写。用户中符合调查年龄的人数为行数（如户中有 5 人，用第 5 行）、表中已圈定的数字为列号，则序号为行、列交叉格子中的数字（第 5 行与第 8 列交叉的数字为 2）所对应的家庭成员即实际调查对象。

表 1-57　确定户内调查对象的二维随机表

序号	姓名	性别	年龄	1	2	3	4	5	6	7	8	9	10	11	12
1				1	1	1	1	1	1	1	1	1	1	1	1

续表

序号	姓名	性别	年龄	1	2	3	4	5	6	7	8	9	10	11	12
2				2	1	2	1	1	2	2	1	1	2	1	2
3				3	2	1	1	3	2	2	1	3	1	2	3
4				4	1	3	2	2	3	1	4	3	2	4	1
5				5	4	1	2	3	4	1	2	3	5	4	2
6				6	3	1	5	2	4	3	5	1	4	6	2
7				7	1	4	3	6	2	5	2	5	7	4	3
8				8	4	5	7	1	2	6	3	7	5	3	1
9				9	5	1	4	3	8	2	7	6	5	2	8
10				10	3	5	9	4	1	7	2	8	6	9	4
11				11	6	1	5	10	4	9	8	3	2	7	6
12				12	7	2	9	4	11	6	1	8	3	10	5

2. 样本县（县级市）内的抽样

每个样本县内采用乡（镇）、村（居）委会、家庭户及个人的四阶抽样，样本量为60，具体方法如下。

（1）对乡（镇）的抽样。确定县城所在的镇（城关镇）为必调查镇，对其余乡（镇）采用按人口的 πPS 系统抽样，再抽 2 个乡（镇），每个样本县共调查 3 个乡（镇）。

（2）对居（村）委会的抽样。在每个城关镇中用按人口 PPS 抽样抽取 2 个样本村（居）委会。对其他两个样本乡（镇）内，也用同样的方法抽 2 个村（居）委会。为操作方便，这里的人口数也可用户数。

（3）对家庭户的抽样。样本村（居）内对家庭户的抽样与样本村（居）委会内对家庭户的抽样完全相同，仍采用随机起点的等概率系统抽样，即等距抽样。每个村（居）内固定抽取 10 户。

（4）具体调查对象的确定。在样本户中也用二维随机表来确定具体调查对象。

（5）少儿样本量的确定。在每个样本户中，除抽取一位 13 岁以上的观众作为调查对象外，如果还有 4～12 岁的少儿，则需要抽取一位少儿观众进行调查。如果符合年龄条件的多于一位，则仍按二维随机表的方法确定接受调查的少儿样本量。

对于自我代表的 7 个城市中，为保证少儿的样本量，对每个样本户，调查所有满足年龄的少儿。

六、自我代表层中的抽样方法

1. 自我代表城市的抽样方法

每个需要进行推断的城市皆作为自我代表层，在层内也进行分层抽样，层的划分标准与其他子层中的区、县标准基本相同，只不过不再对县分类，且将县级市（仅长沙市有一个）也作为一般县处理，这样每个城市皆分为一类区、二类区及县三层。考虑到上海市浦东新区的特殊性（既包括完全城市化的市区，又包括范围相当广的农村），将该区作为自我代表层处理。

考虑到在一个城市范围内的交通比较方便，故为提高效率，根据每个城市的实际情况，适当增加样本区、县的数量，减少每个样本区、县内的样本量。每个样本区、县规定都抽2个街道（乡、镇），每个样本街道（乡、镇）抽2个居（村）委会。样本区内每个居（村）委会样本量仍为15户，样本县（县级市）内每个居（村）委会样本量仍为10户。如果有可能，对一类区也可不对区进行抽样，而直接对街道进行抽样。

根据每个必调查城市所属的区、县数，确定样本区、县数，见表1-58。（表中的数字为样本区、县数，括号中的数字为每个区、县的样本户数。）

表1-58　自我代表城市的样本量

城市	一类区	二类区	县	总样本量
北京市	4（60）	2（60）	2（40）	440
天津市	3（60）	2（60）	2（40）	380
上海市	4（60）	3（60）*	2（40）	500
广州市	3（60）	2（60）	2（40）	380
成都市**	3（60）	2（60）	2（40）	380
长沙市	2（60）	3（60）	2（40）	380
西安市**	4（45）	2（60）	2（40）	380
总计	1 320	960	560	2 840

注：*其中浦东新区在商业区抽一个街道，在农业区抽一个镇。**成都、西安两市由于一类区数量较少，故对一类区进行全面调查，其中西安市每个一类区中抽1个街道，每个街道抽3个居委会，在有条件的区中每个直接抽3个居委会。

2. 海南省的抽样方法

海南省的抽样采用分层抽样。海南省包括2个地级市（海口市与三亚市）。海口市下辖3个区，三亚市不设区，也按区对待，共抽取2个样本区（市），每个样本区（市）调查90户。除此之外的7个县级市及10个县（自治县）为省直辖，从中抽取2个市县，每个样本市县调查60户。海南省总样本量为300户。

3. 西藏自治区的抽样方法

西藏自治区的抽样也采用分层抽样，其中拉萨市城关区抽4个居委会，日喀则市除城关镇外，再抽2个乡镇，共6个居（村）委会。以上两市均作为自我代表层，每层各抽取60户；其余71个县则采用按人口的πPS抽样抽2个县，每个县调查40户。西藏自治区总样本量为200户。

七、总样本量与设计抽样误差的估计

1. 总样本量

根据前述抽样设计，本方案13岁以上观众总的样本量如下：

（1）自我代表层共2 840 + 300 + 200 = 3 340（户），其中户样本为2 580户，县样本为760户。

（2）抽样总体分11个子层，55个小层，样本区县共121个，其中样本区45个，样本县（县级市）76个。每个样本区抽90个，故区样本为4 050户；每个样本县抽60户，县样本共 4 560 户，共计 8 610 户。

（3）全国总样本量为 11 950 户，其中区样本为 6 630 户，县样本为 5 320 户。

2. 设计抽样误差的估计

根据以往类似抽样调查，本方案的设计效应 deff 估计为 2.0，相当于简单随机抽样的样本量为 5 975，经计算，比例型目标量的绝对误差限 d（95% 置信度下）约为 1.27%。

八、总体目标量的估计方法

总体目标量的估计通过对样本数据的加权进行，如对总体总量的估计，通过将每个样本单元的调查结果中的相应值乘以一个“权数”，再对所有单元数据相加即得。注意：这里的“权数”与以前理论研究中“权重”的意义稍有不同，这里的权数是样本单元所代表的调查总体的单元数，以前理论研究中权重相当于这里的权数与权数总和之比。

本案例中的权数计算加权的具体步骤如下。

1. 设计权数

首先计算每个样本单元的设计权数 w_d，设计权数等于该样本单元入样概率的倒数。据前几节确定的抽样方法，每个（小）层内样本可以看作是自加权的。据此，可以分别计算自我代表城市以及抽样总体中所有样本（按每个样本区县）的设计权数，其中抽样总体中各（小）层的人口在抽样总体中所占的比例由表 1-56 给出。对特定的（小）层 h，设计权数可简单地表示为

$$w_d = \frac{N_h}{n_h}$$

其中，N_h 与 n_h 分别为层中的人口数及层的设计样本量。注意：不同层的层权已在设计权数中得到反映。

2. 权数的调整

由于种种原因，需要对设计权数进行调整，根据调整内容以及可利用的统计资料，调整有的按样本区、县进行，有的按所在的省（自治区、市）进行。具体调整内容如下：

（1）按电视信号覆盖率调整。由于调查总体是电视信号覆盖区域内的人口，根据原广电总局公布的各省电视信号覆盖率 c（当时得不到更细的分区县的电视信号覆盖率数据），对各省的权数进行调整：

$$w_c = w_d \times c$$

（2）按实际有效样本量调整。抽取的样本可能出现无回答（指单元无回答）的情况，由于每个样本区、县在执行时一般皆按设计样本量增加一定比例执行，所以样本区、县实际完成的有效样本量既可能少于也可能多于设计样本量，因此需要按实际有效样本量对此进行调整。调整按每个样本区、县进行，设某个样本区县的设计样本量为 n，而有效样本量为 n_r，则该样本区、县的调整权数（对所有样本数据都相等）w_{nr}的计算公式为

$$w_{nr} = w_c \times \frac{n}{n_r}$$

（3）按城乡及年龄的事后分层的调整。一方面，调查总体为 4 岁以上的电视观众，其分为 13 岁以上年龄和少儿两种，而本次抽样设计中所用的人口资料是公安部公布的基于 1999 年年底时不分年龄的户籍统计资料；另一方面，城市与农村观众的收视行为有很大差

别，而在设计和实际调查中，又不可能做到按城乡实际人口的比例进行样本量分配，对此我们利用2000年第五次人口普查资料对权数做了事后分层的调整。由于第五次人口普查资料对大部分省在做数据处理时尚未公布分区县的资料，因此所做的调整都是按省进行的。方法是用第五次人口普查的各类人口数 N 除以抽样时的相应人口数 M，得到事后分层的调整因子，再将按实际有效样本量调整后的权数 w_{nr} 乘以事后分层的调整因子得到最终权数：

$$w_r = w_{nr} \times \frac{N}{M}$$

【**例4**】河北省4个样本区、县的设计权数的计算与权数的调整

河北省有4个样本区、县，设计样本量及实际完成样本量等数值，见表1-59。

表1-59　河北省4个样本区、县样本权数的计算与调整

样本区、县名称	设计样本量	设计权数	经覆盖率调整的权数	设计有效样本量	经有效样本量调整后的权数
石家庄长安区	90	59 833	48 842	86	51 970
任丘市	60	179 944	146 890	59	151 881
任县	60	292 556	238 816	56	260 158
献县	60	292 556	238 816	59	246 930

首先计算设计权数 w_d，将 w_d 乘以河北省电视台信号覆盖率 c（c 为）$=81.63\%$，即得根据电视信号覆盖率调整的权数 w_c，再按实际有效样本量调整后得权数 w_{nr}。

由于样本中城乡比例不一定均衡，故上面所得到的权数还需对城乡进行事后分层调整。当时河北省的城镇人口为17 560 097，乡村人口为49 124 322；折算成电视观众人口分别为14 334 307与40 100 184，而实际城镇与农村的有效样本量分别为141与119。因而事后分层调整的城镇权数为14 334 307/141 = 101 662，事后分层调整的乡村权数为40 100 184/119 = 336 976。

此处在处理时做了简化，将不同样本区、县的城乡事后分层调整因子取为相同的值。实际处理时，若有更详细的资料可供利用，事后分层调整就可以做得更加细致。

3. 总体目标量的估计

利用所有的最终权数，即可得到总体各种类型目标量的估计。具体公式如下：

（1）总体单元总数（如电视观众人数）N 的估计：

$$\hat{N} = \sum_{i \in S_r} w_i$$

其中，i 是样本中回答单元的编号，w_i 是它的最终权数，S_r 是由所有回答单元组成的集合。

（2）总体某个指标总量 Y 的估计：

$$\hat{Y} = \sum_{i \in S_r} w_i y_i$$

其中 y_i 是回答单元的样本观测值。

（3）总体中具有某种特定特征单元的比例 P 的估计：

$$\hat{P} = \frac{\sum_{i \in S_r \cap C} w_i}{\sum_{i \in S_r} w_i}$$

其中 C 是具有特定特征的单元集合。

（4）总体均值 $\hat{\bar{Y}}$ 的估计：

$$\hat{\bar{Y}} = \frac{\sum_{i \in S_r} w_i y_i}{\sum_{i \in S_r} w_i}$$

上述公式适用于任何指定的子总体（指定的域）的目标量估计，只要选择适当的 S_r，即可确定汇总求和的范围。

九、讨论

（1）本案例涉及的是一项全国性的媒体受众抽样调查，其抽样设计的思想及基本方法对其他全国性抽样调查项目有参考意义。

首先，以区、县作为第一阶段抽样单元比较适合全国性（某种程度也适合省或地区）调查。因为区、县数量足够大，能够保证第一阶段抽样的样本量，以控制抽样误差。本次调查的抽样以精确估计全国目标量为重点，并不要求估计省级目标量，如果采用省为第一阶段抽样单元，则因省级样本量有限，即使其后抽样量再多，抽样误差也会很大。

其次，案例对第一阶段抽样单元（区、县）进行了非常仔细合理分层，这对提高估计精度是十分必要的。仔细合理分层是提高抽样设计精度的重要手段。在多阶抽样中的前几阶抽样，只要有条件，应尽可能采用分层技术。另外，本案例根据主持单位要求，对自我代表层的设立、城乡区分等具体问题都做了妥善的处理。

（2）本案例对总体目标量的估计是通过对每个样本数据的加权方法进行的，这正是许多项目中所做的。加权方法的步骤是：先计算每个样本单元的设计权数，然后将设计权数根据完成的有效样本量进行调整，必要时还要进行事后分层调整，例如对城乡、性别的事后分层调整等。本案例所用的数据方法对很多项目是有参照意义的。

（3）本案例使用的加权方法对总体目标量估计十分方便，可以不考虑单元的分层情况，只要方案设计者根据设计提供每个样本单元的权数表即可，但对方差估计就没有如此简单。因为方差估计量不是线性估计量，故不能简单通过加权方法对所有样本数据统一操作。

案例 14　我国能源消费总量的影响因素分析和趋势预测

制作人：王庚；

适用课程：统计学，统计模型与统计实验；

使用说明：可作为教与学的一个案例。

一、问题

2011 年我国 GDP 总量首次超过日本成为世界第二大经济体，2015 年我国 GDP 总量更是达到676 708亿元，比2014年增长了6.9%。但我国经济的增长是建立在大量能源消费的基础上的，我国能源消费已占到全球能源消费总量的20%以上，并且超过了美国。当前我国正面临着既要发展又要合理地降低能源消耗的挑战，因此本案例选择我国能源消费来研究。我们的问题是我国能源消费状况健康吗？主要影响我国能源消费的因素是什么及其影响程度如何？“十三五”期间我国能源消费的趋势如何？本案例首先从能源消费构成的角度对影响我国能源消费问题因素的灰色关联度进行分析，其次应用灰色GM（1，1）模型对以后五年我国能源和煤炭消费总量做预测分析。

二、我国能源消费总量影响因素的灰色关联度分析

影响我国能源消费总量的因素较多，因此本案例使用灰色关联度分析模型实证分析相关影响因素对我国能源消费总量的影响大小和次序，从而为制定我国能源消费对策提供依据。

（一）灰色关联度分析

灰色关联度分析是灰色系统理论的主要内容之一，是灰色系统分析、预测和决策的基石。它根据灰色系统中系统主行为因子与相关行为因子的关系密切程度分析，判断引起该系统发展的主要因素和次要因素。其基本思想是：根据各相关因素的时间序列曲线的几何相似程度，来判断因素间关系是否紧密。曲线几何形状越接近，相应序列间的关联度就越大；反之，相应序列间的关联度就越小。

灰色关联度分析的步骤如下：

（1）确定参考序列 Y_0 和各比较序列 Y_i；

（2）将参考序列 Y_0 和各比较序列 Y_i 的原始数据做初始化处理，消除量纲，使各因素之间具有可比性；

（3）计算参考序列和比较序列之间的关联系数：$\gamma\,[Y_0(k),\ Y_i(k)]=\dfrac{\Delta_{\min}+\rho\cdot\Delta_{\max}}{\Delta_{0i}(k)+\rho\cdot\Delta_{\max}}$，其中 ρ 为分辨系数，通常取值为0.5；

（4）计算比较序列与参考序列的关联度：$\gamma(Y_0,Y_i)=\dfrac{1}{n}\sum_{k=1}^{n}\gamma[Y_0(k),Y_i(k)]$；

（5）将 $\gamma(Y_0,\ Y_i)$ 从大到小排序即得比较序列 Y_i 对参考序列 Y_0 影响大小的排序。

（二）指标的选取

我国能源消费的构成包括煤炭、石油、天然气、电力（水电、核电、风电），本案例选择各类能源消费总量作为指标并讨论其关联性。

（三）我国能源消费总量影响因素的灰色关联度实证分析

基于前述选取的量化分析指标，本案例从国家统计局年度数据《1996—2014年能源消费总量和构成公报》选取了上述指标2007—2014年的数据，见表1-60。

表1-60　2007—2014年能源消费总量和构成数据　单位：万吨标准煤

指标名称	2007年	2008年	2009年	2010年	2011年	2012年	2013年	2014年
Y	311 442	320 611	336 126	360 648	387 043	402 138	416 913	426 000
X_1	225 795	229 237	240 666	249 568	271 704	275 465	280 999	281 160

续表

指标名称	2007 年	2008 年	2009 年	2010 年	2011 年	2012 年	2013 年	2014 年
X_2	52 945	53 542	55 125	62 753	65 023	68 363	71 292	72 846
X_3	9 343	10 901	11 764	14 426	117 804	119 303	22 096	24 282
X_4	23 358	26 931	28 571	33 901	32 512	39 007	42 525	47 712

注：Y、X_1、X_2、X_3、X_4 分别表示能源消费总量、煤炭消费总量、石油消费总量、天然气消费总量和电力（水电、核电、风电）总量（单位：万吨标准煤）。

数据来源：国家统计局年度数据《1996—2014 年能源消费总量和构成公报》。

针对 2007—2014 年能源消费总量和构成数据（见表 1-60），使用灰色建模系统（Ⅳ 版）做灰色关联度分析，分析结果如图 1-48 和表 1-61 所示。

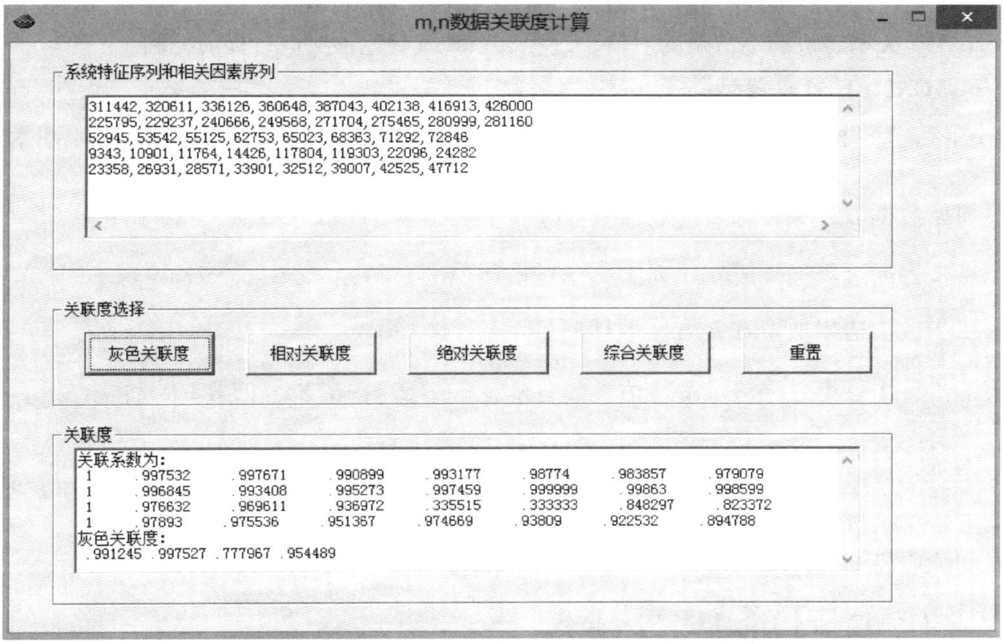

图 1-48　灰色建模系统分析结果

表 1-61　各影响因素与我国能源消费总量的灰色关联度

变量	指标	灰色关联度	变量	指标	灰色关联度
X_1	煤炭消费总量	0. 839 55	X_3	天然气消费总量	0. 557 80
X_2	石油消费总量	0. 762 02	X_4	水电、核电、风电消费总量	0. 672 17

结论分析：通过对我国能源消费总量与煤炭消费总量、石油消费总量、天然气消费总量和电力（水电、核电、风电）消费总量的灰色关联度分析，可得到两点结论：

（1）煤炭消费总量和石油消费总量与我国能源消费总量的关联度最高，关联度值分别为 0. 839 55、0. 762 02，这说明煤炭消费总量对我国能源消费总量的影响最大，推动作用最明显。水电、核电、风电消费总量与我国能源消费总量的关联度值为 0. 672 17，对中国能源消费总量同样具有较大的推动作用。天然气消费总量对我国能源消费总量的推动作用最小。

（2）天然气消费总量与我国能源消费总量的关联度值为0.557 80，关联程度不够高。在发达国家的能源消费结构中，天然气消费总量与能源消费总量的关联度排在前三位，而且核能和再生能源消费占到4%～8%，因此我国能源消费结构改善有赖于加快天然气、核能和再生能源的利用。

总的来说，我国能源消费对石油和煤炭的依存度仍然偏高，需要加快对天然气、核能和再生能源的利用。

三、我国能源消费总量和煤炭消费总量变动的预测

鉴于我国能源消费总量和煤炭消费总量变动所涉及的系统为灰色系统，而且影响因素众多，本案例利用灰色预测模型GM（1，1）做预测。对杂乱无章的数据序列进行整理、生成，将空缺的数据通过计算加以补充，用整理、生成过的数据序列建立模型并通过它进行决策和预测，将结构、关系、机制不清楚的对象、过程、系统做灰色预测进行提前控制。

（一）GM（1，1）模型

GM（1，1）模型是指1阶方程1个变量的灰色模型，GM（1，1）模型的基本步骤如下：

设原始数据数列$X^{(0)}$有n个观察值，即$X^{(0)}=\{X^{(0)}(1),\cdots,X^{(0)}(n)\}$；

第一步，通过累加生成新序列$X^{(1)}(k)=\sum_{m=1}^{k}X^{(0)}(m),X^{(0)}=\{X^{(0)}(1),\cdots,X^{(0)}(n)\}$；

第二步，构造累加矩阵B和常数项向量Y_n；

第三步，用最小二乘法求解待估参数向量$\hat{\boldsymbol{\alpha}}=(\boldsymbol{B}^{\mathrm{T}}\boldsymbol{B})^{-1}\boldsymbol{B}^{\mathrm{T}}\boldsymbol{Y}_n$，即$\hat{\boldsymbol{\alpha}}=\begin{pmatrix}a\\b\end{pmatrix}$；

第四步，将灰参数代入得白化微分方程$\frac{\mathrm{d}X^{(1)}}{\mathrm{d}t}+aX^{(1)}=b$；

第五步，求解白化微分方程得时间响应和预测模型：

时间响应模型：

$$\begin{cases}\hat{X}^{(1)}(k+1)=\left(X^{(0)}(1)-\frac{b}{a}\right)\mathrm{e}^{-ak}+\frac{b}{a}\\X^{(0)}(1)=X_0,\ \frac{b}{a}=k_0\end{cases}\quad(k=0,1,2,\cdots,n)$$

于是，预测模型为$\hat{X}^{(1)}(k+1)=(X_0-k_0)\mathrm{e}^{-ak}+k_0$；

第六步，模型的检验与预测。

残差检验见表1-62。

表1-62　GM（1，1）模型残差检验

实际数据	拟合值	残差	相对误差
$X^{(0)}(k)$，$k=1,2,\cdots,n$	$\hat{X}^{(0)}(k)$，$k=1,2,\cdots,n$	$\varepsilon(k)=X^{(0)}(k)-\hat{X}^{(0)}(k)$，$k=1,2,\cdots,n$	$\Delta_k=\frac{\lvert\varepsilon(k)\rvert}{X^{(0)}(k)}$，$k=1,2,\cdots,n$

后验差检验：

$$C=\frac{S_2}{S_1},\ P=p\ \{|\Delta^{(0)}(i)-\overline{\Delta}^{(0)}|<0.6745S_1\},\ S_1=\sqrt{\frac{\sum[X^{(0)}(i)-\overline{X}^{(0)}]^2}{n-1}},\ S_2=\sqrt{\frac{\sum[\Delta^{(0)}(i)-\overline{\Delta}^{(0)}]^2}{n-1}}$$

由灰色系统预测理论可知，当小误差概率 $P>0.95$ 和后验比 $C<0.35$ 时，模型可靠度为一级；当小误差概率 $P>0.8$ 和后验比 $0.35<C<0.5$ 时，模型可靠度为二级；当小误差概率 $P>0.7$ 和后验比 $0.5<C<0.65$ 时，模型可靠度为三级。因此模型均有较好的预测精度可以用于预测。

（二）我国能源消费总量和煤炭消费总量的预测

如果根据 1996—2014 年我国能源消费总量，使用 GM（1，1）模型预测 2015—2019 年我国能源消费总量，可得 502 615. 2、540 326. 8、580 868、624 451、671 304，我国能源消费总量将持续快速大幅上升，这显然与近五年来中国发展战略不符。能源消费太高，这是由中国改革开放以来粗放型的经济发展模式导致的。我国“十二五”（2011—2015 年）以来经济步入新常态，经济增长出现减速换挡的情况，这一时期能源消费出现新的变化，因此依据 2011—2014 年我国能源消费总量和煤炭消费量数据来预测会更科学。下面使用 GM（1，1）模型预测 2015—2019 年我国能源消费总量和煤炭消费量。

设原始数列 $X^{(0)}$ 分别为我国能源消费总量和煤炭消费总量，见表 1-63。

表 1-63　我国能源消费总量和煤炭消费总量　　单位：万吨标准煤

指标	2011	2012	2013	2014
能源消费总量	387 043	402 138	416 913	426 000
煤炭消费总量	271 704	275 465	280 999	280 060

数据来源：国家统计局年度数据《1996—2014 年能源消费总量和构成公报》。

分别运用 DPS 做灰色预测分析［GM（1，1）模型］，结果如下：

1. 我国能源消费总量预测

模型参数：

$a=-0.028\,681$，$b=386\,290.001\,463$

$x\ (k+1)\ =13\,855\,685.27e^{0.028\,681k}-13\,468\,642.27$

对当前模型的评价：

$C=0.096\,0$ 很好

$p=1.000\,0$ 很好

未来 5 个时刻预测值：

$X\ (t+1)\ =439\,367.65$

$X\ (t+2)\ =452\,151.47$

$X\ (t+3)\ =465\,307.24$

$X\ (t+4)\ =478\,845.796$

$X\ (t+5)\ =492\,778.267$

Q_{min} = −1 006.257 03

由表1-64得出结论：2015—2019年我国能源消费总量预测值分别为439 367.65、452 151.47、465 307.24、478 845.796、492 778.267，我国能源消费总量将持续缓慢上升，此预测更客观。

表1-64　我国能源消费总量实际数据与拟合值

序号	实际数据	拟合值	残差	相对误差
X（2）	402 138	403 144.2	−1 006.257 026	−0.250 23
X（3）	416 913	414 874.1	2 038.879 82	0.489 04
X（4）	426 000	426 945.2	−945.274 772	−0.221 90

2. 我国煤炭消费总量预测

模型参数：

$a = -0.010\ 166$，$b = 272\ 207.67$

$x(k+1) = 27\ 048\ 587.37\ e^{0.010\ 166k} - 26\ 776\ 883.368$

对当前模型的评价：

$C = 0.320\ 2$ 很好

$p = 1.000\ 0$ 很好

未来5个时刻预测值：

$X(t+1) = 284\ 930.59$

$X(t+2) = 287\ 841.9$

$X(t+3) = 290\ 782.96$

$X(t+4) = 293\ 754.068$

$X(t+5) = 296\ 755.535$

$Q_{min} = -907.138\ 93$

由表1-65得出结论：2015—2019年我国煤炭消费总量预测值分别为284 930.59、287 841.9、290 782.96、293 754.068、296 755.535，我国煤炭消费总量将持续缓慢上升。

表1-65　我国煤炭消费总量实际数据与拟合值

序号	实际数据	拟合值	残差	相对误差
X（2）	275 465	276 372.1	−907.138 9	−0.329 312
X（3）	280 999	279 196.0	1 802.996	0.641 638
X（4）	281 160	282 048.7	−888.722	−0.316 091

附：能源消费总量和构成见表1-66。

表1-66　能源消费总量和构成　　单位：万吨标准煤

年份	能源消费总量	构成			
		煤炭	石油	天然气	水电、核电、风电
1978	57 145	40 401	12 972	1 829	1 943

续表

年份	能源消费总量	构成			
		煤炭	石油	天然气	水电、核电、风电
1980	60 276	43 519	12 477	1 869	2 411
1985	76 682	58 125	13 113	1 687	3 757
1990	98 704	75 212	16 385	2 073	5 034
1996	135 192	99 366	25 281	2 433	8 112
1997	135 908	97 039	27 725	2 446	8 698
1998	136 183	96 554	28 326	2 451	8 852
1999	140 569	99 242	30 222	2 811	8 294
2000	146 963	100 670	32 332	3 233	10 728
2001	155 547	105 772	32 976	3 733	13 066
2002	169 576	116 160	35 611	3 900	13 905
2003	197 083	138 352	39 614	4 533	14 584
2004	230 280	161 657	45 826	5 296	17 501
2005	261 369	189 231	46 524	6 273	19 341
2006	286 468	207 402	50 132	7 735	21 199
2007	311 441	225 795	52 945	9 343	23 358
2008	320 611	229 237	53 542	10 901	26 931
2009	336 126	240 666	55 125	11 764	28 571
2010	360 648	249 568	62 753	14 426	33 901
2011	387 043	271 704	65 023	17 804	32 512
2012	402 138	275 465	68 363	19 303	39 007
2013	416 912	280 999	71 292	22 096	42 525
2014	426 000	281 160	72 846	24 282	47 712

案例 15　江苏人口发展指标的综合预测研究

制作人：王庚；
适用课程：统计学，统计模型与统计实验；
使用说明：可作为教与学的一个案例。

一、问题提出

江苏既是一个经济大省，又是一个人口大省。近年来，江苏人口的多项指标在全国位居前三，作为全国的先行区，江苏人口发展的足迹就是全国人口发展的缩影。江苏省统计局从2000 年起在《江苏省统计年鉴》里设置了一个新统计栏目“从数字看江苏”，其中“江苏的人口”，以微观的视角从八个方面［年末人口、从业人员（在岗职工人数）、出生人口、死亡人口、结婚人数、离婚人数、人口密度、人口平均期望寿命］统计了江苏省人口的发展状况（表1-67），主要反映了江苏省人口的数量增长、健康素质、结构分布，可以说是江苏省人口发展的简化统计指标体系（系统）。那么，从业人员（在岗职工人数）、出生人口、死亡人口、结婚人数、离婚人数、人口密度、人口平均期望寿命因素对年末人口有怎样的影响？将江苏省人口发展的简化统计指标体系作为一个灰色系统，其会有怎样的变化？未来三年江苏省人口将会有怎样的发展？

表 1-67　江苏省人口发展的简化统计指标体系

指标	2000 年	2001 年	2002 年	2003 年	2004 年	2005 年	2006 年	2007 年	2008 年	单位
年末人口	7 327.2	7 354.92	7 381	7 405.82	7 432.5	7 474.50	7 549.50	7 624.50	7 676.5	万人
从业人员	3 504.9	3 519.11	4 458	4 468.67	4 482.5	4 510.12	4 564.76	4 618.14	4 648.89	万人
在岗职工人数	673.25	625.83	590.32	579.1	575.08	602.93	645.71	667.27	668.29	万人
出生人口	66.01	66.28	67.56	66.83	70.11	68.84	70.31	71.08	71.44	万人
死亡人口	47.4	48.6	51.5	51.98	53.42	52.40	53.18	53.64	53.86	万人
结婚人数	49.81	45.1	48.14	46.15	51.54	47.20	59.23	57.14	62.47	万对
离婚人数	5.59	6.02	6.96	13.99	11.74	12.38	13.80	16.04	13.55	万对
人口密度	714	717	719	722	724	729	736	743	748	人/平方千米
人口平均期望寿命	72.66	74.13	74.13	74.13	74.13	74.13	75.32	75.32	75.32	岁

本案例利用灰色系统理论与方法来研究，首先应用灰色关联度理论分析了年末人口数量与包括在岗人口的八项指标之间的关联程度，其次选用关联度最高的四个指标做灰色系统分析，最后针对江苏省人口发展的简化统计指标体系选用多指标预测，用灰色系统 GM（1，1）模型来预测 2009—2011 年江苏省人口发展状况（年末人口与八项指标），结合 2009 年部分人口数据和残差 GM（1，1）模型修正获得了很好的预测效果，可作为江苏省人口发展指标的综合预测模型。

二、灰色关联度分析

考虑到江苏省年末人口数量所涉及的系统为灰色系统，影响年末人口数量的因素错综复杂，这里仅选用从业人员（在岗职工人数）、出生人口、死亡人口、结婚人数、离婚人数、人口密度、人口平均期望寿命因素。本案例使用灰色关联度模型实证分析众多影响因素对江苏省年末人口数量的影响大小次序。

（一）灰色关联度分析理论模型

灰色关联度分析的计算步骤如下：

（1）确定参考序列 Y 和各比较序列 X_i；

（2）将参考序列 Y 和各比较序列 X_i 的原始数据做初始化处理，消除量纲，使各因素之间具有可比性；

（3）计算参考序列和比较序列之间的关联系数：

$\gamma\ [Y\ (k),\ X_i\ (k)] = \dfrac{\Delta_{\min} + \rho \cdot \Delta_{\max}}{\Delta_{0i}\ (k) + \rho \cdot \Delta_{\max}}$，其中 ρ 为分辨系数，通常取值为 0.5；

（4）计算比较序列与参考序列的关联度：$\gamma(Y, X_i) = \dfrac{1}{n}\sum_{k=1}^{n}\gamma[Y(k), X_i(k)]$；

（5）将 $\gamma\ (Y,\ X_i)$ 从大到小排序即得比较序列 X_i 对参考序列 Y 的影响大小次序。

（二）影响江苏省年末人口数量因素的灰色关联度实证分析

基于前述选取的量化分析指标，本案例从《江苏省统计年鉴》选取了上述指标 2000—2008 年的数据，使用 DPS 软件进行了灰色关联度实证分析，分析结果见表 1-68。

表 1-68　各影响因素对年末人口数量的灰色关联度

变量	指标	灰色关联度	变量	指标	灰色关联度
X_1	从业人员	0.656 67	X_5	结婚人数	0.776 81
X_2	在岗职工人数	0.672 00	X_6	离婚人数	0.763 67
X_3	出生人口	0.832 14	X_7	人口密度	0.984 05
X_4	死亡人口	0.704 09	X_8	人口平均期望寿命	0.759 31

根据表 1-69 可知，上述八个影响因素对年末人口数量的影响大小次序为 $X_7 > X_3 > X_5 > X_6 > X_8 > X_4 > X_2 > X_1$，其中人口密度和出生人口因素对年末人口数量的影响较大，均超过了 0.8，而从业人员、在岗职工人数的影响系数相对较小，分别为 0.656 67 和 0.672 00。

三、灰色系统分析

将江苏省人口发展的简化统计指标体系作为一个灰色系统，其会有怎样的变化？在灰色系统理论和方法中，灰色系统模型有动态模型与静态模型之分，即 GM（1，h）模型和 GM（0，h）模型。当研究的是系统的动态发展趋势而不是系统内部的静态关系时，就必须选择 GM（1，h）模型。这里的系统预测是一种综合预测，即先用不同模型表示变量之间的关系，得到一组模型，然后进一步采用模型来表示诸模型组之间的关系，得到一个复合模型来进行预测。这里选用 GM（1，N），因 GM（1，N）预测数据量要求不能太大，故取 GM（1，4），其中系统特征数据序列 Y 为年末人口数量，而相关因素选 X_3、X_5、X_6、X_7，构建 GM（1，4）模型进行系统预测与分析，应用 DPS 软件可得：

（1）系数向量：$a = 2.000\ 31$，$b_3 = 2.546\ 32$，$b_5 = -1.74\ 200$，$b_6 = 20.784\ 52$，$b_7 = -4.067\ 31$。

（2）系统动态环节及其传递函数：

$$\frac{Y}{X_3} = \frac{1.273}{1 + 0.499\ 9s},\quad \frac{Y}{X_5} = \frac{-0.870\ 9}{1 + 0.499\ 9s},\quad \frac{Y}{X_6} = \frac{10.390\ 7}{1 + 0.499\ 9s},\quad \frac{Y}{X_7} = \frac{-2.033\ 3}{1 + 0.499\ 9s}$$

（3）GM（1，4）灰色微分方程 $x_1^{(0)}(k) + az_1^{(1)}(k) = \sum_{i=2}^{N} b_i x_i^{(1)}(k)$ 的白化方程为 $\dfrac{dx_1^{(1)}}{dt} +$

$ax_1^{(1)} = \sum_{i=2}^{N} b_i x_i^{(1)}$，近似时间响应式为 $\hat{x}_1^{(1)}(t+1) = (7\,327.240\,00+\bar{x})\,e^{-2t} - \bar{x}$，其中 $\bar{x} = -1.272\,97\,x_3^{(1)}(t+1) + 0.870\,86\,x_5^{(1)}(t+1) - 10.390\,66\,x_6^{(1)}(t+1) - 2.033\,34x_7^{(1)}(t+1)$。

由此可得：

	$\hat{x}_1(i)$		IAGO 还原
$\hat{x}_1(1)$	7 327.240 00	……	7 327.240 00
$\hat{x}_1(2)$	13 687.515 82	……	14 682.160 00
$\hat{x}_1(3)$	21 792.591 30	……	22 063.130 00
$\hat{x}_1(4)$	29 412.788 89	……	29 468.950 00
$\hat{x}_1(5)$	36 887.596 51	……	36 901.450 00
$\hat{x}_1(6)$	44 375.807 36	……	44 375.950 00
$\hat{x}_1(7)$	51 927.267 41	……	51 925.450 00
$\hat{x}_1(8)$	59 548.921 14	……	59 549.950 00
$\hat{x}_1(9)$	67 224.783 10	……	67 226.450 00

（4）模拟值及残差分析：

序号	模拟值	原始数据	残差	相对误差%
2001	6 360.275 82	7 354.920 00	994.644 18	13.523 52
2002	8 105.075 48	7 380.970 00	−724.105 48	−9.810 44
2003	7 620.197 60	7 405.820 00	−214.377 60	−2.894 72
2004	7 474.807 62	7 432.500 00	−42.307 62	−0.569 22
2005	7 488.210 85	7 474.500 00	−13.710 85	−0.183 44
2006	7 551.460 04	7 549.500 00	−1.960 04	−0.025 96
2007	7 621.653 73	7 624.500 00	2.846 27	0.037 33
2008	7 675.861 96	7 676.500 00	0.638 04	0.008 31

四、灰色预测模型 GM（1，1）

针对江苏省人口发展的简化统计指标体系选用多指标预测，用灰色系统 GM（1，1）模型来预测 2009—2011 年江苏省人口发展状况（年末人口数量与七项指标），结合残差修正获得了很好的预测效果，可作为江苏省人口发展指标的综合预测模型。

1. GM（1，1）模型预测步骤

（1）作 1—AGO 生成 $x^{(1)}(k) = \sum_{m=1}^{k} x^{(0)}(m)$，生成数列 $x^{(1)}$。

设原始数列为 $x^{(0)} = [x^{(0)}(2000), \cdots, x^{(0)}(2008)]$，为了方便书写，记为 $x^{(0)}(t) = [x^{(0)}(1), \cdots, x^{(0)}(9)]$

用如下公式生成 AGO 数列：

$x^{(1)} = [x^{(1)}(1), \cdots, x^{(1)}(9)]$

$= [x^{(0)}(1), x^{(0)}(1)+x^{(0)}(2), \cdots, x^{(0)}(1)+\cdots+x^{(0)}(9)]$

（2）确定数据矩阵 $\boldsymbol{B}$，$\boldsymbol{Y}_N$：

令
$$\boldsymbol{B}=\begin{bmatrix} -\frac{1}{2}[x^{(1)}(1)+x^{(1)}(2)] & 1 \\ \cdots & \cdots \\ -\frac{1}{2}[x^{(1)}(8)+x^{(1)}(9)] & 1 \end{bmatrix}, \quad \boldsymbol{Y}_n=\begin{pmatrix} x^{(1)}(2) \\ \cdots \\ x^{(1)}(9) \end{pmatrix}$$

（3）求参数列：

$$\hat{\boldsymbol{a}}=\begin{pmatrix} a \\ u \end{pmatrix}=\begin{pmatrix} a_0 \\ u_0 \end{pmatrix}$$

$$\hat{\boldsymbol{a}}=(\boldsymbol{B}^{\mathrm{T}}\boldsymbol{B})^{-1}\boldsymbol{B}^{\mathrm{T}}\boldsymbol{Y}_N$$

（4）确定模型：

白化微分方程：
$$\frac{\mathrm{d}x^{(1)}}{\mathrm{d}t}+ax^{(1)}=u$$

时间响应：
$$\begin{cases} \hat{x}^{(1)}(k+1)=\left[x^{(0)}(1)-\frac{u}{a}\right]\mathrm{e}^{-ak}+\frac{u}{a}, \\ x^{(0)}(1)=k_0,\ \frac{u}{a}=\frac{u_0}{a_0} \end{cases}$$

于是，$\hat{x}^{(1)}(k+1)=\left(k_0-\frac{u_0}{a_0}\right)\mathrm{e}^{-ak}+\frac{u_0}{a_0}$。

这里便得到 x_1 的预测值，然后确定 $k=1, 2, \cdots, n$ 时 $\hat{x}^{(1)}(2)$，$\hat{x}^{(1)}(3)$，…，$\hat{x}^{(1)}(n)$ 的还原数列 $\hat{x}^{(0)}(k)=\hat{x}^{(1)}(k)-\hat{x}^{(1)}(k-1)\quad k=1, 2, \cdots, n$。

（5）精度检验：灰色预测检验一般有残差检验、关联度检验和后验差检验，可以修正模型。

误差　　　　　　　　　　　　误差百分数

$q(k)-[x^{(0)}(k)-\hat{x}^{(0)}(k)]$　　　　$e=\frac{q(k)}{x^{(0)}(k)}\times 100\%$

平均相对误差 $Q_{\min}=\frac{1}{5}\sum_{k=2}^{6}e(k)=-0.734\ 17$

残差检验由如下公式得到模型的计算值 $\hat{x}^{(0)}(t)$，并与实际值 $x^{(0)}(t)$ 进行比较，计算相对残差、平均残差和精度。

$\hat{x}^{(0)}(t)=\hat{x}^{(1)}(t)-\hat{x}^{(1)}(t-1)$

残差：$r(t)=x^{(0)}(t)-\hat{x}^{(0)}(t)$

相对残差：$e(t)=\frac{r(t)}{x^{(0)}(t)}\times 100\%$

平均残差：$\bar{e}=\frac{1}{n}\sum_{t=1}^{n}|e(t)|$

精度：$C=\frac{S_2}{S_1}$，$P=p\{|\Delta^{(0)}(i)-\bar{\Delta}^{(0)}|<0.674\ 5S_1\}$

$$S_1 = \sqrt{\frac{\sum [X^{(0)}(i) - \overline{X}^{(0)}]^2}{n-1}}, S_2 = \sqrt{\frac{\sum [\Delta^{(0)}(i) - \overline{\Delta}^{(0)}]^2}{n-1}}。$$

由灰色系统预测理论可知，平均残差要求越小越好，最好接近 0。当小误差概率 $p>0.95$ 和后验比 $C<0.35$ 时，模型可靠。因此模型有较好的预测精度可以用于预测。

2009—2011 年江苏省人口发展的简化统计指标体系预测存在的问题如下：

首先，样本数据不连续。从 2000—2008 年，江苏省人口的调查统计是人口短时间序列。其次，样本数据量偏小，信息量少。2000—2008 年，样本数据共有 8 组，每组各 9 个。显然，上述数据具有量小、残缺不全和不连续等特点，造成普通的时间序列建模和预测方法无法使用。但是，依据灰色预测的短序列、现时性和贫信息（难以准确界定影响因素及其影响大小）等特点，易知灰色数列预测法对江苏省人口预测较为合适。而且将多个 GM（1，1）预测模型结合使用，可提高预测的准确性与可信度。

2. 预测结果

分别就 9 项（8 项指标加上在岗职工人数）各运用 DPS 软件，并同时连续做两次残差序列模型进行修正，这样便得到 3 次预测，若有 2009 年江苏省人口数据的分项，再结合已公布的 2009 年江苏省人口数据选择最接近；若无 2009 年江苏省人口数据的分项，则选 DPS 的最好结果。[以上述步骤为理论依据，使用 DPS 数据分析软件，可以得到每一个指标未来三年的预测函数及其值（各表中均省略了模型继续优化的过程）]。所得如下：

（1）年末人口预测结果见表 1-69。

表 1-69　年末人口预测

模型参数
$a=-0.006\,283$，$b=7\,254.733\,846$ $x(t+1)=1\,161\,944.775\,319\ e^{0.006\,283t}-1\,154\,617.575\,319$
对当前模型的评价
$C=0.203\,2$ 很好，$p=1.000\,0$ 很好
未来 3 个时刻预测值： $X(t+1)=7\,701.301\,12$ $X(t+2)=7\,749.842\,54$ $X(t+3)=7\,798.689\,93$
总残差
$Q_{\min}=-42.573\,39$

（2）八项指标预测结果见表 1-70。

表 1-70　八项指标总表

从业人员	在岗职工人数（第 2 次残差 GM（1，1）分析结果）
模型参数： $a=-0.023\,616$　　$b=3\,922.861\,039$ $x(t+1)=169\,618.092\,291\ e^{0.023\,616t}-166\,113.192\,291$	模型参数： $a=0.102\,534$　　$b=45.923\,909$ $x(t+1)=-415.929\,461\ e^{-0.102\,534t}+447.891\,247$

续表

从业人员	在岗职工人数（第 2 次残差 *GM*（1，1）分析结果）
对当前模型的评价： $C=0.5629$ 一般 $p=0.7500$ 一般	对当前模型的评价： $C=0.4380$ 好 $p=1.0000$ 很好
未来 3 个时刻预测值： $X(t+1)=4\,896.188\,05$ $X(t+2)=5\,013.190\,52$ $X(t+3)=5\,132.988\,96$	未来 3 个时刻预测值： $X(t+1)=626.584\,33$ $X(t+2)=634.816\,50$ $X(t+3)=643.990\,26$
总残差： $Q_{min}=-534.193\,52$	总残差： $Q_{min}=-21.977\,19$
出生人口［第 2 次残差 GM（1，1）分析结果］	死亡人口
模型参数： $a=-0.029\,705$　　$b=0.458\,324$ $x(t+1)=15.976\,836\,e^{0.029\,705t}-15.429\,311$	模型参数： $a=-0.011\,284$　　$b=49.461\,426$ $x(t+1)=4\,430.851\,457\,e^{0.011\,284t}-4\,383.451\,457$
对当前模型的评价： $C=0.1123$ 很好 $p=1.0000$ 很好	对当前模型的评价： $C=0.3966$ 好 $p=0.8750$ 好
未来 3 个时刻预测值： $X(t+1)=72.783\,58$ $X(t+2)=73.654\,95$ $X(t+3)=74.539\,00$	未来 3 个时刻预测值： $X(t+1)=55.029\,26$ $X(t+2)=55.653\,70$ $X(t+3)=56.285\,24$
总残差： $Q_{min}=-0.133\,41$	总残差： $Q_{min}=-1.679\,41$
结婚人数［第 2 次残差 GM（1，1）分析结果］	离婚人数［第 2 次残差 GM（1，1）分析结果］
模型参数： $a=0.072\,325$　　$b=1.709\,484$ $x(t+1)=-22.362\,316\,e^{-0.072\,325t}+23.636\,093$	模型参数： $a=-0.128\,840$　　$b=0.727\,720$ $x(t+1)=8.495\,210\,e^{0.128\,840t}-5.648\,243$
对当前模型的评价： $C=0.2053$ 很好 $p=1.0000$ 很好	对当前模型的评价： $C=0.2666$ 很好 $p=1.0000$ 很好
未来 3 个时刻预测值： $X(t+1)=62.114\,52$ $X(t+2)=64.870\,12$ $X(t+3)=67.806\,88$	未来 3 个时刻预测值： $X(t+1)=20.033\,67$ $X(t+2)=23.111\,82$ $X(t+3)=26.546\,11$
总残差： $Q_{min}=-1.338\,14$	总残差： $Q_{min}=-0.761\,52$

续表

人口密度	人口平均期望寿命［第2次残差GM（1，1）分析结果］
模型参数： $a=-0.006\ 280$　$b=707.085\ 172$ $x(t+1)=113\ 305.651\ 042\ e^{0.006\ 280t}-112\ 591.651\ 042$	模型参数： $a=0.121\ 894$　$b=0.644\ 627$ $x(t+1)=-4.874\ 055\ e^{-0.121\ 894t}+5.288\ 418$
对当前模型的评价： $C=0.197\ 6$ 很好 $p=1.000\ 0$ 很好	对当前模型的评价： $C=0.273\ 9$ 很好 $p=1.000\ 0$ 很好
未来3个时刻预测值： $X(t+1)=750.586\ 56$ $X(t+2)=755.315\ 14$ $X(t+3)=760.073\ 50$	未来3个时刻预测值： $X(t+1)=75.032\ 39$ $X(t+2)=75.182\ 99$ $X(t+3)=75.342\ 13$
总残差： $Q_{min}=-3.871\ 68$	总残差： $Q_{min}=-0.227\ 84$

综上得表1-71。

表1-71　2009—2011年江苏省人口统计指标预测结果　　单位：万人

年份	年末人口	从业人员	在岗职工人数	出生人口	死亡人口	结婚人数	离婚人数	人口密度	人口平均期望寿命
2009	7 701.3	4 896.18	626.584 33	72.78	55.02	62.11	20.03	750.58	75.03
2010	7 749.8	5 013.19	634.816 50	73.65	55.65	64.87	23.11	755.31	75.18
2011	7 798.7	5 132.98	643.990 26	74.53	56.28	67.81	26.54	760.07	75.34

五、结论与建议

（1）由八个影响因素对年末人口数量的影响大小次序可知，其中人口密度和出生人口因素对年末人口数量的影响较大，影响系数均超过了0.8，若要控制人口增长，主要应加强控制人口密度、出生人口、结婚人数和离婚人数的相关工作。

（2）系统特征数据序列 Y 为年末人口数量，而相关因素选 X_3、X_5、X_6、X_7，构建GM（1，4）模型进行系统预测与分析，并求得系统动态环节及其传递函数。由于传递函数较完整地描述了系统的动态特性，故知江苏省人口仍将低速稳定增长，经济将快速持续发展。

（3）如果社会安定，政策不变，江苏省人口的数量会进一步增长，结构会进一步优化。

案例16　我国主要城市房价的面板数据聚类分析

制作人：詹鹏等；

适用课程：统计学，计量经济学，多元统计分析；

使用说明：可作为教与学的一个案例。

一、引言及问题的提出

进入 21 世纪以来，我国经历了一个非常特殊的时期。一方面，我国经济总量逐步跃升至全球第二，宏观经济发展的大好形势给我国人民带来了无尽的信心；另一方面，国内房价问题、股市问题、物价问题、贫富差距问题、食品问题、环境问题等充斥着新闻媒体，给我国的未来发展带来了隐忧。尤其是与每个人的生活都息息相关的房价问题，一直刺激着中国人的神经。据统计，截至 2011 年 9 月，100 个被统计的城市中有 19 个城市的住房销售均价高于10 000 元/平方米（图 1-49）。其中，深圳市的住房销售均价高于 25 000 元/平方米；上海和北京处于第二梯队，紧随其后。为了防止房地产泡沫变得更大甚至突然破灭，政府采取了一系列调控措施，如 2010 年 1 月推出的“国十一条”，4 月的“新国十条”，2011 年 1 月史上最严厉的“新国八条”等。那么我国房价的走势实际上体现了哪种特征呢？哪些地区或哪类城市是扰动我国房价走势的“罪魁祸首”呢？

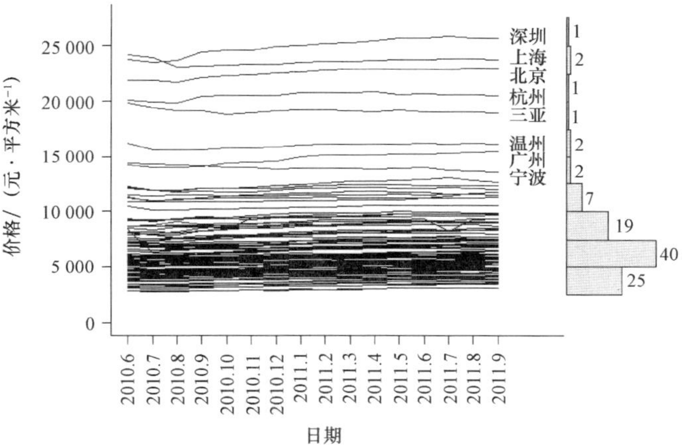

图 1-49　100 个城市房价的走势（2010. 6—2011. 9）

数据来源：“中国房地产指数系统百城价格指数”对中国 100 个城市的全样本调查数据。

关于房地产内在机理的研究，许多学者做出了贡献。沈悦、刘洪玉（2004）基于 panel data 模型对我国 14 个城市住宅价格与经济基本面的关系进行了实证研究。结果表明：14 个城市经济基本面的当前信息和历史信息都可以部分解释住宅价格水平或者变化率，而这种解释存在显著的城市影响特征。周京奎（2005）使用误差修正模型对我国 4 个直辖市住宅价格与货币政策、银行贷款之间的关系进行了分析。结果表明：住宅价格上涨与宽松的货币政策有紧密的联系，住宅价格极大地偏离长期均衡值，市场出现非理性繁荣，必须引起政府和产业部门的重视。梁云芳、高铁梅（2007）主要将误差修正模型和 panel data 模型相结合进行实证分析，研究我国房价波动的区域差异，重点讨论了政府宏观调控对各地区房价影响的差异。结果表明：信贷规模对东、西部地区影响都比较大，对中部地区影响较小；实际利率对各区域影响差异不大，且影响较小；人均 GDP 无论长期还是短期对中部地区房价影响都比较大。房价的预期变量在东部地区对房价的短期波动有较大影响。彭向、胡跃红（2006）运用聚类分析方法对 1999—2003 年的中国房地产业分年度进行了经济区划，同时运用比较分析方法对聚类分析结果进行了动态分析。研究发现，各年的房地产发展水平的区域分布结构呈现出由“头轻胸重”向均衡发展的趋势；1999—2002 年发达地区和较发达地区区间距离较小，同时欠发展区和较落后区比较接近，但这两者距离较大；到 2003 年房地产业呈总体上升趋势，但各个区域发展距离开始拉大。李勇、李汉东、王有贵（2011）在单位根检验、理想滞后阶数选择以及协整检验的基础上，选择我国土地交易价格和房屋销售价格作为研究对象，建立了 VAR（1）模型，通过 Granger 因果检验、脉冲响应函数和方差分解进行实证研究。结果表明：房价和地价之间存在长期稳定的均衡关系；地价是房价的 Granger 原因，而房价不是地价的 Granger 原因；在短期内，地价对房价的影响大于房价对地价的影响。

综合比较现有的研究，大多数学者探讨了某些宏观因素与房地产价格的关系，分析了地区之间的差异性，或者时序上的走势特征等。但较少有学者细化到“城市”层面来探讨房价问题。那么我国不同城市之间的房价走势又呈现出什么样的规律呢？实际上是哪些城市带动了近几年全国性的房价上涨呢？为此，本文根据国家统计局公布的 70 个大中城市近六年来的房地产价格指数，根据面板数据的聚类方法寻找不同城市之间房价走势的不同规律，有针对性地判断不同类别城市的未来房地产价格的走势情况。

二、单指标面板数据的聚类分析

面板数据是兼有空间和时间维度的数据，可视为由时间序列数据和界面数据组成，根据指标个数可分为单指标面板数据和多指标面板数据。目前关于面板数据的聚类分析文献比较缺乏。Bonzo D. C. （2002）基于概率链接函数将聚类过程作为一种优化问题，并运用自适应模拟退火方法对面板数据进行了聚类分析，Ren J. （2009）基于费舍尔次序集群理论和 Frobenius 准则提出了一种多变量面板数据聚类方法。国内，朱建平（2007）提出了一种针对单指标面板数据的聚类方法，不过仅仅将各时间点当作不同指标，将时间序列数据作为截面数据来处理，与传统的二维聚类没有本质区别。郑兵云（2008）根据面板数据的数据格式和数字特征重构了面板数据的距离函数，但将面板数据退化为截面数据，丢失了原始数据中重要的时间特征。李因果等（2010）针对多指标面板数据，综合考虑指标发展的绝对水平、动态水平和指标之间的协调水平，构造了新的相似性指标，并基于 Ward 法确定类间距离，提出了一种新的面板数据聚类分析的思想。本文的主要研究对象为 70 个城市历年的新建房屋价格指数，属于单指标面板数据。虽然与李因果的对象略有不同，但可借鉴其思路构造新的距离函数进行聚类分析。

1. 单指标面板数据距离的计算

单指标面板数据主要提供各时间点该指标的绝对水平、不同时间点之间数据指标的动态变化水平两方面信息，进而可根据这两方面信息构造个体之间的相似性统计量。与李因果的文献类似，本文以欧氏距离的形式给出面板数据的相似性统计量。

定义 1：个体 i 和个体 j 之间的全时绝对水平距离（absolute quantity euclidean distance），简记为 d_{ij}（$AQED$）：

$$d_{ij}(AQED) = \sqrt{\sum_{t=1}^{T} (x_{it} - x_{jt})^2}$$

定义 2：个体 i 和个体 j 之间的全时动态变化距离，即增长速度距离（increment speed euclidean distance），简记为 d_{ij}（$ISED$）：

$$d_{ij}(ISED) = \sqrt{\sum_{t=2}^{T} \left(\frac{\Delta x_{it}}{x_{i,t-1}} - \frac{\Delta x_{jt}}{x_{j,t-1}}\right)$$

其中，$\Delta x_{it}=x_{it}-x_{i,t-1}$，$\dfrac{\Delta x_{it}}{x_{i,t-1}}$衡量了两个时期之间的相对增长率水平。绝对水平距离 d_{ij}（$AQED$）刻画了个体之间在整个时期内绝对水平的远近程度，动态变化距离 d_{ij}（$ISED$）衡量了个体之间在整个时期内增加率的差异程度。绝对水平差异越大，d_{ij}（$AQED$）越大；动态变化差异越大，d_{ij}（$ISED$）也将越大。

定义 3：个体 i 和个体 j 之间的综合距离（comprehensive variation euclidean distance），简记为 d_{ij}（CED）：

$$d_{ij}(CED)=\alpha\cdot d_{ij}(AQED)+\beta\cdot d_{ij}(ISED)$$

或

$$d_{ij}(CED)=d_{ij}(AQED)^{\alpha}\cdot d_{ij}(ISED)^{\beta}$$

综合距离 d_{ij}（CED）是绝对水平差异程度和动态变化差异程度的加权组合，权重 α 和 β 可根据研究问题的实际情况主观给定或客观测定。为了使绝对水平距离和动态变化距离具有可比性，本文采用如下思路计算权重：对于所有数据，使所有绝对水平距离之间的差异与动态变化距离的差异相同或相近，具体采用 d_{ij}（$AQED$）和 d_{ij}（$ISED$）的标准差作为参考指标。即确定一组 α 和 β，使 $\alpha\cdot SD[d_{ij}(AQED)]=\beta\cdot SD[d_{ij}(ISED)]$（$i\neq j\in\{1,2,\cdots,N\}$），且 $\alpha+\beta=1$。

其中，$SD[d_{ij}(AQED)]$ 和 $SD[d_{ij}(ISED)]$ 分别表示所有绝对水平距离和动态变化距离的标准差。计算得到：

$$\alpha=\frac{SD[d_{ij}(ISED)]}{SD[d_{ij}(AQED)]+SD[d_{ij}(ISED)]}$$

$$\beta=\frac{SD[d_{ij}(AQED)]}{SD[d_{ij}(AQED)]+SD[d_{ij}(ISED)]}$$

2. 面板数据的系统聚类方法

系统聚类方法是最常用的聚类分析方法，其聚类过程取决于个体之间的距离及类间距离的定义。不同的类间距离定义会得到不同的聚类结果，实践中常用的类间距离主要有最短距离法、最长距离法、中间距离法、重心法、类平均法、可变类平均法、Ward 法等。本文采用 Ward 法作为类间距离的衡量指标。Ward 法以方差分析的思想为基础，如果分类正确，则同类个体之间的离差平方和应当较小，不同类之间的离差平方和较大。不过，Ward 法要求个体之间的距离为欧式距离，而本文所使用的距离计算公式均基于欧式距离，因此可以使用 Ward 法作为类间距离的标准。关于 Ward 法的具体说明，可参考 Richard A. Johnson 等的专著（陆璇等译，2008）。

设有 N 个个体、T 个时期的单指标面板数据，其系统聚类的步骤如下：

（1）计算个体之间的综合距离，且定义初始个体自成一类；

（2）根据类间距离公式，合并距离最小的两个类别为一类，并计算新的类间距离矩阵；

（3）重复过程（2），直到所有个体成为一类；

（4）根据以上过程画出谱系聚类树状图；

（5）根据实际问题确定分类个数及各类的个体。

三、房价走势分析和聚类结果

1. 数据来源和说明

本文数据均来自国家统计局官方网站。其中房屋销售价格指数和土地交易价格指数是2006—2010年的20个同比季度数据，新建房屋价格指数和二手房屋销售价格指数的数据区间为2006年第一季度至2012年第一季度。需要说明的是，由于2011年国家统计局没有直接公布2011年和2012年新建房屋价格指数和二手房屋价格指数的季度数据，这里采用2011年1月至2012年3月的月度数据计算得到，每个季度的同比价格指数为所包含3个月份同比价格指数的均值。

2. 70个大中城市房地产价格指数走势

图1-50是70个大中城市2006年第一季度至2010年第四季度的房屋销售价格指数均值、土地交易价格指数均值、新建房屋价格指数均值和二手房屋销售价格指数均值的走势，反映了主要房地产价格指数的整体波动情况。

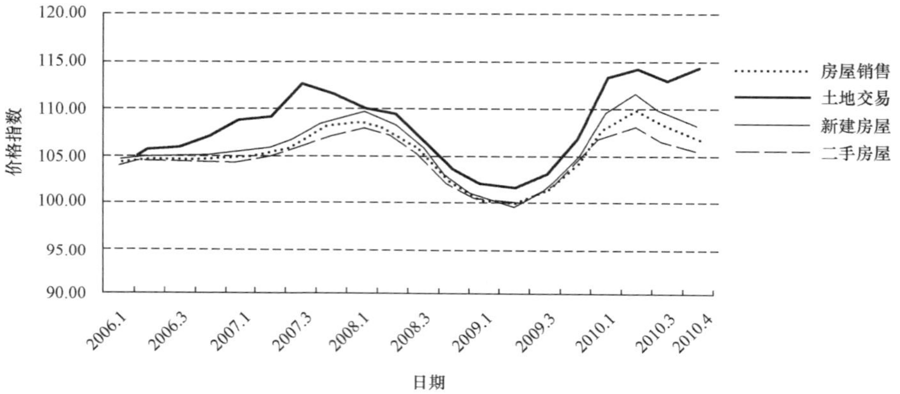

图1-50　70个大中城市主要房地产价格指数的平均走势

数据来源：国家统计局网站，并经计算得到。

回顾房价上涨的趋势，随着1998年国务院发布《关于进一步深化城镇住房制度改革加快住房建设的通知》（国发〔1998〕23号），取消了福利分房，从而实现居民住宅货币化、私有化。紧接着1999年2月，中国人民银行下发《关于开展个人消费信贷的指导意见》，“按揭买房”出现在中国的购房市场上，从此房价开始逐渐出现回暖的势头，形成上行通道。2003年先抑后扬的政策进一步推动了房价上涨，并且在2005年之后，随着流动性的泛滥，房价上涨速度逐步加快。2006年以后房价的上涨和波动异常明显。从图1-50看，2006年以来我国房地产价格指数出现了两个明显的波峰，分别位于2007年年底和2010年年初。其中新建房屋价格指数和二手房屋销售价格指数的走势基本相同，但二手房屋销售价格指数的波动弱于新建房屋价格指数。针对2007年的房价迅猛上涨，政府在2007年采取了一系列严厉的房地产措施：1月份开始清查土地增值税；3月份开始全年共计6次加息，10次上调存款准备金率；8月份发布24号文件，提出回归保障、健全廉租住房制度；9月份央行规定以家庭为单位，第2套住房贷款的首付不得低于40%，利率不得低于基准利率的1.1倍等。

在2007年严厉的房地产调控政策下，2008年房价开始回落。此时，美国次贷危机引起的全球性金融危机开始对我国经济产生影响。张宏（2009）指出，2008年金融危机对消费和投资产生的心理恐慌与负面预期，使得我国的房地产市场走势越发扑朔迷离。在诸多因素作用下，2009 年上半年房地产价格指数跌至谷底。为应对金融危机带来更大的负面影响，政府自 2008 年 9 月份开始改变原有打击房价上涨的政策方向，转而“救市”。9 月份央行降低贷款利息 0.27 个百分点，10 月份财政部发布《继续加大保障民生投入力度　切实解决低收入群众基本生活》等文件，以保障低收入人群的基本生活要求。在政府的放松政策下，2009 年年底房地产价格指数再次开始迅速上涨。刘纪学等（2010）认为，这一轮上涨除了政府放松政策以外，还源于市场上刚性购房愿望和能力、通货膨胀对需求的短期刺激、上游产品涨价的传导、城市化进程的推动因素等。2010 年房屋销售价格指数和土地交易价格指数都达到了一个新的高峰。随后，国务院陆续出台了“国十一条”“新国十条”，2011 年出台了“新国八条”，以抑制房价过快上涨。终于在 2010 年年末开始稳住房价，2011 年房屋销售价格指数趋于稳定。

3. 城市之间的差异

图 1-51 是 70 个大中城市主要房地产价格指数每季度的标准差走势，反映各季度城市之间房价变动的差异程度。显然，城市之间房地产价格的变化差异越大，标准差越大。在 2010 年中国房地产学术研讨会上，赵奉军和高波通过构建消费者均衡模型，利用全局和局部 Moran 指数，寻找我国房价波动的领先因素。结果发现：我国 35 个大中城市的房价存在显著的空间自相关，房价波动具有显著周期性，但并不存在完全同步的房价周期。根据图 1-51 所示的标准差走势，也可以发现，不同时期 70 个大中城市之间的地区差异不同。在 2007 年年底第一个房地产价格指数的波峰期间，不同城市之间的房屋销售价格指数差异（标准差衡量）较大，这个时候不同城市之间的上涨不一致。第一个波峰期间还有一个特征为二手房屋销售价格指数的标准差高于新建房屋价格指数，这个时期不同城市之间二手房屋销售价格指数的差异更加明显一些。而 2010 年第二个波峰期间，城市之间的差异更加明显，标准差出现猛涨，新建房屋价格指数的差异超过二手房屋销售价格指数，表明 2010 年以后的房价上涨尤其表现为新建房屋价格指数的上涨，而且是一部分城市带动了整体房价的上涨。

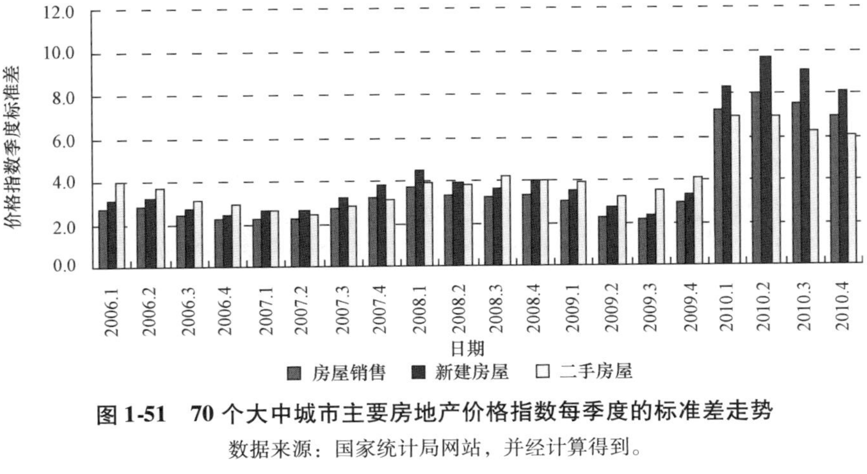

图 1-51　70 个大中城市主要房地产价格指数每季度的标准差走势

数据来源：国家统计局网站，并经计算得到。

4. 房地产价格指数与土地交易价格指数的关系

从 2006 年以来房地产价格指数与土地交易价格指数之间的相关系数可以发现，土地交易价格指数与房地产价格指数之间存在一定关系。①土地交易价格指数上升刺激了新建房屋价格指数的上升。2007 年以前，土地交易价格指数与房地产价格指数之间的相关系数很低。

而土地交易价格高涨的2007年年末，两者之间的相关系数不断攀升，尤其是新建房屋价格指数与土地交易价格指数之间的相关系数甚至达到了0.5。之后，随着国家紧缩土地政策，土地交易价格指数有所回落，其与房屋销售价格指数之间的相关性也略微减弱。②随着新建房屋价格指数持续高涨，土地交易价格指数开始对二手房屋市场产生影响。2008年前后的第一次高峰中，土地交易价格指数主要与新建房屋价格指数相关性较高。到2009年年末以后，土地交易价格指数对二手房屋销售价格的影响越来越明显，它们之间的相关性呈上升的趋势。

众多国外学者的研究以及我国的政策实践都表明，土地出让制度对于土地交易价格（地价）的影响是巨大的，我国在实行了经营性土地使用权“招拍挂”的出让方式以来，确实改善了土地资源的配置，但是“地王”频出的现实也在刷新地价上涨的速度。房价与地价具有长期稳定的均衡关系，同时两者之间的动态影响均是正向的，而且地价冲击的影响程度大于房价冲击的影响强度。其具体有两方面的原因：一方面，土地资源的稀缺性决定了土地的升值趋势，地价上涨使房地产成本增加，导致房屋销售价格上涨；另一方面，土地所有权和使用权被政府直接或间接垄断，在所研究的时段内，不少地方政府片面追求政绩，把土地供给价格拉抬得异常高，地方政府卖地卖的价格越高，财政收入就越多，GDP增长就越快，地方官员的政绩就越好（图1-52）。

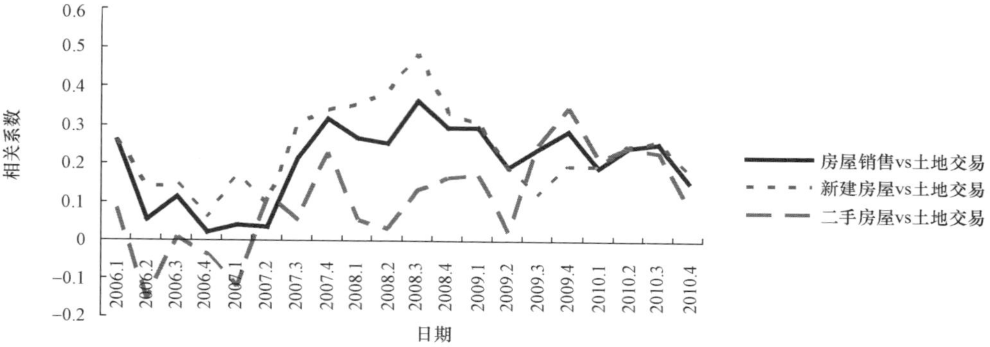

图1-52　价格指数之间的相关系数

数据来源：国家统计局网站，并经计算得到。

5. 新建房屋价格指数的聚类

根据单指标面板数据聚类分析，70个大中城市新建房屋价格指数的绝对水平距离平均值为25.823，标准差为19.307；动态变化距离的均值为0.147，标准差为0.097。按照前述方法，进一步可计算得到两个距离的权数分别为0.005和0.995。根据这两个权数计算得到70个大中城市之间的综合距离矩阵，进而进行聚类分析（表1-72），并绘制树形图（图1-53）。

表1-72　系统聚类分析的参数

指标	绝对水平距离	动态变化距离	综合距离	第一类间距离	第二类间距离	第三类间距离
最小值	4.923	0.046	0.076	0.203	0.076	0.107
最大值	112.696	0.585	1.092	0.203	0.381	0.540
均值	25.823	0.147	0.275	0.203	0.177	0.266
标准差	19.307	0.097	0.190	0.117	0.054	0.098
权数	0.005	0.995				

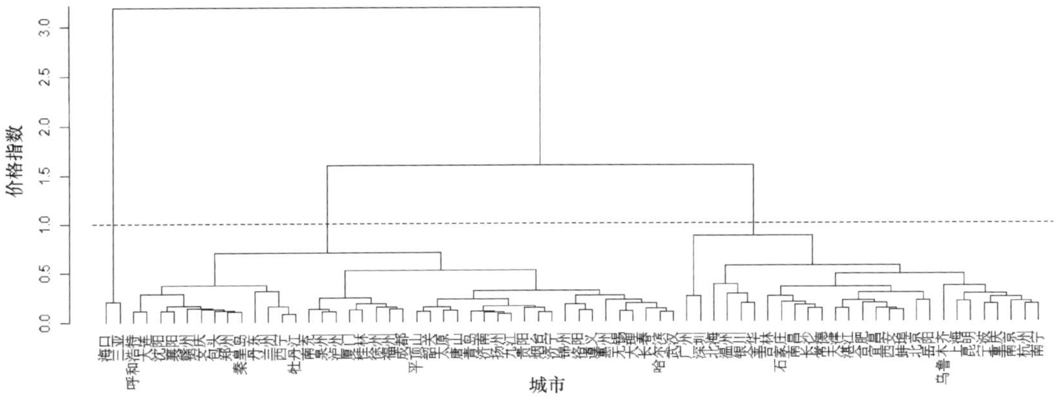

图 1-53　新建房屋价格指数的系统聚类图

根据聚类结果，可进行进一步运算和分析。表 1-73 反映了各类别房价走势的部分特征统计量。根据波动率的计算公式，当指数上升时，波动率为正；当指数下降时，波动率为负。在计算波动平均水平的时候指数的上行和下降可能会抵消，这样就可能掩盖了波动的震动幅度。所以，进一步计算了取绝对值后的波动率均值（表 1-73 第 4 行）。为方便比较 70 个大中城市各类的差异，笔者从截面角度和时间序列角度分别绘制了图形。图 1-54 反映了 70 个大中城市在横截面上的特征，图中每个点横坐标代表每个城市 25 个季度的新建房屋价格指数的均值，纵坐标为取绝对值后的动态变化率均值。每个类别用相应的数值表示，如 1 表示第一类，2 表示第二类。图 1-55 以时间为横轴，取每一类别所有城市的平均值作为参考数据，反映各类城市在时间上的走势情况。

表 1-73　三类城市的部分数据特征

指标	所有城市	第一类城市	第二类城市	第三类城市	所有城市波动率/%	第一类城市波动率/%	第二类城市波动率/%	第三类城市波动率/%
最小值	83.00	98.33	94.30	83.00	-30.60	-30.60	-7.99	-12.17
最大值	164.17	164.17	115.60	124.80	0.44	43.81	12.65	12.58
均值	105.53	113.33	104.80	106.06	0.10	0.76	0.05	0.14
绝对值的均值					1.99	5.72	1.48	2.49
标准差	5.42	19.17	3.11	5.40	3.19	11.15	2.02	3.33

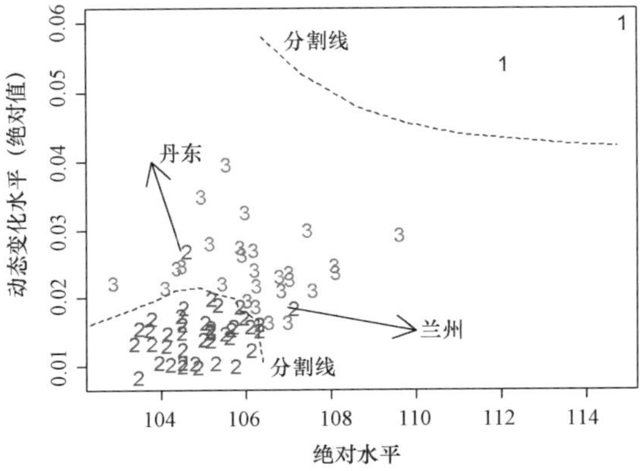

图 1-54　70 个大中城市的绝对水平均值与动态水平均值

注：①1 表示第一类城市；2 表示第二类城市；3 表示第三类城市。②左下角分割线以下全部是第二类城市的坐标，右上分割线以上全是第一类城市的坐标，两条分割线之间的区域中，除丹东和兰州以外均为第三类城市。③丹东和兰州属于第二类，但在第三类的区域中，这只是因为将数据压缩为横截面后，丢失了很多时序上的信息。

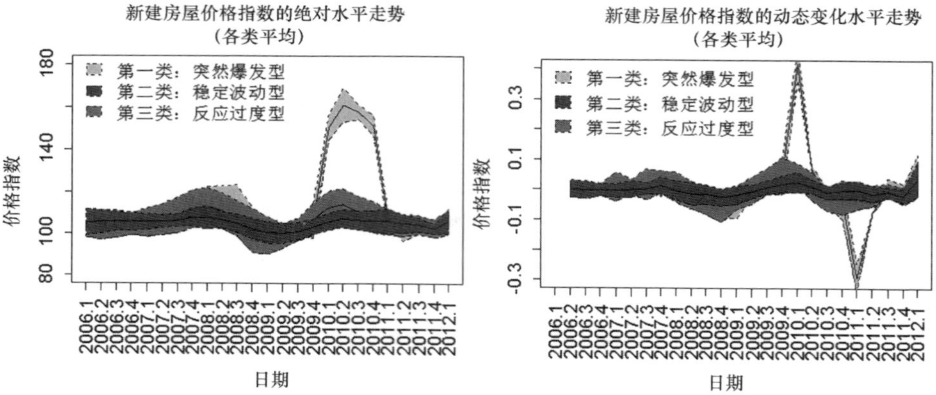

图 1-55　三个类别的绝对水平走势和动态变化水平走势

注：①以上曲线根据每一类所有城市的均值和标准差绘制；②中间水平为均值，上下界分别为 95% 区间的上界和下界，上界 = 均值 + 1.96 × 标准差，下界 = 均值 − 1.96 × 标准差；③图中横坐标为季度标签，从 2006 年第一季度至 2012 年第一季度；纵坐标分别为新建房屋价格指数的绝对水平和动态变化水平（相对增加率）。

根据表 1-73、图 1-53 ~ 图 1-55 可以发现：①第一类城市的绝对水平和动态水平均远高于另外两个类别，具体表现为 2010 年房价指数的猛涨。②第三类城市的绝对水平和动态波动水平均比第二类城市高。在取绝对值的情况下，第三类城市的波动率平均幅度是 2.49%，而第二类城市仅为 1.48%。第三类城市的指数标准差和波动率标准差也高于第二类城市。

依据以上分析，并进一步结合每个城市自身的特征，可以将 70 个大中城市分为如下三类：

第一类，突然爆发型：海口、三亚。结合图 1-53 ~ 图 1-55，可见海口和三亚的新建房屋价格指数绝对水平和相对变化率都非常高。根据走势图可知，它们在 2010 年以后出现不正常的猛涨，在 2011 年严厉的调控下有所回落。

第二类，稳定波动型：呼和浩特、大连、沈阳、襄阳、赣州、安庆、包头、郑州、秦皇岛、丹东、兰州、西宁、牡丹江、南充、泉州、泸州、厦门、桂林、徐州、福州、成都、平顶山、韶关、太原、唐山、青岛、济南、扬州、九江、贵阳、烟台、济宁、锦州、洛阳、遵义、惠州、无锡、大理、长春、哈尔滨、武汉。结合图 1-53 和图 1-54，这些城市的特征是波动平稳，指数的绝对水平接近于 100，相对变化水平也较小。根据图 1-53，其中丹东的动态变化的均值相对较高，这是因为丹东自 2006 年至 2011 年一直保持房价指数缓慢增加。

第三类，反应过度型：广州、深圳、北海、温州、银川、金华、吉林、石家庄、南昌、长沙、常德、天津、湛江、合肥、宜昌、西安、蚌埠、北京、岳阳、乌鲁木齐、上海、昆明、宁波、重庆、南京、杭州、南宁。这些城市的特征为绝对水平较高，且指数的波动幅度较大。大多数在 2008—2010 年受到一定的冲击。其后几年，西安、南京、天津的房屋销售价格指数比较平稳，而新建房屋价格指数波动较大。杭州市的土地交易价格指数波动较大，以至这里的新建房屋价格指数也有较明显的波动，但比海口、三亚、广州、深圳、乌鲁木齐稳定一些。广州的房屋销售价格指数波动不是很明显，但新建房屋价格指数波动与深圳类似，相比其他城市明显，受宏观因素的影响较大。自2007—2009年年底一直下降，2010年明显回升。2007年年底乌鲁木齐的房屋销售价格指数上升不是非常明显，但新建房屋价格指数上涨比较厉害，2008年第三季度以后基本趋于稳定。温州、银川、金华、合肥、上海、昆明等城市的新建房屋价格指数在2008—2010年有较大波动，尤其是2010年的波动相对明显。

四、主要结论

本文首先修正了李因果（2010）的方法，得到适合本文研究对象的单指标面板数据聚类分析方法。然后基于2006年第一季度至2010年第四季度70个大中城市的房屋销售价格指数、土地交易价格指数，2006年第一季度至2012年第一季度的新建房屋价格指数等数据，采用比较分析、聚类分析等方法，对主要城市的房价走势进行了详细分析，发现了不同城市之间的不同走势特征，得到如下结论：

（1）从全国整体看，土地交易价格先于房地产价格出现猛涨。从相关性上也可以发现，土地价格的上升与新建房屋价格指数上升的关系较大，可以在一定程度上认为土地交易价格变动引致了房屋价格的暴涨。其中首先影响了新建房屋价格指数，再缓慢地影响二手房交易价格指数。在政府的交替调控下，土地交易价格指数、新建房屋价格指数和二手房交易价格指数呈上下波动，2007年年末和2009年年末出现两个波峰。2010年以后缓慢回落。但考虑到房地产价格下降刚性的存在，市场上存在大量购房观望者，未来的房价走势仍然不易捉摸。

（2）从不同城市的房地产价格走势看，城市之间的价格差异逐渐拉大，2010年达到差异的顶峰。其中，不同城市之间的新建房屋价格指数差异增加非常明显，二手房价格的差异增加较小。可见，只是一部分城市的房价暴涨才带动了全国性的房价上涨。

（3）结合系统聚类和对每一类别走势的分析，“突然爆发型”的海口和三亚是推动全国房价上涨的罪魁祸首。这两个城市2010年的不正常暴涨直接导致了2010年城市之间房地产价格差异变大，并逐渐拉动其他城市房价的进一步上涨。幸运的是，2011年及时停住了暴涨的步伐，房地产价格指数回落到正常水平。但2010年土地交易价格较高，2012年第一季度仍略有上升的趋势，为未来房价的调控带来巨大压力。政府对这两个地区的房价监管不容松懈，需尤其控制好这两个地区的房地产投资规模和住房信贷规模，防止投机性房屋需求过旺。

（4）结合系统聚类分析结果，“反应过度型”城市是引起我国房地产价格普遍上涨的主因，这一类别包含了我国绝大多数的大型城市。其中尤以广州、深圳和乌鲁木齐等市反应激烈，波动更加明显，可见受外部环境或内部环境的影响较大。西安、南京、天津的新建房屋价格指数波动较大，但房屋销售价格指数相对稳定。杭州市的土地价格变动是引起房价上涨的主要原因。对此，需要完善这些大中城市的应对机制，提高城市的缓冲能力。其中尤其需要重视落实保障房建设力度，保障低收入人群的住房需求。

（5）根据以上分析还可以发现，“稳定波动型”城市受外部带动的影响较小，这一类别中二线中小城市居多。可见，近几年的房价波动主要是从大中型城市向中小城市蔓延的。

（6）从所有城市的整体趋势看，2011年房价指数稍稍有所稳定，但2012年第一季度稍有抬头的迹象。

本文关于房地产价格的分析是根据历年数据的整体趋势得到的结果，这种趋势反映了房地产市场上存在的内在压力。从趋势上看，房价剧烈波动的隐患仍然存在。随着当前政策的深入，调控将逐步完善，房价的真实上涨或下降可能没有预测得那么明显。我国政府政策的影响力度较大，及时调控政策能够在一定程度上缓冲房地产市场的波动。所以，如果综合考虑未来不可预见但很可能会有明显影响的政策因素，我国房地产市场的价格走势也算是存在平稳上涨的趋势，整体形势还算乐观。但如果单从供需和趋势上看，随着城市化进程的成熟、劳动力问题的逐步完善，我国城市需要接纳的人数将不断上升。由于一线城市房价已经非常高，二、三线城市将接纳更多从一线城市离开的购房者。这种大、中城市带动中、小城市上涨的趋势仍可能持续下去。在政府调控下，近年来房价艰难地趋于稳定。这在一定程度上要归功于政策的及时，不过也正由于政府政策影响力之大，相关部门更应提高警惕，不能放松对房地产市场的研究，并应及时做出合适的反应。

大课题实践

课题 1　看 TED 讲座，做平行研究。

课题 2　在微信中订阅狗熊会或进入以下网站学习并做案例模仿研究，http：//www. xiong99. com. cn/。

狗熊会平台有丰富的案例数据资源。这是现在统计学、应用统计学、数据科学、商业分析等众多教学项目的一个核心教与学平台。

课题 3　在微信中订阅 KPMG 大数据挖掘或进入以下网站学习并做案例模仿研究，

http：//mp. sohu. com/profile？ xpt = a3BtZ2JpZ2RhdGFAc29odS5jb20 = 。

课题 4　了解、学习、利用以下数据库，选择研究的问题。

各领域公开数据集

https：//blog. csdn. net/linqianbi/article/details/78626130

http：//www. sohu. com/a/160191124_ 99904129

中国微观数据库

http：//www. sohu. com/a/201495555_ 100000325

http：//www. 360doc. com/content/17/1029/11/39761118_ 699123755. shtml

微观调查数据

http：//3g. 163. com/dy/article/D2L05KCH0519BB99. html

http：//www. 360doc. com/content/16/0106/23/26790070_ 526033801. shtml

https：//www. douban. com/note/523964207/？ type = rec

课题 5　填写课题申报表（表 1-74）。

表 1-74　课题申报表

<table>
<tr><td>项目名称</td><td colspan="6"></td></tr>
<tr><td>项目所属
一级学科</td><td colspan="4"></td><td>项目所属
二级学科</td><td></td></tr>
<tr><td>项目类型</td><td colspan="6">（　）重点项目　　（　）一般项目　　（　）指导项目
（　）校企合作基金项目</td></tr>
<tr><td rowspan="2">项目来源</td><td>A</td><td>B</td><td>C</td><td>来源项目名称</td><td colspan="2">来源项目类别</td></tr>
<tr><td></td><td></td><td></td><td></td><td colspan="2"></td></tr>
</table>

续表

<table>
<tr><td colspan="2">项目实施时间</td><td colspan="6">起始时间：　　　年　　月　　　完成时间：　　　年　　月</td></tr>
<tr><td colspan="2">项目简介
(100 字以内)</td><td colspan="6"></td></tr>
<tr><td rowspan="6">申请人或申请团队</td><td></td><td>姓名</td><td>年级</td><td>学号</td><td>所在院系/专业</td><td>联系电话</td><td>E - mail</td></tr>
<tr><td rowspan="2">主持人</td><td></td><td></td><td></td><td></td><td></td><td></td></tr>
<tr><td></td><td></td><td></td><td></td><td></td><td></td></tr>
<tr><td rowspan="3">成员</td><td></td><td></td><td></td><td></td><td></td><td></td></tr>
<tr><td></td><td></td><td></td><td></td><td></td><td></td></tr>
<tr><td></td><td></td><td></td><td></td><td></td><td></td></tr>
<tr><td colspan="8">一、申请理由（包括自身具备的知识条件、自己的特长、兴趣、已有的实践创新成果等）</td></tr>
<tr><td colspan="8">二、项目方案
具体内容包括：
1. 项目研究背景（国内外的研究现状及研究意义、项目已有的基础，与本项目有关的研究积累和已取得的成绩、已具备的条件、尚缺少的条件及方法等）
2. 项目研究目标及主要内容
3. 项目创新特色概述
4. 项目研究技术路线
5. 研究进度安排
6. 项目组成员分工</td></tr>
<tr><td colspan="8">三、学校提供条件（包括项目开展所需的实验实训情况、配套经费、相关扶持政策等）</td></tr>
<tr><td colspan="8">四、预期成果</td></tr>
<tr><td colspan="8">五、经费预算</td></tr>
<tr><td colspan="2">总经费/元</td><td></td><td colspan="2">财政拨款/（企业资助）/元</td><td></td><td>学校拨款/元</td><td></td></tr>
<tr><td colspan="8">注：总经费、财政拨款、学校拨款按照规定的金额填写，校企合作项目企业资助金额不少于 5 000 元。</td></tr>
<tr><td colspan="8">具体包括：
1. 调研、差旅费；
2. 用于项目研发的元器件、软硬件测试、小型硬件购置费等；
3. 资料购置、打印、复印、印刷等费用；
4. 学生撰写与项目有关的论文版面费、申请专利费等</td></tr>
</table>

参考文献

[1] 王庚．大学生幸福指数一种简单算法［J］．科技资讯，2009（28）：245－246.

[2] 吴云勇．从统计学角度看幸福［J］．统计教育，2007（9）：13－14.

[3] 李焰，赵君．大学生幸福感及其影响因素的研究［J］．清华大学教育研究，2005（s1）：168－174。

[4] 张金水，张研．应用微观经济学［M］．北京：清华大学出版社，2001.

[5] 幸福是什么——幸福方程式破解［N］．广州日报，2003－02－19.

[6] 袁卫．统计学［M］．北京：中国人民大学出版社，2011.

[7] Google whitepaper，Quantifying Movie Magic with Google Search，http：//www.useit.com.cn/thread－8196－1－1.html.

[8] Miller R. Simultaneous Statistical Inference［M］. New York：Springer，1980.

[9] Benjamini Y. and Hochberg Y. Controlling the false discovery rate：a practical and powerful approach to multiple testing［J］. Journal of the Royal Statistical Society，1995（Ser. B，57）.

[10] Efron B. Local false discovery rates［M］. Division of Biostatistics，Stanford University，2005.

[11] Efron B. Size，power and false discovery rates［J］. Annals of Statistics，2007：35（4）.

[12] Efron B. and Tibshirani R. Using specially designed exponential families for density estimation［J］. Annals Stat.，1996（24）：31－61.

[13] Efron B. Large－scale simultaneous hypothesis testing：the choice of a null hypothesis［J］. Publications of the American Statistical Ass，2004（99）：96－104.

[14] 冯士雍，倪加勋，邹国华．抽样调查理论与方法［M］．北京：中国统计出版社，2012.

[15] 王维国．中国能源消费总量的影响因素研究——基于半参数趋势面板模型［J］．数学的实践与认识，2014（9）：97－107.

[16] 刘思峰，谢思明．灰色系统理论及其应用［M］．5版．北京：科学出版社，2010.

[17] 王庚．现代数学建模方法［M］．北京：科学出版社，2008.

[18] 王庚．南京市GDP的灰色预测［J］．南京财经大学学报，2005（3）：30－33.

[19] 奚潭，王庚．江苏省农村劳动力转移灰色关联分析和趋势预测［J］．南京财经大学学报，2010（1）：14－19.

[20] 国家统计局．1996—2014年能源消费总量和构成公报［J/OL］．http：//data.stats.gov.cn/tablequery.htm？code＝AD0H.

[21] 郁明华．“十二五”江苏省人口发展统计指标体系研究［J］．统计科学与实践，2010（3）：21－23.

[22] 王瑞娜，唐德善．基于改进的灰色GM（1，1）模型的人口预测［J］．统计与决策，2007（20）：93－95.

[23] 马小红，侯亚非．北京市未来50年人口变动趋势预测研究［J］．人口与发展，2004，10（2）：46－49.
[24] 郝永红，王学萌．灰色动态模型及其在人口预测中的应用［J］．数学的实践与认识，2002（5）：53－60.
[25] 黄润龙，沈勇，吴金林．近十年江苏人口的变化特征［J］．南京师范大学学报（社会科学版），2003（3）：53－60.
[26] 杨丽霞，杨桂山，苑韶峰．数学模型在人口预测中的应用——以江苏省为例［J］．长江流域资源与环境，2006，16（3）：287－291.
[27] 苏博．GM（1，*N*）灰色系统与BP神经网络方法的粮食产量预测比较研究［J］．中国农业大学学报，2006，11（4）：99－104.
[28] 江苏省统计局．2009年全省人口发展状况综述［EB/OL］．http：//www. jssb. -gov. cn/jstj/fxxx/tjfx/201 004/t20 100 423_ 111 373. htm.
[29] 沈悦、刘洪玉．住宅价格与经济基本面：基于1995—2002年中国14城市的实证研究［J］．经济研究，2004（6）：78－86.
[30] 周京奎．货币政策、银行贷款与住宅价格——对中国4个直辖市的实证研究［J］．财贸经济，2005（5）：22－27.
[31] 梁云芳，高铁梅．中国房地产价格波动区域差异的实证分析［J］．经济研究，2007（8）：133－142.
[32] 彭向，胡跃红．中国房地产经纪区划的聚类分析［J］．统计与决策，2006（4）：86－88.
[33] 李勇，李汉东，王有贵．中国房价和地价到底谁拉动谁［J］．北京师范大学学报（自然科学版），2011（5）：106－109.
[34] Bonzo D. C，Hennoeilla A. Y. Clustering panel data via perturbed adaptive simulated annealing and genetic algorithms［J］．Advances in Complex Systems，2002（4）：339－360.
[35] Ren J，Shi Sh L. Multivariable panel data ordinal clustering and its application in competitive strategy identification of appliance－wiring listed companies［C］．International Conference on Management Science & Engineering（16th），Moscow，Russia，2009：253－258.
[36] 朱建平，陈民恳．面板数据的聚类分析及其应用［J］．统计研究，2007（4）：11－14.
[37] 郑兵云．多指标面板数据的聚类分析及其应用［J］．数理统计与管理，2008（2）：265－270.
[38] 李因果，何晓群．面板数据聚类方法及应用［J］．统计研究，2010（9）：73－79.
[39] 何晓群．多元统计分析［M］．2版．北京：中国人民大学出版社，2008.
[40] Richard A. Johnson，Dean W. Wichern. 实用多元统计分析［M］．6版．陆璇，叶俊，译．北京：清华大学出版社，2008.
[41] 张宏．美国次贷危机下的中国房地产市场发展趋势［J］．合作经济与科技，2009（3）：16－17.

[42] 刘纪学，汪成豪，董纪昌，等.2010年我国房地产市场分析与预测［J］.中国科学院院刊，2010（1）：29－35.
[43] 虞晓芬，张娟锋.我国房地产健康稳定发展的若干问题——2010中国房地产学术研讨会综述［J］.经济研究，2011（2）：149－152.
[44] 乔晓刚，阮连法.浅析我国房地产业发展现状［J］.中国市场，2011（9）：6－9.

第二篇

统计咨询、统计咨询公司与案例

名人名言

他们需要从数据中找到有用的真相，然后解释给领导者。

——Richard Snee Emc

数据科学家是比计算机科学家懂更多统计学，比统计学家懂更多计算机科学的人。

——Joshua Blumenstock

数据科学家只是一个比“统计学家”更性感的称呼。

——Nate Silver

数据科学家收集数据，把数据融入易懂的形式，让数据讲故事，并且把故事讲给别人听。

——Mike Loukides，O'Reilly Media 的副总裁

从分析的角度严格、系统地思考业务问题，然后得出能够影响这些数据的解决方案。

——Michael O'Connell，TIBCO 的高级分析总监

数据科学家 = 统计学家 + 程序员 + 讲故事的人 + 艺术家。

——Shlomo Aragmon

他们一半是黑客，一半是分析师，他们用数据来做产品、提出新见解。

——Monica Rogati

第一部分　统计咨询、统计咨询公司及业务介绍

一、统计咨询

统计咨询涉及三个问题，即统计咨询是什么，为什么要研究或学习统计咨询，如何做统计咨询。

关于第一个问题即统计咨询是什么，业界并无统一定义。国家统计局官网把统计咨询归类在统计服务范畴，统计咨询栏目只用于咨询政府统计信息。

中国统计培训网对统计咨询的阐释如下：

（1）统计咨询包括统计业务诊断咨询、统计报表咨询指导、企业统计数据分析、统计业务代理。

（2）统计咨询的流程：①诊断统计业务存在的问题；②提出具有可操作性的整改方案；③协助搭建统计业务链，提升相关人员的业务素质；④指导整改方案顺利实施；⑤追踪整改后业务；⑥发现新问题。

咨询的意思是通过某些人头脑中所储备的知识经验和对各种信息资料的综合加工而进行的综合性研究开发。咨询产生智力劳动的综合效益，起着为决策者充当顾问、参谋和外脑的作用。“咨询”一词的拉丁语为“consultatio”，意为商讨、协商。在我国古代“咨”和“询”原是两个词，咨是商量，询是询问，后来逐渐形成一个复合词，具有询问、谋划、商量、磋商等意思。统计咨询作为一项参谋、服务性的社会活动，在军事、政治、经济领域中发展起来，已成为社会、经济、政治活动中辅助决策的重要手段，并逐渐形成一门应用性软科学。

1. 统计咨询的含义

统计咨询的含义非常广泛。一般情况下认为，咨询就是征求意见。领导科学中的咨询是指根据决策的不同范围和层次，决策者对于某个特定的问题向有关人士或组织寻求意见、对策和方案。而统计咨询是指统计人员和各类统计机构根据用户的咨询项目，运用科学的统计方法，进行统计信息搜集或者利用已有的统计信息资源，开展深入的综合分析与专题研究，从而为管理和科学决策提供各种合理的咨询建议或决策方案。

马夸特（Marquardt，1979）指出，合格的咨询者必须掌握统计咨询的应用方法进行收集资料和指定课题研究，并在研究分析和观点发表等活动中有积极表现。亨特（Hunter，1981）认为咨询方式有如下三种：①咨询者发挥帮助作用，咨询者以用户需要为根据进行被动服务；②在用户只提供资料的情况下，咨询者发挥主导的作用；③咨询者和用户合作，共同进行研究工作。亨特认为最好的咨询方式是第三种，成功的咨询者必须能够和用户成为合作伙伴，以用户要解决的实际问题为基础，进行符合实际的决定和判断，进一步提出合理的统计方法。

传统的企业统计咨询划分为两类：第一类是企业管理统计咨询；第二类是人力资源统计咨询。

统计咨询还可横向分为战略统计咨询（为决策提供大量的依据和参考报告、解决方案）、公司财务统计咨询、市场营销统计咨询（调查分析、营销策划）、人力资源统计咨询、管理统计咨询（制定质量改进计划、满意度调查）、管理信息化统计咨询。

2. 研究与学习统计咨询的原因

（1）统计咨询本身是一种特殊的统计应用，是一门技术（软科学），有自己的规律和特点，当然需要研究与学习。

（2）大学生特别是统计类专业大学生就业需要学习统计咨询。统计类专业大学生在校学习期间缺乏对统计应用实务的训练，故需要大力加强对统计咨询理论与方法的研究与学习。

3. 统计咨询的操作

（1）认真学习第一篇统计应用案例及分析中的大、中、小型案例，掌握统计咨询的原则。

（2）了解统计咨询公司及其业务。

（3）学习统计咨询的案例。

在做大量练习和统计咨询实务中提升自己的统计咨询能力。

统计咨询的程序一般分为五个阶段：建立共识；确认研究的问题；设定目标；确立责任分工；总结。

4. 统计咨询的原则

（1）咨询的态度应坚持实事求是，反对弄虚作假。

（2）咨询的内容应坚持把国民经济和社会发展全局的战略性、综合性问题作为重点。

（3）咨询的方式和方法应坚持定量分析与定性分析相结合，以定量分析为主的原则，保证咨询建议或方案具有科学性和可行性。

5. 统计咨询顾问所需具备的素质

一个好的统计咨询顾问在面对委托人时，除了需具备自身的统计素质外，还需具备良好的人际技巧——除需具备说、写能力外，还必须具备耐心、机智，尤其重要的是，他要能正确地了解委托人的问题所在，并协助解决。Hand 和 Everitt（1987）曾表示：一个统计咨询顾问所面对的问题有千百种，除了需面对统计资料分析问题外，还需面对因委托者本身的沟通技巧及统计专业知识所造成的问题。与缺乏统计及数理方面专业知识的委托者进行沟通是一个难题。

奥特（Ott，1982）曾列举出统计咨询顾问应具备的 12 项素质：受过良好的统计理论及应用训练；能有效地解决问题；拥有良好的书写报告及与人沟通的技巧；能接受真实世界的限制；能使用计算机及相关的软件；能得知统计结果的真实性；熟读统计的相关文件；拥有乐观的个性并能与人合作；有较强的处理问题的能力；能延伸或发展统计方法；面对新问题或改变时能很快地适应；有较好的工作效率。

二、统计咨询公司

咨询产业在纵向可以划分为三个层次，即信息咨询业、管理咨询业和战略咨询业。

信息咨询业是利用各种信息处理技术，对各类信息开展收集、加工、整理、分析、传递等活动，向客户提供解决问题的方案、策略、建议、规划或措施等信息产品的知识型产业。

它的服务领域几乎涉及社会、经济的每个方面，包括所有可能的学科范围，从政策研究到高度专业的工程服务和技术开发的调研，通过信息咨询，有利于获取新技术、最大限度地降低经营成本；有利于寻找合适的合作伙伴，进行有力的广告宣传，提高企业的竞争力，减少风险。

（一）信息咨询业发展历程

信息咨询作为营利性质的产业活动，已有 100 多年的历史。信息咨询业起源于 19 世纪 90 年代的英国，当时是以在电力、煤气等领域开展技术服务和技术咨询为表现形式。20 世纪 50 年代以来，随着科技进步和社会经济的飞速发展，信息咨询业呈现综合化和国际化的趋势。纵观信息咨询业的发展，大致经历了以下四个阶段。

1. 个体咨询阶段

18 世纪末 19 世纪初，英国经过第一次科技革命，工业兴起，城市建设速度加快，这造成了工业技术人员的匮乏，从而出现了一批由建筑专业的工程技术专家兴办的土木建筑事务所，这就是最早的个体咨询业。

2. 集体咨询阶段

20 世纪前期，由于欧美各国的工业建设与经济发展的规模不断扩大，信息咨询的范围越来越广，个体咨询已不能满足经济与社会发展的需求。于是，一些规模较大的信息咨询业纷纷兴起，高等院校、科研单位也凭借自身人才密集、知识密集的优势开展咨询活动，后来又成立了全国性的信息咨询行业协会。这种以集体咨询为特征的信息咨询业当时在欧美国家发展到很高的水平，大大提高了信息咨询的质量。

3. 综合咨询阶段

第二次世界大战结束后，科技、经济的迅速发展大大加剧了决策的难度，企业的经营迫切需要各类专家进行参谋，这个时期信息咨询业从专业咨询发展到综合咨询，尤其是 20 世纪 60 年代以后，西方发达国家出现了更高层次的综合咨询机构，咨询领域由军事、政治扩展到科技、经济、法律、环境、文化、教育及社会生活，通过综合分析，帮助客户寻求最佳决策方案。

4. 合作咨询阶段

伴随着综合咨询的出现，国际合作咨询也在兴起，两者发生的时间几乎是同步的。现代科技的发展，使一些涉及面广的经济项目很难仅靠一国的力量完成，必须跨出国界，进行国家之间的合作研究，从而将信息咨询业推进到一个新的阶段。

统计咨询业的发展大致也是如此。

（二）统计咨询公司及其业务

1. 零点研究咨询集团（零点有数）

通过上海的东方电视台的头脑风暴节目，很多人了解了零点研究咨询集团。零点研究咨询集团是我国专业研究咨询市场的早期开拓者与当前领导者之一，创立于 1992 年，是我国早期的市场研究机构之一。其业务范围为市场调查、民意测验、政策性调查和内部管理调查。

（1）公司业务。“零点调查”接受海内外企事业、政府机构和非政府机构的委托，独立完成各类定量与定性研究课题。多年的发展经验使本公司更了解客户的需求，从而为客户提供更有针对性的服务。

(2) 主要客户。“零点调查”为一切需要发现事实真相的企业和机构提供专业服务，客户主要包括跨国公司、我国知名企业、我国政府部门、外国学术机构和联合国机构。

“零点调查”服务过的主要国际客户有美国摩托罗拉、美国微软公司、美国宝洁公司、美国金佰利公司、美国可口可乐、美国占边威士忌、英国 BP 石油公司、英国联合利华、欧洲前景集团、瑞典爱立信、韩国 LG 集团、韩国三星电子、韩国 SK 集团、美国惠普、日本爱普生、荷兰飞利浦、日本伊奈集团、法国施耐德电器、美国福特基金会、世界银行等。

“零点调查”服务过的主要国内客户有万科地产、万通地产、北辰集团、和记黄埔、中远地产、中国电信、中国网通、中国移动、中国联通、联想电脑、实达电脑、海信集团、德隆集团、丝宝集团、健力宝集团、乐百氏集团、喜之郎集团、红牛饮料、天津顶益集团(康师傅)、光明乳业、蒙牛乳业、完达山乳业、郎酒集团、杏花村汾酒集团、李宁体育用品、北汽福田、东风汽车、平安保险、中国人保、太平洋保险、昂立集团、桂林三金药业、汇仁制药、哈尔滨制药六厂、工商银行、建设银行、民生银行、北京市外经贸委、北京市旅游局、中国标准研究中心、精品购物指南、《南方周末》等。

(3) 研究部门。零点研究咨询集团在专业调研、策略咨询、背景数据等方面具有优势，其借助强大的行业资源协作网，建立了公共事务、金融、IT 电信、汽车、房地产、烟草、媒体娱乐、快速消费品等八大行业研究事业部；通过与行业主力机构建立战略伙伴关系，零点集团各专业研究部与部分的客户建立了频繁密切的互动关系；零点集团在相应的领域迅速积累起人才、信息、技能、研究咨询模型、实战经验方面的资源优势。

(4) 公司发展年表。

1992 年 9 月，创始人袁岳先生领导的零点前期业务筹备工作开始。

1993 年 1 月，“零点调查”完成注册。

1993 年，第一批零点调查民意调查结果问世。零点形成“一九”规划，计划以 9 年时间建成有竞争力的知名品牌。

1993 年 9 月，对媒体发布的《第一手》前身《调查与预测》简报问世。

1994 年，零点与美国知名调查公司 Roper Starch Worldwide 结成战略合作关系，并成为美国福特基金会首个受资助的营利机构；零点设立上海分公司。

1996 年，零点成为北京科技咨询业副理事长单位；设立广州分公司。

1997 年，零点出版《观察中国》《零点调查》两书，并正式设计网站；参与发起调查研究业行业组织，并成为筹备组织的领导小组成员。

1998 年，零点内刊创刊；设立武汉分公司。

1999 年，零点参与大型国际研究会与论坛。

2000 年，张军女士接任“零点调查”第二任总裁，董事长袁岳先生赴外深造；前进策略与指标数据创立，《第一手》正式创刊，零点当选为行业协会副会长单位。

2001 年，袁岳先生归国，领导全集团工作。

2002 年 3 月，零点调查总公司对业务协调部进行结构调整，在部门下设行业研究单位：金融及快速消费品研究组。房地产和汽车研究组、IT 和媒体娱乐研究组。这一举措将在对外树立公司专业研究形象、对内提升业务人员的研究水平和公司专业研究的进展方面起到积极的推动作用。

2002 年 12 月，零点在调查行业代表大会上高票当选为行业协会常务理事单位，并被常务理事大会选举为副会长单位。

2002 年 12 月，零点建成集电话访问、数据录入与整理为一体的 CATI 中心信息系统。

2003 年 1 月，零点发起首届运动营销国际论坛。

2003 年 4 月，零点远景投资管理咨询有限责任公司成立。

2003 年 5 月，记载零点调查 2002—2003 年公司历程的零点年报《零点：最新事实和进展（2002—2003）》编辑出版；由零点研究咨询集团编撰的《实证中国：数字解读百姓生活》由中华工商联合出版社正式出版发行，随后零点出版物进入高产期。

2003 年 6 月 15 日，刊载零点研究人员专业研究文章的《零点研究》季刊创刊。

2004 年 1 月，零点成立正式的集团管理构架，新的集团管理具备更强的团队领导特性。

2004 年 3 月，零点出版的《绝配》与《公道》两本新书，与能量传播公司合作出版“零点新能量”丛书；袁岳先生任欧洲民意与市场研究协会（ESOMAR，现改称世界专业研究者协会）中国（北京）代表。

2004 年，由零点主办的包括最具影响力的跨国公司等一系列专题论坛活动开始形成品牌活力。

2004 年，袁岳先生当选影响中国 50 名公共知识分子之一，零点也进入最受尊敬的中国公司提名；调查显示，零点在中国城市公众中的知名度为 40%，遥遥领先其他公司居于榜首。

2005 年，零点成为国际咨询业联合会中国代表机构，袁岳先生应邀成为北京财富论坛演讲嘉宾，零点也正式加盟国际商业抗艾联合会。

2006 年，各业务单元能力有明显上升，前进策略、上海调查、广州调查、指标数据均在团队建设方面形成特色，其中前进策略的创新管理、上海调查的业务规模管理、广州调查的新人培养、指标数据的媒体管理均可圈可点。

2007 年 2 月，中国城市居民时尚指数发布；3 月，金融服务指数发布；5 月，第 5 期金葵花理财指数发布；7 月，中印沟通指数发布；12 月，中国城市居民宜居指数发布。

2008 年 1 月，中国银行服务指数发布；3 月，中国公众环保指数发布；4 月，中国公众汽车服务指数发布；6 月，福田机动指数发布；11 月，中国公共服务指数发布。

2008 年，策略 2.0 战略全面启动，确立现阶段积极拓展概念开发策略咨询、战略咨询、传播策略咨询以及公益管理咨询的四大重点方向。

2009 年，集团签约额成功破亿元，各业务单位圆满完成年度各项任务，整体规模再上新台阶。

2010 年 8 月，零点参与的中日舆论关系调查结果在日本发布。

2010 年 10 月，前进策略承担的“西安世园会全球儿童绘画大赛项目”首发仪式在西安举行。

2010 年是零点“三九”规划首开年，零点各业务单位业务额超计划完成，北京公共呼叫中心、线上市场研究平台、零点青年公益创业发展中心、零点商业地产研究院、零点跨国投资研究院五大新业务全面铺开。

2011 年 1 月，零点业务总裁张军女士接替董事长袁岳先生担任 ESOMAR 中国区代表。

2011 年 8 月，零点当选为中国医药市场研究协会理事成员之一。

（5）管理团队。

①集团总裁袁岳：社会学博士，哈佛大学肯尼迪政府学院 MPA，西南政法大学法学硕士，中国海洋大学学士，零点研究咨询集团董事长，中国信息协会市场研究业分会副会长。

②集团业务总裁（COO）张军：美国乔治·华盛顿大学工商管理硕士（市场营销专业），中国人民大学经济学硕士，注册咨询师，美国市场营销协会会员。

③集团首席信息官/前进策略执行董事冯晞：美国杨百翰大学博士、美国犹他大学 MBA、集团 CIO、前进策略执行董事、资深研究员。

④集团研究总监吴垠：日本九州大学统计学博士。

⑤集团客户总监陈晓丽（现为北京零点调查公司总经理）：中南大学管理硕士。

⑥零点调查公共服务行业兼定性研究总监范文。

⑦零点调查 IT 与金融行业研究总监张朋。

⑧集团人事行政总监曾慧超。

（6）主要核心优势。

①标准化。欧洲民意和市场研究协会会员，遵守《关于市场和社会研究的国际准则》；美国企业管理协会会员。

②权威。中国市场调查业协会领导小组成员单位；北京科技咨询业协会副理事长单位；国家统计局首批获得承担国际项目资格认证的机构。

③领先。创立于 1992 年，我国早期的市场研究机构之一；在合理范围内推荐使用先进的调研技术；根据对我国文化的深刻理解，实现国际领先研究方法与本土实践经验巧妙结合。

④国际化。在全球超过 45 个国家拥有业务合作伙伴；与罗兰·贝格、安永等多家国际咨询公司常年进行项目合作；每周公开发表的最新自行研究成果在全球超过 600 家中、英、日、德、法等多个语种的传媒上被运用。

（7）特色服务。

①零点 CATI 快车。零点 CATI 快车为设立于上海的全国性计算机辅助电话调查系统，已具备 32 线同时调查能力，使得真正的快速调查成为可能。该系统广泛应用于快速民意测验和商务调查。

②网上调查。“零点调查”开发了网上调查系统，以增强调查公司在受访对象选择方面的控制力，变受访对象自由参与为调查公司按抽样条件有选择地挑选受访对象参与。这样可以根据项目需要而对受访对象做出限制和筛选，并对其填写的问卷进行即时的逻辑检查，从而保证调查数据的真实性和有效性。

③多客户调查服务系统（Homnibus）。Homnibus 也称为搭车调查，其可以帮助客户用最低的成本获得即时的信息（只有三四个或七八个问题可加入这种多客户调查服务，和其他客户一起分担调查费用）。

零点每年开设有包括全国城乡居民、大都市市民、农村居民、小镇居民、城乡中学生、大专院校学生、流动人口、商务人士在内的约 12 轮 Homnibus。

④调查结果发布服务。自 1993 年开始不定期地以名为《第一手》的内部刊物形式向传媒发布有关社会问题、市场动态、行业发展方面独立的调查结果。

每周以传真、E－mail 和网络三种形式向超过 1 500 组传媒和订阅客户发送。

（8）企业内部培训。零点受邀为位于市场前沿的知名企业、“零点调查”的长期客户、专业学术交流活动提供有关市场调查方法、分析技术、营销理念、品牌管理、组织转型、消费文化、投资管理、行业发展动态等方面的专项支持性培训服务。这种培训可以是调查咨询的延伸，也可以是专项的培训服务。

零点每年以论坛、研讨会和沟通会的形式，为更广范围的企业和社会组织提供专业技术和最新管理进展信息的分享服务。

（9）多客户报告。每年投资进行多项自主版权的专项研究（Syndicate 报告）。

（10）行业研究。零点通过和包括政府行业主管部门及其所属研究院所，建立长期的资源协作关系，为实地研究、策略咨询和投资判断提供强有力的行业信息支持，这使得零点的研究结果和策略设计兼有一手和二手信息的多元论证。

2. 胡润百富

胡润百富是追踪记录中国企业家群体变化的权威机构。1999 年，胡润首创“百富榜”，此后编制了一系列具有突破性意义的排行榜。旗下拥有《胡润百富》杂志及系列论坛和活动。2004 年首创“胡润慈善榜”，已连续发布了多年。

“2004 胡润百富榜”在上海发布，这是胡润第六次推出中国内地百富榜，也是它与老东家《福布斯》分手以来第二次推出该榜。

通过将国美电器运作成中国最大的家电零售商和第三大零售商，35 岁的鹏润投资董事长黄光裕以 105 亿元财富成为 2004 年中国内地新首富。2003 年名列该榜单首位的丁磊 2004 年则以 50 亿元的身价排名第七位。

排行榜本身并没有什么惊人之处，倒是榜单发布之后媒体和上榜人士的反应更引人关注。面对新一版的富豪排行榜，众多媒体表达了质疑，上榜人士的反应似乎也有些出人意料。榜单上高居第二的陈天桥在接受记者采访时极不情愿地评价：“这就是一个游戏。”而另一位上榜富豪通过其新闻发言人表示，胡润排行榜不太科学，最好的办法就是不去理会它。

然而，作为一个本来就没有标准答案的富豪排行榜，能够吸引到众多媒体的关注就已经是成功了，无论是质疑还是赞许。胡润与《福布斯》的“蜜月期”始于 1999 年，从 1999 年至 2002 年，胡润连续 4 年为《福布斯》编制中国内地富豪榜，声名鹊起。此后，它利用自己在中国积累起来的人气和资源，推出了胡润版的富豪排行榜，开始与大名鼎鼎的《福布斯》分庭抗礼。

胡润（Rupert Hoogewerf），1999 年创造了“胡润百富榜”这一独特的媒体平台。胡润百富与中国企业家的密切关系，为创造一系列具有创新性和突破性的榜单奠定了基础。胡润创造了“揭示中国经济与社会转型的本质”的百富榜，它在向国内推广“财富英雄”概念的同时，更进一步强化了“财富品质”的重要性。

百富榜、慈善榜等一系列榜单，对于记录中国经济进程的作用被广泛肯定。今日的“胡润百富榜”已颇具规模，不但对所有行业进行百富排榜，而且针对某一行业进行业内的百富排行。2007 年《胡润百富》拥有上榜企业家 800 位，前 75 位上榜企业家的财富均突破 100 亿元，而前 13 位企业家身价均在 300 亿元以上。2013 年上榜企业家的平均财富为 42 亿元。上榜企业的透明度在逐年增高，其中前 100 位上榜企业家，74 位拥有上市公司。

胡润百富是唯一专门针对中国顶尖商界精英的国际媒体平台，旗下出版季刊《胡润百富》杂志、双周刊《民企动向》，定期举办商界精英聚会。从商业发展和财务领域与企业家群体保持良好的沟通，胡润百富以其独特的定位在业内确立了独立性和权威性。

胡润百富机构是面向中国企业家群体的顶级商业活动组织者，最为人称道的是“生活奥斯卡”系列慈善晚宴。在快乐行善的同时，该系列晚宴也把顶级的奢侈品带给了企业家。自2004年举办以来，“生活奥斯卡”系列晚宴已为上海、北京、广东和江苏的慈善机构筹集善款近300余万元。中国最顶尖的音乐家都曾莅临晚宴演出，其中包括钢琴家孔祥东和郎朗、小提琴家吕思清和黄蒙拉等。

胡润百富机构同时推出双周刊《民企动向》的新闻传真，面向国内3 000位亿万富豪定向传递。

此外，胡润百富所组织的各类高端学术峰会也是业内高层次人士交流的顶级平台。

（1）杂志、书籍。《胡润百富》杂志（图2-1）主要是面向那些热衷于寻找商业策略灵感、投资机会和新颖生活方式（尤其是寻求奢华旅游）的中国富豪；以编制具有突破性意义的榜单和对中国千万富豪的独家专访为特色，为读者提供了令人耳目一新且内容翔实的报道；同时还注重读者的兴趣，如奢华旅游目的地和高端男人的“玩具”，包括豪华汽车、高档手表、艺术品收藏、豪宅、游艇、葡萄酒和白酒等。它保证杂志在个性化的基础上直指目标读者群体。

图2-1　《胡润百富》杂志

2006年8月，《我和百富榜》出版，在书中胡润首次讲述百富榜背后的故事。

2002—2003年，胡润百富相继出版了一套四册的财富系列丛书（探讨企业家精神），以及一本关于中国富豪的年鉴。《财富品质》剖析了对企业家影响最大的十大品质；《财富时刻》聚焦企业家创业历程中的关键转折点；《财富基因》追溯财富英雄们的成长故事和价值观，探寻那些财富品质形成的源头以及他们教育自己子女的方式；《财富情感》则聚焦企业家们的人际关系网络，看他们如何与自己的家人、朋友、商业伙伴相处，他们又是以怎样的情感对待自己的祖国。

（2）活动。胡润百富也是面向中国富豪群体的顶级商业活动组织者。其“生活奥斯卡”系列慈善晚宴，富豪们一边享受生活，一边快乐行善，同时为奢侈品牌提供了接触他们的机会。此外，2003年7月，胡润百富在上海举办了中国企业家峰会，时任英国首相布莱尔与会发表主题演讲。

①大事记。

1999年10月，《1999中国大陆百富榜》公布。

2000年10月，《2000中国大陆百富榜》公布。

2001年10月，《2001中国大陆百富榜》公布。

2002年10月，《2002中国大陆百富榜》公布。

2002年11月，出版第一本关于企业家的书籍。

2002年12月，胡润被《新周刊》评为“2002新锐人物”。

2003年4月，胡润财富系列书籍出版。

2003年7月，企业家高峰会（时任英国首相布莱尔亲临现场）。

2003年10月，《2003胡润百富榜》公布。

2003 年 10 月，《2003 中国大陆百富榜》公布。

2004 年 1 月，《2004 百富人气榜》公布。

2004 年 4 月，第一次在上海举办“生活奥斯卡”慈善晚宴。

2004 年 5 月，《2004 中国慈善家排行榜》公布。

2004 年 7 月，《2004 首席财务官》调查结果公布。

2004 年 10 月，《2004 宾利强势榜》公布。

2004 年 10 月，《2004 胡润百富榜》公布。

2004 年 12 月，第二次在上海举办“生活奥斯卡”慈善晚宴。

2005 年 1 月，《富豪之选——中国千万富翁品牌倾向调查》公布。

2005 年 3 月，《2005 百富人气榜 & 品牌影响力榜》公布。

2005 年 3 月，第一次在北京举办“生活奥斯卡”慈善晚宴。

2005 年 4 月，中国慈善家排行榜和慈善企业排行榜公布。

2005 年 5 月，胡润百富在深圳观澜湖高尔夫球会举办了第四次“生活奥斯卡”。

2005 年 6 月，劳斯莱斯携手胡润百富首次在东北举办名流晚宴。

2005 年 10 月，《观澜湖 2005 胡润百富榜》在上海正式揭晓。

2006 年 1 月，《富豪之选——中国千万富豪品牌倾向调查》在上海公布，并举办了盛大的颁奖晚宴。

2006 年 4 月，《2006 胡润慈善榜》论坛暨新闻发布会在清华大学举办。

2006 年 6 月，《胡润全球最古老的家族企业榜》和《2006 胡润民营品牌榜——中国 50 个最具价值的民营品牌》在上海发布。

2006 年 6 月，在江苏第一次举办“生活奥斯卡”慈善晚宴。

2006 年 8 月，胡润的第六本书《我和百富榜》出版。

2006 年 9 月，《2006 胡润最有投资价值的中国上市公司》及《2006 胡润资本控制榜》发布。

2006 年 10 月，《观澜湖 2006 胡润百富榜》在上海发布。同时发布的子榜还有《2006 胡润强势榜》《2006 胡润女富豪榜》《2006 胡润 IT 富豪榜》《2006 胡润房地产富豪榜》《2006 胡润零售富豪榜》《2006 胡润能源富豪榜》《2006 胡润金融富豪榜》。

2007 年 4 月，《2007 胡润慈善榜》发布。

2007 年 5 月，《2007 胡润品牌榜》发布。

2007 年 10 月，《2007 胡润百富榜》发布。同时发布的子榜还包括《2007 胡润服装富豪榜》《2007 胡润餐饮富豪榜》《2007 胡润套现富豪榜》《2007 胡润房地产富豪榜》《2007 胡润钢铁富豪榜》《2007 胡润金融富豪榜》《2007 胡润零售富豪榜》《2007 胡润能源富豪榜》《2007 胡润 IT 富豪榜》《2007 胡润医药富豪榜》《千禧国际村 2007 胡润女富豪榜》《2007 胡润强势榜》。

2008 年 1 月，《2008 至尚优品》发布。

2008 年 4 月，《2008 胡润慈善榜》发布，同时发布的还有《2008 胡润企业社会责任 50 强》。

2008 年 5 月，《5 · 12 抗震救灾——民营企业家捐款排行》发布。

2008 年 8 月，《2008 胡润百富榜》发布。

2008 年 8 月，《2008 胡润中国品牌榜》发布。

2009 年 1 月，《2009 至尚优品》发布。

2009 年 2 月，《2009 胡润艺术榜》发布。

2009 年 4 月，《2009 胡润慈善榜》发布。

2009 年 10 月，《2009 胡润百富榜》发布。

2010 年 1 月，《2010 至尚优品》发布。

2010 年 3 月，《2010 胡润艺术榜》发布。

2010 年 4 月，《2010 胡润慈善榜》发布。

2010 年 4 月，《2010 胡润慈善榜》发布。

②业务板块。胡润是一个典型的英国人，思维模式是“钱赚到一点就去享受”，由于公司的个人色彩比较浓厚，所以团队的组织和管理比较松散。在很多行家看来，并没有最大限度挖掘出“胡润富豪榜”的价值，后期的商业活动运作得也不是很成功。胡润聘请了一个职业经理人打理团队事务。该经理人是胡润 1995 年在中国人民大学学中文时的同学。胡润的身份是“胡润百富”董事长兼首席调研员，他平时主要参与一些商业活动，活动由职业经理人安排。

③组织架构。公司有四五十个人，大体分成以下几个部分。

a. 研究院。胡润是研究院的首席调研员，领导员工日常调研、收集数据以及拜访一些富豪及相关人士。他们的工作类似记者的工作。

胡润研究院收集候选人的所有公开信息并进行反复交叉核对，使用市场价值来评估企业家拥有的财富。信息主要来自四个渠道：第一是所有重要的中外媒体报道；第二是股市公告，包括内地和香港主板、创业板、新加坡、纳斯达克、纽约、多伦多、伦敦和悉尼证券市场；第三是实地采访，团队走遍全国各地，采访企业家、记者和当地政府机关，并参加相关研讨会；第四是 10 年来建立的遍布全国的有效信息网络和巨大的数据库。他们联系了榜上大多数人以及其他许多最终没能上榜的人。研究院不否认榜单会因某种原因而遗漏某些人的可能。而榜单所指的“中国企业家”，是那些出生在中国大陆并在这片土地上长大的人，不考虑他们现在的国籍。

b. 编辑部门。胡润百富旗下拥有《胡润百富》月刊、《名校指南》、《马球与马术》等杂志。杂志利润的来源为广告收入和置换活动。《胡润百富》杂志的目标读者为中国富有的精英人士，是直投杂志，直接邮寄给富豪人士，或分发机场等场所。杂志上的文章不直接收钱，内容是大众财经媒体套路。该杂志追求的是成为国内追踪记录中国财富人士消费习惯和趋势的权威。

c. 市场部。市场部负责洽谈冠名、赞助以及“专门为中国企业家和高收入人士进行商务活动策划”的部门。

品牌必须依靠论坛、活动等载体来维护运营和制造影响。富人不是悬在半空中的，应该与大众勾连起来，所以胡润开始做百富论坛。如今，胡润将更多精力放在与富人活动的对接上。其活动多为酒会、晚宴、拍卖等，资金的收入主要依靠赞助。胡润百富公司的收入，主要依靠活动和杂志带来利益，而富豪主榜只是每年 10 月公布最具影响力投资的企业，亮相一次，卖冠名如“皇家礼炮”“观澜湖”“清水湾”等。10 年来，他利用胡润榜的知名度和影响力，通过冠名赞助出版，讲座，举办各种商业活动，每年利润过千万元。

3. 百度公司

百度（纳斯达克：BIDU）（图 2-2）是全球最大的中文搜索引擎、最大的中文网站。2000 年 1 月由李彦宏创立于北京中关村，致力于向人们提供“简单可依赖”的信息获取方式。

2015 年 1 月 24 日，百度创始人、董事长兼 CEO 李彦宏在百度 2014 年年会暨成立 15 周年庆典上发表的主题演讲中表示，15 年来，百度坚持相信技术的力量，始终把简单可依赖的文化和人才成长机制当成最宝贵的财富，他号召百度全体员工，向连接人与服务的战略目标发起进攻。2015 年 11 月 18 日，百度与中信银行发起设立百信银行。2016 年 7 月 15 日，百度在西安成立“百金互联网金融资产交易中心”。

图 2-2　百度 LOGO

（1）名称和 LOGO 的由来。“百度”这一公司名称来自南宋诗人辛弃疾的《青玉案・元夕》词句“众里寻他千百度”（百度公司会议室名为青玉案，即这首词的词牌）。而“熊掌”图标的想法源于“猎人巡迹熊爪”的刺激，与李彦宏博士的“分析搜索技术”非常相似，从而构成百度的搜索概念，也最终成了百度的图标形象。由于在搜索引擎中，大多用动物形象来表示，如 SOHU 的狐，如 Google 的狗，而百度也便顺理成章称作了熊。百度熊也便成了百度公司的形象物。

（2）历史。1999 年年底，身在美国硅谷的李彦宏看到了中国互联网及中文搜索引擎服务的巨大发展潜力，抱着技术改变世界的梦想，他毅然辞掉硅谷的高薪工作，携搜索引擎专利技术，于 2000 年 1 月 1 日在中关村创建了百度公司。从最初的不足 10 人发展至今，员工超过 18 000 人。

百度拥有数千名研发工程师，这是中国乃至全球最为优秀的技术团队，这支队伍掌握着世界上最为先进的搜索引擎技术，使中国成为美国、俄罗斯和韩国之外，全球仅有的 4 个拥有搜索引擎核心技术的国家之一。

从创立之初，百度便将“让人们最平等、便捷地获取信息，找到所求”作为自己的使命。成立以来公司秉承“以用户为导向”的理念，不断坚持技术创新，致力于为用户提供“简单可依赖”的互联网搜索产品及服务，其中包括以网页搜索为主的功能性搜索，以贴吧为主的社区搜索，针对各区域、行业所需的垂直搜索，MP3 搜索，以及门户频道、IM 等，全面覆盖了中文网络世界所有的搜索需求。根据第三方权威数据，百度在中国的搜索份额超过 80%。

在面对用户的搜索产品不断丰富的同时，百度还创新性地推出了基于搜索的营销推广服务，并成为最受企业青睐的互联网营销推广平台。如今，我国已有数十万家企业使用了百度的搜索推广服务，不断提升企业自身的品牌及运营效率。通过持续的商业模式创新，百度正进一步带动整个互联网行业和中小企业的经济增长，推动社会经济的发展和转型。

为推动我国数百万中小网站的发展，百度借助超大流量的平台优势，联合所有优质的各类网站，建立了世界上最大的网络联盟，使各类企业的搜索推广、品牌营销的价值、覆盖面均大幅提升。与此同时，各网站也在联盟的互助下，获得最大的生存与发展机会。

作为国内的一家知名企业，百度也一直秉承“弥合信息鸿沟，共享知识社会”的理念，坚持履行企业公民的社会责任。成立以来，百度利用自身优势积极投身公益事业，先后投入巨大资源，为盲人、少儿、老年人群体打造专门的搜索产品，解决了特殊群体上网难问题，极大地弥补了社会信息鸿沟问题。此外，在加速推动中国信息化进程、净化网络环境、推广搜索引擎教育及提升大学生就业率等方面，百度也一直走在行业领先的地位。2011 年年初，百度还特别成立了百度基金会，围绕知识教育、环境保护、灾难救助等领域，更加系统规范地管理和践行公益事业。

2005 年，百度在美国纳斯达克上市，一举打破首日涨幅最大等多项纪录，并成为首家进入纳斯达克成分股的中国公司。百度优异的业绩与值得依赖的回报，使之成为中国企业价值的代表，傲然屹立于全球资本市场。

2009 年，百度推出全新的“框计算”技术概念，并基于此理念推出百度开放平台，帮助更多优秀的第三方开发者利用互联网平台自主创新、自主创业，在大幅提升网民互联网使用体验的同时，带动起围绕用户需求进行研发的产业创新热潮，对我国互联网产业的升级和发展产生巨大的拉动效应。

随着我国互联网从 PC 端向移动端转型，百度也在积极围绕核心战略加大对移动和云领域的投入与布局，不断把 PC 领域的优势向移动领域扩展。

在通过技术创新不断满足用户的移动搜索需求的同时，百度也在继续积极推动移动云生态系统的建设和发展，与产业实现共赢。2012 年 9 月，百度面向开发者全面开放包括云存储、大数据智能和云计算在内的核心云能力，为开发者量身定制从开发到运营的“七种武器”，为开发者提供更强大的技术运营支持与推广变现保障，以帮助他们在移动云时代获得更好的收益和成长。

百度已经成为我国最具价值的品牌之一，英国《金融时报》将百度列为“中国十大世界级品牌”。

多年来，百度董事长兼 CEO 李彦宏率领百度人所形成的“简单可依赖”的核心文化，深深地植根于百度。这是一个充满朝气、求实坦诚的公司，以搜索改变生活、推动人类的文明与进步、促进我国经济的发展为己任，正朝着更为远大的目标而迈进。

百度产品如图 2-3 所示。

（3）百度统计。百度统计是百度推出的一款免费的专业网站流量分析工具，能够告诉用户访客是如何找到并浏览用户的网站，在网站上做了些什么，有了这些信息，可以帮助用户改善访客在用户的网站上的使用体验，不断提升网站的投资回报率。

百度统计提供了几十种图形化报告，全程跟踪访客的行为路径。同时，百度统计集成百度推广数据，帮助用户及时了解百度推广效果并优化推广方案。

基于百度强大的技术实力，百度统计提供了丰富的数据指标，系统稳定，功能强大且操作简单。登录系统后按照系统说明完成代码添加，百度统计便可立刻收集数据，为用户提高投资回报率提供决策依据。百度统计是提供给广大网站管理员免费使用的网站流量统计系统，帮助用户跟踪网站的真实流量，并优化网站的运营决策。

目前，百度统计提供的功能包括流量分析、来源分析、网站分析等多种统计分析服务，更多统计分析服务将在后续推出。

①流量分析。用户可以通过百度统计查看一段时间内用户网站的流量变化趋势，及时了解一段时间内网民对用户网站的关注情况及各种推广活动的效果。百度统计可以以地域为标准对用户网站的流量进行细分。

②来源分析。用户可以通过百度统计了解各种来源类型给用户网站带来的流量情况，包括搜索引擎（精确到具体搜索引擎、具体关键词）、推介网站、直达等。通过来源分析，用户可以及时了解到哪种类型的来源给用户带来更多访客。

百度旗下产品				
搜索服务	百度网页搜索	百度视频	百度MP3	百度地图
	百度新闻	百度图片	百度词典	百度常用搜索
导航服务	HAO123	百度网站	百度团购	
社区服务	百度百科	百度空间	百度文库	百度MP3音乐掌门人
	百度知道	百度贴吧	百度搜藏	百度经验
	百度选车	百度身边	百度旅游	百度新知
游戏娱乐	百度游戏	百度应用	ting!	百度娱乐
移动服务	掌上百度	百度手机输入法	百度快搜	百度·易平台
	百度手机地图	百度手机浏览器	百度魔图	百度移动应用
	百度贴吧客户端	百度手机音乐	轻应用	
站长服务	百度开放平台	百度站长平台	**百度统计**	百度联盟
	百度推广	百度广告管家	百度数据研究中心	百度搜索风云榜
	百度指数	百度移动统计	百度分享	
软件工具	百度浏览器	百度影音	百度Hi	百度工具栏
	百度输入法	千千静听	百度浏览伴侣	百度软件
	百度电脑管家	百度阅读器	百度卫士	百度杀毒
	百度钱包			
硬件工具	小度路由	小度TV	小度WiFi	百度影棒
其他服务	百度翻译	百度寻人	百度公益	百度盲道
	百度老年搜索	百度专利搜索	百度教育网站搜索	百度文档
	知道买什么	dulife		
百度旗下	爱奇艺	有啊	百付宝	百度乐居
	天空下载	百伯	天空游戏网	PPS
	91助手			

图 2-3　百度产品

③网站分析。用户可以通过百度统计查看访客对用户网站内各个页面的访问情况，及时了解哪些页面最吸引访客以及哪些页面最容易导致访客流失，从而帮助用户更有针对性地改善网站质量。

④转化分析。用户可以通过百度统计设置用户网站的转化目标页面，比如留言成功页面等，这样用户就可以及时了解到一段时间内的各种推广是否达到用户预期的业务目标，从而帮助用户有效地评估与提升网络营销投资回报率。

4. 波士顿咨询公司

波士顿咨询公司（BCG）是一家著名的美国企业管理咨询公司，在战略管理咨询领域公认为先驱。公司的最大特色和优势在于公司已经拥有并还在不断创立的高级管理咨询工具和理论，管理学界极为著名的“波士顿矩阵”就是由公司于20世纪60年代（1963年）创立的。BCG的四大业务职能是企业策略、信息技术、企业组织、营运效益。作为一家极具创新精神的咨询公司，从该公司走出了不少的咨询界的奇才，国际著名咨询公司的创始人都是来自波士顿咨询公司。

BCG目前在全球41个国家设有70家办公室。经过多年的发展，波士顿咨询公司已发展成为一家提供全方位企业策略的顾问机构，重点关注金融服务、快速消费品、工业、医疗保健、电信和能源业；该公司在全球38个国家和地区、66个城市设有分支机构，在全球拥有4 000名咨询顾问。1966年，BCG率先进军日本市场；1990年，BCG香港办事处的设立揭开了该公司进军大中华市场的序幕。大中华区目前由四个办事处组成，包括上海、香港、北京以及台北地区。共有200多位员工，主要为大中华区的客户提供咨询服务。

BCG主要为企业提供以下几个方面的咨询服务：

不同企业范畴间的资源分配；发展多元化的新业务；制定长远的策略，以适应竞争环境的转变；了解竞争对手的实力和经营方针；拓展新品牌以及为原有品牌重新定位；在销售、制造、营运及开发新产品等方面，改善对顾客需求的回应；识别恰当的机会，建立策略性联盟、合营企业及进行收购与分拆；协助新创建的企业走上正常营运的轨道。目前BCG正逐步开拓其他专项领域，其中包括采矿业、纸浆及造纸业、环境生态等行业；以及为企业策略创新而发展的“价值为本管理模式”和“企业再造工程”等管理概念。

5. 美库尔公司

美库尔公司（Merkle Inc）成立于1971年，早期的业务偏重于数据处理和邮件营销管理。总部地点：美国首都大华府，经营范围：客户关系管理。

（1）公司概述。经过几十年的发展，美库尔已经成为美国领先的专注于客户关系管理的咨询公司，通过营销战略、IT技术、数量分析和广告创意的结合，为客户提供完整的客户关系管理及市场营销的解决方案。

美库尔在全球拥有1 700多名员工，在除美国华盛顿外的其他13个城市、英国的伦敦和我国的上海、南京设有分公司。

（2）公司历史。现任首席执行官David Williams在1988年购买了美库尔，并将公司的IT业务转为数据分析、数据库营销管理和营销战略咨询，在短短的20多年里，公司获得惊人的发展。在2007年和2009年，美库尔收购了CognitiveData、AnalyticsI和LogicLab；在2011年，美库尔收购了IMPAQT和Lenser，使其公司规模和业务范围都进一步扩大，年平均增长率为25%。其客户主要来自金融保险、电子产品、快速消费品以及医药行业，例如GEICO、Dell、Disney、American Express、P&G、DIRECTV和American Heart Association.

美库尔作为全美规模最大、发展最快、私人控股的客户关系营销（CRM）代理机构，在过去的20多年里，与众多财富1 000强企业以及全球领先的非营利机构建立了合作伙伴关系，为客户实现了其客户组合价值最大化和营销投资回报最大化等目标。通过运用各种定量化、信息化的解决方案，美库尔为客户计划、设计、执行和评估全面整合的客户关系营销（CRM）解决方案，同时为客户提供技术平台，帮助其积极地将定量数据库营销策略应用于CRM项目中。10多年来，其Think Brand. Act Direct. 方法为世界一流企业创造了傲人的业绩。其方案的核心是高度灵活和可扩展的营销技术平台以及屡获殊荣的分析与创新能力。这些竞争力的融合，让美库尔帮助客户创造了优异的业绩。在当今竞争日益激烈的环境下，仅仅提供优质的产品和服务是远远不够的，关键在于如何利用这些产品和服务来创建和支持对消费者行为具有持续影响力的营销策略，而这正是美库尔的使命。

经过20多年的成长，美库尔从一个数据处理公司发展成为提供全方位整合客户营销（ICM）的重要服务机构，从一个私有公司成功地转型为全美规模最大、发展最快的独立客户关系营销（CRM）代理机构。公司在2011年年收入达到3亿美元。作为行业领导者，美库尔提供全面的客户关系营销解决方案，以此实现营销投资回报最大化。美库尔为客户提供平台，以帮助其将定量沟通策略应用于涉及大众消费者市场、直邮和数字媒介的营销计划。热忱是美库尔企业文化的核心元素。美库尔的管理团队由一批经验丰富的行业领先专家组成，他们致力于与客户建立牢固的伙伴关系，并竭力支持怀有热忱的员工成就美好愿景。美库尔的首要目标是成为一家卓越的公司。

多年来，美库尔将自身的成功发展与睿智的收购相结合，不断地追求卓越，年增长率一直保持在 25% 以上。当遇到与其商业模式互补并且同时具备卓越的甚至超越美库尔的专业知识的公司时，美库尔希望将它纳入美库尔集团。美库尔已与各行各业的客户成为亲密的合作伙伴，包括世界顶级商业品牌、金融机构、零售商、保险和医疗保健服务供应商、旅游和娱乐公司，以及世界领先的非营利机构。美库尔对已取得的成就感到自豪，更重要的是，其使客户和员工创造了成功。美库尔得到的认可不仅体现了对市场营销创新的热忱和投入，也充分展示了对教育、慈善事业及社区服务的贡献和热情。

（3）主要业务——咨询服务。美库尔采用“数据驱动”的方法，帮助客户建立和保持良好的客户关系，例如在企业战略实施上结合“客户认知”，将其转化为市场机会；吸引合适的客户更多地购买产品并保持更好的忠诚度；在媒体和销售渠道合理安排营销预算；优化营销团队的运营流程；分析已有的海量数据获得对客户的深度认知；采用相应的应用和平台，支持客户关系管理。

①数据库营销管理。美库尔采用科学的方法，积累和研发了专有的数据库（人口统计信息、消费行为信息等）。通过“数学建模”，为客户设计并实施量身定做的营销方案、定位潜在客户人群，包括广告直邮、电子邮件。

②创意设计服务。将企业战略转化为可视化的广告营销活动。通过咨询研讨会、市场调研和数据分析，在充分了解客户产品的特点和客户体验的基础上，设计不同的广告创意内容和版面布局，并且随着营销活动的开展，循环式地回顾和评估其营销效果，不断优化和改进其广告设计内容。

③数字媒体营销。随着互联网的发展，网络成为重要的营销渠道。采用先进的信息技术平台和建模工具，美库尔帮助客户在网络上精准地投放广告，扩大其在社会化媒体、手机网络的影响力。

美库尔注重于行业细分，以合作伙伴的形式，为客户提供服务。公司拥有专业数据分析能力的员工，他们以丰富的经验为企业建立客户关系。通过专业的咨询，运用先进的市场分析能力和基于数据的分析技术，美库尔已经在各行业都有了很成功的案例。

美库尔涉及的行业有快速消费品行业、医疗保健行业、保险和资产管理行业、非营利性机构、零售行业、银行和金融行业、旅游、媒体和娱乐行业。

（4）公司文化。美库尔公司设有“首席人文官”（公司副总裁），专门负责“公司文化”建设。公司倡导员工具有七种特性，分别为聪明（smart）、好奇心（curious）、紧迫感（sense of urgency）、实践（achieve）、热情（passionate）、乐观幽默（fun&pleasant）、承诺（committed）。针对每个特性都设置相应的奖项，通过民主投票，选举优秀的员工。

与其他咨询公司相比，公司同样倡导“work hard and play hard”，但是不同之处是，美库尔更强调“以人为本”，强调“工作和生活的平衡”。公司每年组织无记名的调查问卷，收集员工对公司方方面面的建议和意见。员工入职后，会定期安排与管理层的“1 对 1”谈话，帮助员工解决工作和生活上的难题。

（5）全球策略。除了在美国的10多个城市以外，美库尔已经开始在全球范围的扩张。如英国伦敦作为欧洲业务的联络处，已经开展前期工作。

美库尔上海作为亚太地区总部，于2009年在上海浦东开展业务。时至今日，已经为近20家世界500强企业进行咨询服务。其中Dell大中华区和迪士尼上海项目是公司作为拓展中国业务的成功案例。基于公司迅速发展的要求，美库尔上海加快了招聘力度。除了招聘有经验的行业专家，公司也通过多场校园招聘，如耶鲁大学、复旦大学等招聘世界各地的优秀毕业生，作为公司的储备力量，为全球的发展做准备。

（6）所获奖励。由于其在营销管理的卓越成绩，美库尔多次被媒体和研究机构，例如广告年代（Advertising Age）、SmartCEO、Forrester Research、the Direct Marketing Association评为最优秀的企业和快速成长奖。2012年1月，美库尔被广告年代评为“2012年最值得关注的公司”。

6. 上海闻政管理咨询有限公司

上海闻政管理咨询有限公司（以下简称“闻政”）是上海财经大学“产学研”一体化战略发展基地。公司坐落于上海财经大学国家级科技园区。在多年的探索和实践中，公司联合多所高等学府及知名科研机构，坚持以绩效为核心，以服务政府为己任，逐步发展成为集“预算绩效管理研究、政府绩效咨询、预算绩效管理平台与软件开发、政府绩效培训”于一体的综合型咨询服务公司，是国内绩效管理领域的先驱者和引领者。

预算绩效管理是财政管理科学化的核心，也是政府治理现代化的基础。作为一个全新的领域，当前整个绩效行业都面临着专业人才相对短缺的问题。而闻政历来重视人才的引进与培养，汇集了众多海内外高素质专业人才（现有160多名人员队伍中，60%以上毕业于“985”“211”工程院校，硕士以上学历占50%以上），组建了一支锐意进取、战斗力一流的闻政团队。

（1）依托科研和专业引领，全面推进产学研一体化。深厚的研究底蕴一直是闻政重要的发展支撑。得益于上海财经大学合作研究机构早年的研究和实践，公司积累了丰富的绩效评价方法和经验，承担了诸如全国义务教育绩效评价、探索建立健全预算绩效管理与公共权力制约机制研究等国家级、财政部、教育部，以及上海市、江苏省及全国各地大量绩效相关研究课题，为公司的绩效咨询业务奠定了坚实的基础。

公司由国内著名专家领衔，聘请一大批在国内绩效评价领域中具有权威地位的资深专家顾问组成学术委员会，并与复旦大学、上海财经大学、立信会计学院等高校建立了良好的合作关系。闻政研究队伍深入把握绩效领域政策动态，探讨政府绩效管理基础理论及方式方法，同时积极开展数据积累及挖掘，发布行业绩效报告，促进成果转化，使理论更好地服务于实践。依托研究和咨询业务，公司还为上海财经大学学生实习提供了良好的实践机会，并为研究生教学等提供了大量实践案例，极大地丰富了教学内容。

在高校科研团队的带领下，公司内部成立了10余人的研究中心和数据中心，一方面积极开展相关课题研究，包括政府委托课题，以及公司内部根据需要自发设立的课题，并积极推动研究成果进行转化，出版了《预算绩效管理探索与实践》系列丛书（江苏大学出版社2013年版，财政部原副部长高强为本书作序，国内首套系统阐述预算绩效管理的权威著作），为《财政监督》和《中国财经报》撰写绩效评价专栏文章（截至目前已经发表专栏文章100多篇）等；另一方面在绩效评价指标、标准、文献、计算模型等方面进行数据积累，目前已经形成涉及各行各业的绩效评价指标10 000多条、绩效评价标准10万多条、近30年来的所有公开发表的绩效评价相关文献50万篇、相关计算分析模型数十个。各项研究成果和积累无疑对于深入持久推进预算绩效管理科学化具有重要意义。

（2）面广量大的绩效咨询，为科学管理服务。以研究为依托，闻政绩效评价咨询业务得到了迅猛发展。公司咨询业务可以追溯到2004年财政部教科文司和教育部财务司委托的《中国部分地区义务教育绩效评价》试点工作，以及后续的《部分部属高校绩效评价》试点，为全国绩效评价的开展奠定了基础。继而核心团队在江苏和上海等地持续开展实践探索，逐步形成了以上海财经大学中国教育绩效评价研究中心为代表的绩效评价理论和方法体系。在此基础上，公司先后承担了中央部委、地方省市县各级政府委托的绩效评价项目600多项，涉及教育、卫生、公共安全、环保、农业、科技、信息化、知识产权、社会保障等多个领域的政策和专项资金支出，涵盖事前评价、事中评价和事后评价。同时，公司还是财政部预算评审中心、全国10多个省级财政部门预算绩效管理服务资格提供商。公司出具的很多绩效评价报告得到了政府高层领导的批示，报告在结果应用方面为政府治理改革提供了有力依据，在财政科学化管理过程中发挥了重要作用。可以说，闻政是国内绩效行业的领航者。

例1

江苏省彩票公益金政策评价获批示

受江苏省财政厅委托，闻政承担了2012—2014年江苏省彩票公益金绩效评价，涉及资金898亿元、项目单位50余家，社会关注度极高。闻政首先梳理了国家及江苏省近10年彩票政策变迁历程；分环节对江苏省彩票管理设计指标体系；同时从福彩和体彩公益金各选取一个典型扶持项目，以点推面，深入挖掘公益金管理中的问题；考虑到项目的公益性定位，评价组在全省范围开展了彩民和公益金受益群体满意度调研。

通过评价，闻政从政策的设计、执行、效果三个层面总结问题并提出改进建议。报告经江苏省财政厅内部审阅通过后报送江苏省人民政府，获得了江苏省常务副省长、省长等相关省政府领导的批示，为江苏省彩票相关决策提供了重要依据。

例2

公交补贴绩效评价及影响

公共交通是关系国计民生的基础设施和公共服务体系的关键环节，涉及交通、财政、国资等多个部门。2012年起，闻政先后承接了上海、苏州、镇江、常熟、郑州等地的公交补贴绩效评价，涉及资金近40亿元。

通过理论结合实践，闻政在公交补贴领域取得了丰硕成果：一是区隔“政策性亏损”与“经营性亏损”，厘定补贴边界，破解公交企业双重定位的难题；二是通过对补贴对象、内容、标准的精准管理，优化补贴模式；三是重构成本规制，建立动态跟踪评价机制；四是通过补贴投入—产出效率分析，提出建立票价管理、落实路权、授予经营自主权等配套机制，争取以“小公交”推动“大公交”发展。在其中一个评价案例中，闻政通过对公交公司的成本分析，节约财政资金5 000万元。

（3）信息系统开发与应用，全面提高预算绩效管理效率和质量。在科研和大量咨询业务积累的基础上，公司结合预算绩效管理工作的开展和管理需要，自主研发了国内领先的预算绩效管理信息系统。该系统通过加强预算绩效管理顶层设计，以绩效指标体系和项目管理为基础，全面掌握项目绩效信息。同时，以信息化手段建立行业指标库，明确实施规范；并借助专业的分析模型和工具，采用科学、系统的指标体系和数据动态采集工具，最大限度地简化操作难度，提高单位整体的预算绩效管理工作水平和效率，为科学、高效、规范、经济地开展绩效管理工作提供解决方案。

预算绩效管理信息系统已经在上海市财政局、区县及乡镇财政部门全面上线，同时在江苏省财政厅以及部分市县，海南省财政厅，宁夏回族自治区财政厅，山东、山西、辽宁等地财政部门成功上线运行，有效地提高了预算绩效管理水平。

预算绩效管理信息系统可以切实打通预算、决算部门的财务和业务数据链，并围绕绩效分析，科学架构政府大数据体系。绩效数据库是智能、科学决策的重要支撑，而公司自主研发的多重绩效分析模型是绩效数据库建设与应用的核心，因此数据的积累和挖掘将成为公司未来的战略发展重点。经过多年的积累和研究，公司在数据库建设方面已取得了重大突破和进展，建成了包括指标库、案例库、标准库、制度库等在内的绩效知识数据库。现有数据库不仅覆盖各地区、各行业已有的各项评价指标及标准，还将进一步通过咨询、软件系统平台的数据积累，不断提炼转化新的绩效评价标准，指导绩效管理决策。

应用 1

预算绩效管理信息系统应用

闻政的预算绩效管理信息系统先进性体现在：①按“部门职能—活动—项目”科学架构绩效目标管理体系；②绩效项目库有机融合绩效与项目管理；③内嵌指标库、案例库、标准库及绩效分析模型等业务支持体系；④配套培训、辅导、数据管理等持续服务。

闻政的信息化系统为上海市预算绩效管理提供了有力支持：2013—2015 年，市级财政通过系统管理项目 5 000 多个，涉及资金千亿元，占预算资金总量 50% 以上。系统设计的目标推荐、跟踪监控预警、数据分析等功能，不仅极大地提升了工作效率，还深刻影响了政府机构的决策和管理过程。在建的绩效评价中介机构及专家在线应用平台，着力提升第三方参与的质量，实现“财政部门主导下的各方面共治”。

应用 2

政府大数据建设思路

闻政的政府绩效大数据建设及应用主要分三步走：第一步，以绩效指标体系为核心建立统一的绩效管理系统和服务平台——从财政出发，延伸到预算部门（单位）、第三方、社会大众，形成“预算—财务—项目—社会公众”一体化的数据链，全过程、全方位地保障数据采集的及时性、真实性与可靠性。第二步，围绕投入—产出这一绩效本质建立数据分析模型——包括 DEA、灰色关联度等实证分析模型，以及数据挖掘、仿真模拟等决策模型。第三步，数据应用及可视化呈现——基于数据积累与模型建设，广泛开展综合汇总查询对比、目标值测算、过程监控预警、成本—效益分析、财政资金分配模拟、评价标准建设等分析及预测应用，实现基于数据的政府管理决策体系。

应用 3

绩效圆桌论坛

绩效圆桌论坛是全国首创供预算绩效管理业内人士交流的高端平台，由上海市公共绩效评价行业协会、海南省财政绩效评价行业协会策划，联合财政部门共同举办。论坛在党中央、国务院深入推进预算绩效管理工作的背景下应时而生，聚焦当前绩效评价的专业化建设和基础性问题，旨在通过政府、学界、第三方机构等多方探讨解决实践层面的难点，推动技术创新与突破，从而提高预算绩效管理的质量。

论坛通过系列化形式开展，每次活动形成代表与会者一致声音的“白皮书”、会议主题论文集等系列研究成果，一方面在《中国财经报》《财政监督》等主流媒体上发表，另一方面通过财政部门强化实践应用，逐步发展成为我国预算绩效管理实践中重要的组成部分。

应用 4

绩效青年学者训练营

绩效青年学者训练营是为培养初级、中级绩效评价师所精心打造的专业培训体系。课程设置聚焦财政绩效，涵盖评价原理、政策、方法、实践操作等各个方面，旨在服务于绩效评价所必需的知识体系和能力建设。训练营由上海市公共绩效评价行业协会、上海财经大学、闻政公司联合打造，汇集了绩效主管部门专家、高校学者、第三方业内精英等行业顶端师资。

训练营采用小班制、“学员主导，助教辅助，讲师点拨”的精英化教学模式，以真实案例贯穿培训全流程，将知识传授、自我学习、实战演练等有机融合，学员通过学、思、论、练、模五大步骤全面提升业务能力。训练营独有的绩效评价系统实训环节，助力从业人员更加科学、高效地开展评价。

7. 恒生聚源数据服务有限公司

恒生聚源数据服务有限公司由国内金融信息服务业的资深人员组建，成立以来致力于国内外金融信息资源的积累，促进金融行业对相关信息资源的挖掘利用，公司拥有各类专业高素质人才 500 余人。

（1）公司简介。恒生聚源数据服务有限公司成立于 1995 年 2 月，主要经营范围为信息采集加工、互联网信息服务以及信息产品技术开发等。20 多年来，恒生聚源数据服务有限公司已迅速确立在国内金融数据服务领域的领先地位，是我国金融资讯数据质量最好的数据供应商。成为我国的 Bloomberg，是其不懈努力的奋斗目标。

公司产品质量和服务品质获得证券公司、基金管理公司、资产管理公司、商业银行、保险公司和信托公司等国内主流金融数据应用机构的首肯，并与诸多国内外著名金融机构和学术机构保持经常的业务往来和密切的合作关系。

（2）公司荣誉。恒生聚源数据服务有限公司（股票代码：600570）是上海证券交易所主板上市较早的高新技术企业，被评为中国十大自主品牌软件供应商，并被列为全球金融 IT 百强（FINTECH-100）。本着“专注、专业、创新”的精神，恒生聚源数据服务有限公司长期致力于行业应用软件及整体解决方案的研发事业，是国内著名的证券、基金、银行、期货、资产管理行业整体解决方案提供商，也是重要的交通、CTI、电子商务和软件外包服务供应商。其服务网络遍布全国 29 个省市地区，并在日本、美国等地设有分公司。

8. 毕马威

毕马威（KPMG）成立于 1897 年，总部位于荷兰阿姆斯特丹。毕马威是一个由专业服务成员所组成的全球网络，成员所遍布全球 154 个国家和地区，拥有专业人员 200 000 名，提供审计、税务和咨询等专业服务。

毕马威国际合作组织（“毕马威国际”）瑞士实体由各地成员组成，但各成员在法律上均属独立的个体。现毕马威中国在北京、上海、沈阳、南京、杭州、厦门、青岛、广州、深圳、成都、重庆、佛山、天津、香港特别行政区、澳门特别行政区和台湾地区共设有 17 家机构［包括毕马威企业咨询（中国）有限公司］，专业人员超过 9 000 名。

毕马威中国提供审计、税务和咨询等专业服务。它与客户合作，提供服务，协助国内外客户开拓商机、提升绩效、控制风险，提高股东及利益相关各方的价值。

毕马威咨询的专业人员通过一系列战略咨询、管理咨询、风险管理咨询及财务咨询等服务，为客户提供专业的协助。其中管理咨询包括根据客户的需求，为客户服务；掌握行业动态，优化业务运营；优化后台支持职能；将技术愿景变成现实；撬动战略资产——人才；将数据转化为独特见解。

第二部分　统计咨询案例分析

案例 1　某乘用车品牌竞争力测评商业实践案例

近年来，乘用车的品牌竞争日趋激烈，国内乘用车市场已开始由渠道时代过渡到品牌时代，并逐步进入品牌深度竞争时代。强势品牌在国内乘用车市场上的占有率和影响力日趋稳固。某乘用车（图 2-4）计划近年陆续上市新车，品牌对新车上市后的市场表现重要性越发凸显（图 2-5）。

图 2-4　某乘用车

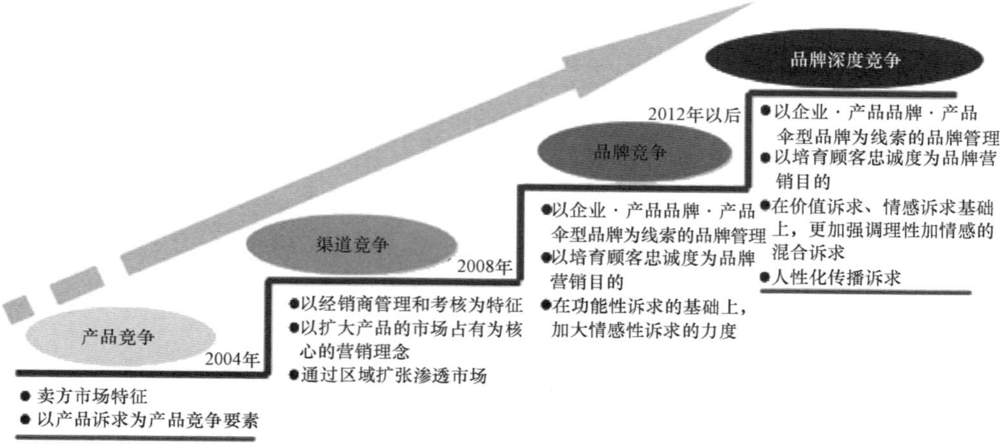

图 2-5　某乘用车的竞争变化图

某乘用车的品牌竞争力如何？是否能够承载起新车型的上市，并促进新车型有较好的市场表现？这是某乘用车目前的关注重点之一。

基于此，零点汽车研究中心结合多个品牌竞争力测评研究经验，为某乘用车品牌竞争力测评设计了两大模块研究内容。

（1）定量面访：完成 16 个品牌（含本品及竞争品牌）共计 2 814 个样本，区域覆盖国内主流消费市场。

（2）焦点小组座谈会（图 2-6）：完成本品、竞争品牌核心城市共计 8 场座谈会。

图 2-6　焦点小组座谈会现场

基于测评结果及过往品牌研究经验，为该乘用车后续的品牌建设和市场传播提供方向性品牌营销策略指导。

采用品牌传播力、品牌生命力、品牌销售力、品牌影响力 4 个维度综合评估品牌竞争力现状及相对竞争对手的优劣势。

基于扎实严谨的本品、竞争品牌竞争力测评与标杆对比，明确了该乘用车在品牌竞争力各细分维度上的竞争力现状及相对优劣势，为该乘用车后续品牌营销提供了明确的方向和坚实的理论支撑。

案例 2　当代女性其实很幸福

随着社会变迁，女性的社会角色正发生着翻天覆地的变化，由传统相夫教子的角色转变成具有独立精神和独立能力的现代女性，既要做温存善良、呵护家人的妻子和母亲，又要做拼搏进取的职场战士。她们对婚姻的信任感如何？什么是她们最重要的幸福感源泉？择偶时她们会重视哪些标准？在职场中，她们如何给自己的角色打分？又有哪些人际关系让她们头疼？日前零点研究咨询集团与新浪联合进行的女性调查结果显示：在家庭中，女性对婚姻的信任感较高，她们的幸福感来源随着结婚生子逐渐转移；择偶时，无论男性还是女性都一致认同“性格脾气”是自己重点关注的方面。此外，“郎财女貌”经典搭配标准仍未改变；在多重身份中，女性对自我的职业身份评价最高，但她们坦言同性之间职场关系难以处理。

本次调查为网络调查，从2009年3月11日11时起至3月13日18时止，共回收有效问卷2 993份，其中女性用户2 612人、男性用户381人；18岁以下61人、19～25岁800人、26～35岁1 445人、36～45岁533人、46岁以上的参与人数为154人。

一、两性关系信任感较高，幸福感来源随结婚生子逐渐转移

女性在两性关系中的信任感较高：78.6%的已婚女性认为自己和配偶之间相互信任（包括非常信任和比较信任）；62.9%的未婚女性认为自己和男友之间相互信任。随着年龄的增长，两性之间的信任感有一定程度的上升，19～25岁的女性对两性信任度评价得分为3.75分（按5级量表得分衡量，5分表示非常信任，1分表示非常不信任），36～45岁的女性两性信任度升至3.99分，56～65岁的女性则达到4.11分。少年夫妻老来伴，一方面老年夫妻相濡以沫，在人生路程上互相照顾、生活习惯上相互磨合，有助于年长伴侣双方信任感的增加；另一方面，现实社会诱惑太多，婚外恋、一夜情等不断考验新婚夫妇的信任感。

随着结婚、生子，女性的幸福感来源逐渐转移（图2-7）：对于未婚且没有孩子的女性而言，父母是她们最重要的幸福感来源，48.2%的未婚女性认为父母让自己最大限度地体验过幸福；其次，有27.3%的未婚女性选择了男朋友。而41.8%的已婚但没有孩子的女性则选择了“丈夫”。对于已婚并有孩子的女性来说，则有超过50%的受访者认为“孩子”让她们最大限度地体验了幸福。

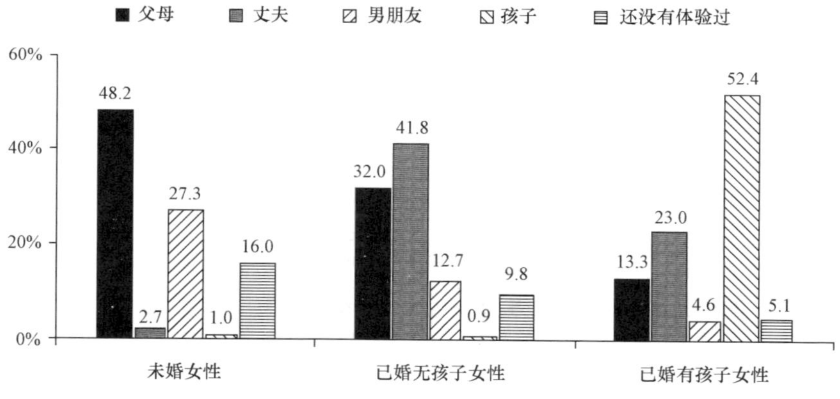

图2-7　女性幸福感来源的转移

二、个性是择偶最受关注的得分点，女性重“财”男性重“貌”

择偶时，无论男性还是女性都有超过六成的受访者认为“性格脾气”是自己重点关注的方面，其次为“道德品质”，分别有54.6%的男性和50.1%的女性选择了此项。同时，男性和女性在择偶标准上也表现出一定的差异性：男性更重视“外表长相”，48.3%

的男性承认自己会重点关注这个方面，高于女性 31.6 个百分点；而女性更重视男性的“家庭责任感”“经济状况”以及是否“有事业心”，分别有 48.5%、35.2%和 36.3%的女性认为自己会重点考察男性的这三个方面，“郎财女貌”经典搭配标准仍未改变（图 2-8）。

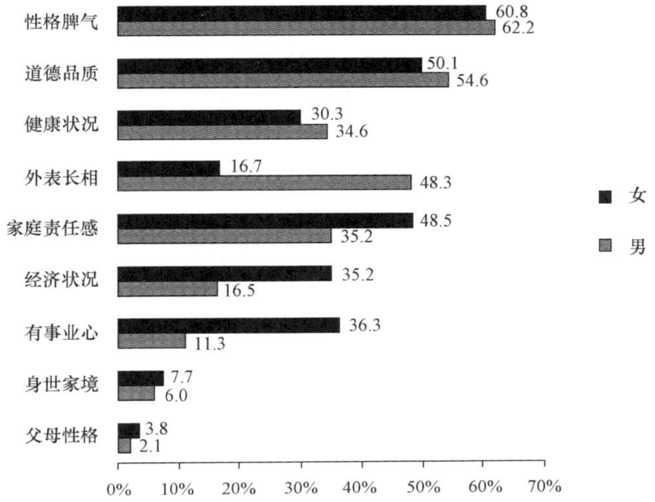

图 2-8　找配偶时，重点关注对方哪些方面情况

相对来说，年轻女性（25 岁及以下）更看重男方的“性格脾气”、是否“有事业心”以及他们的“经济状况”，分别有 63.03%、40.83%和 39.45%的年轻女性认同这些择偶标准，明显高于 46 岁以上的女性（45.61%、30.27%和 28.56%）；年龄较大的女性则更看重配偶的“健康状况”，46 岁以上有 44.74%的女性重视此项，分别高于 25 岁以下的女性和 26～35 岁女性 22.25 和 14.78 个百分点。

三、女性对自己职业身份评价最高，职场人际关系“同性相斥”

人有多重身份，当被要求对于“员工（或学生）”“女儿”“女朋友”“妻子”以及“母亲”这五种身份的合格程度自我评分时，女性对自己职场身份的合格程度评价最高，达 3.94 分（按 5 级量表得分衡量，5 分表示非常称职，1 分表示非常不称职）。其中，70.5%的女性认为自己作为员工（或学生）是称职的（包括非常称职和比较称职）。

由图 2-9 可知，无论男性还是女性都一致认同“职场中同性之间难打交道”，认为与“女上司”“女同事”这两种人难处理关系的女性均明显多于男性：28.6%的女性认为与女上司不好相处，但持此种观点的男性为 14.7%；27.9%的女性认为与女同事不太容易搞好关系，高于男性 11.9 个百分点。同样，认为与男上司、男同事、男下属难打交道的男性也明显多于女性。可见，人际关系中“同性相斥、异性相吸”的定律仍发挥着作用。

社会发展至今，女性的社会角色仍在家庭内外摇摆不定，她们面临着前所未有的压力。女性通过不断调整自我心态，努力面对多重角色的挑战，逐渐成为工作中的铿锵玫瑰、家庭生活中的温馨康乃馨。社会在不断对女性提出新要求的同时，也需要给她们更多的关爱。

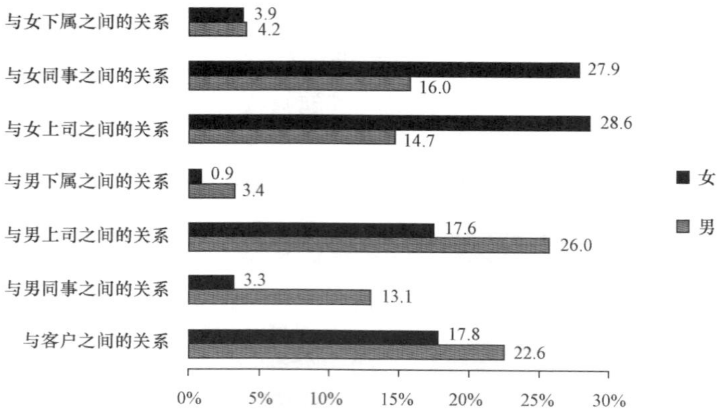

图 2-9 您觉得职场中最难处理的是哪种关系？

案例 3 网络游戏，“80 前”与“80 后”的分水岭

随着我国网民数量的逐年攀升，国内外各大网络游戏厂商的竞争也日趋激烈。那么，究竟是什么人在玩网络游戏？他们之间有什么不同呢？

零点研究咨询集团最新发布的一项调查结果显示（图 2-10）：网络游戏已成为国内三大网络应用之一，应用程度已经超过美国；玩家主体是“80 后”。“80 前”玩家更喜欢休闲型网络游戏，对网络游戏的负面评价高；“80 后”玩家则偏向角色扮演型网络游戏，认可网络游戏是一种新的生活方式。

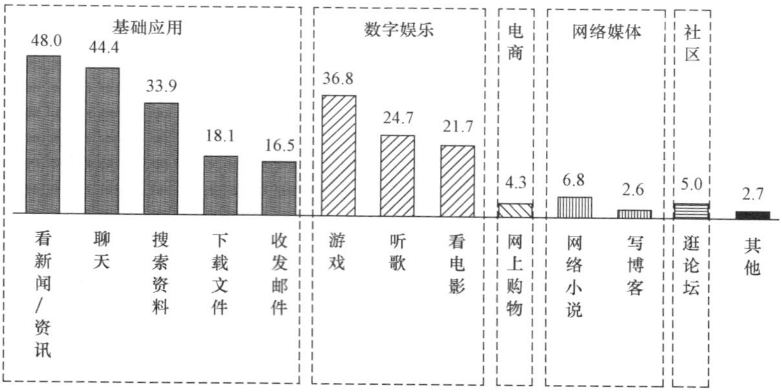

图 2-10 网民的互联网应用分布

注：调查问题为多选题，应答比例之和大于 100%，数据源自 2008 年 5 月进行的“网络游戏”小主题调查。

一、网络游戏应用程度超过美国，“80 后”是主力军

随着互联网技术的逐渐成熟，互联网应用也越来越丰富。基于网络的数字娱乐应用已经成为互联网的主流应用，网络游戏已经成为继新闻资讯获取和网络聊天后的第三大应用（本文所指网络游戏指基于局域网和广域网在内的所有可以联网进行的计算机游戏）。另 CNNIC 数据显示，中国网络游戏的应用程度已经超过美国（《中国互联网络发展状况统计报

告》，2008 年 7 月）。

调查发现，在网络游戏的参与度上，“80 前”和“80 后”有明显的差别。网络游戏玩家中，超过一半是 30 岁以下的，而在非网络游戏玩家中，30 岁以上的占了八成以上（图 2-11）。

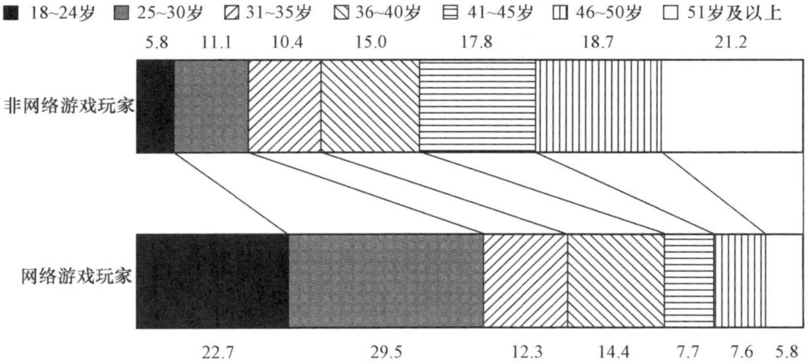

图 2-11　网络游戏玩家与非网络游戏玩家的年龄分布（%，$N=448$）

注：数据源自 2008 年 5 月进行的“网络游戏”小主题调查。

二、网络游戏类型：“80 后”爱“扮演”，“80 前”爱“休闲”

“80 后”与“80 前”对网络游戏类型的偏好也有明显差别。在排除掉群体规模的差异后可以看到，“80 前”更偏向 QQ、联众等平台提供的侧重休闲的麻将、棋牌类游戏类型，而“80 后”更加偏向代入感更强的角色扮演类游戏，如传奇、梦幻西游等（图 2-12）。

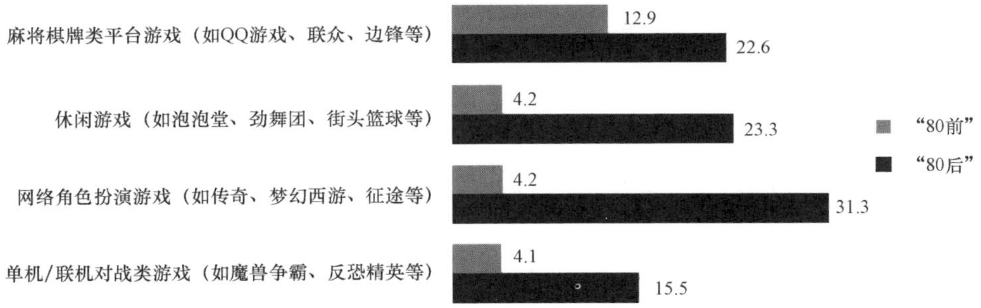

图 2-12　“80 前”与“80 后”对网络游戏类型偏好分布（%，$N=448$）

注：数据源自 2008 年 5 月进行的“网络游戏”小主题调查。

三、网络游戏态度：“80 前”贬，“80 后”挺

在对网络游戏的态度上，“80 前”与“80 后”也几乎截然相反。“80 后”更加认可网络游戏是一种代表着流行和时尚的娱乐方式和社交方式，并且能够满足那些在现实生活无法实现的愿望。“80 前”则更倾向于认为网络游戏是无聊的，而且容易让人沉迷，从而浪费时间和金钱的东西。

从整体上可以看到（图 2-13），“80 前”和“80 后”在网络游戏的行为和态度上都有比较大的差别，这种差别与他们不同的价值观有关。首先，“80 后”出生在信息化时代，对新技术的接受程度远高于“80 前”。其次，在“80 后”的成长过程中，随着社会的发展，集

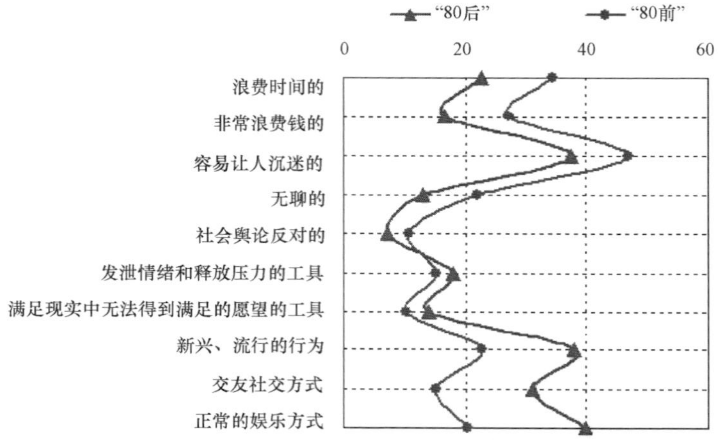

图 2-13　"80 前"与"80 后"对网络游戏的态度（%，$N=740$）

注：调查问题为多选题，应答比例之和大于 100%，数据源自 2008 年 5 月进行的"网络游戏"的小主题调查。

体主义等传统观念已经逐渐弱化，他们主体意识较强，更加希望能够展现自我。但在生活中毕竟还要受到真实身份和角色的限制，因此他们更加接受网络游戏这种虚拟的社会互动空间。而"80 前"受传统观念的影响更深，对新事物的接受程度较弱，对自己的社会角色有更加固化的认知，通过网络游戏来获得其他社会角色体验的需求较弱。因此，网络游戏对于他们来说更多的是休闲方式的一种补充。

技术说明：该调查是使用多阶段随机抽样方式于 2008 年 5 月针对北京、上海、广州、沈阳、西安、武汉、成都等 7 个城市 883 名 18～60 岁城镇居民进行的入户访问。数据结果已根据各地实际人口规模进行加权处理，在 95% 的置信度下本次调查的抽样误差为 ±1.43%。

案例 4　一次性纸巾使用情况调查报告

20 世纪 90 年代以来，随着一次性纸巾的大量出现，手绢逐渐退出了人们的口袋。因为对一次性纸巾的依赖，大片的原始森林被用于造纸的速生林替代（生产 1 吨纸巾需砍伐 17 棵十年生大树），物种栖息地消失，生物多样性遭到破坏。而且生产纸巾的过程消耗了大量的水和能源，使用纸巾还会造成很多垃圾。

5 月 22 日是国际生物多样性日，中国—欧盟生物多样性项目、北京地球村、周迅"OUR PART　我们的贡献"环境意识推广项目、央视网教育频道、搜狐娱乐频道共同发起"节纸行动"，号召大众减少使用一次性纸制品，来保护我国的原始森林和生物多样性，改善我们的生存环境。为此，零点研究咨询集团特别于 2009 年 2 月在北京、上海、广州、西安、武汉和成都 6 地进行了一项有关中国公众的一次性纸巾使用行为的社会调查。

调查结果显示：纸巾的使用率很高，使用方便是公众选择纸巾的首要原因。要想减少一次性纸巾的使用量、让手绢重新回到人们的口袋，需要政府、公众和企业等社会各界的共同努力。

一、一次性物品随处可见，纸巾使用率最高

96.6% 的公众在过去一周中使用过一次性纸巾，并且其他一次性物品如一次性筷子和一

次性纸杯的使用率也很高（图 2-14）。

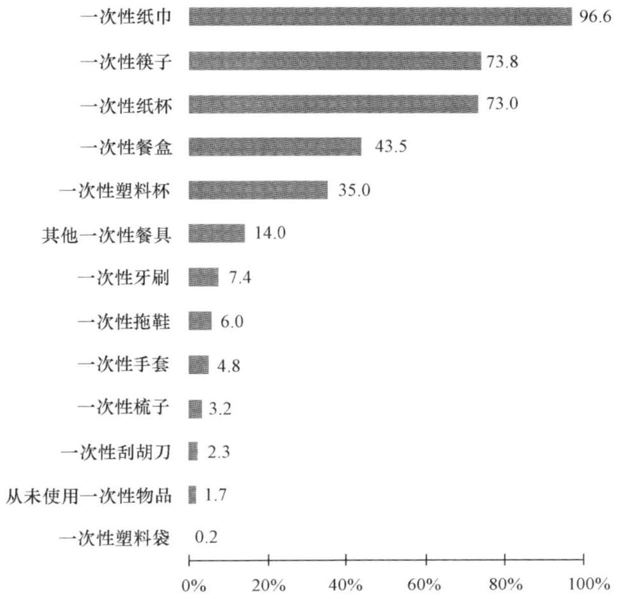

图 2-14 一次性物品的使用情况

资料来源：2009 年 2 月在北京、上海、广州、西安、武汉和成都 6 地针对 649 位年龄在 20 ~ 49 岁的居民进行的居住小区拦截访问。

调查结果显示：一次性纸巾的人均日使用量为 10. 1 张，将近七成的公众每天的用纸量在 1 ~ 10 张。如果按一张纸巾的面积为 21 cm × 21 cm 的规格计算，将全国 4 亿多的城市人口 95 天使用的纸巾全部铺开，其面积大约相当于一个北京市（图 2-15）。

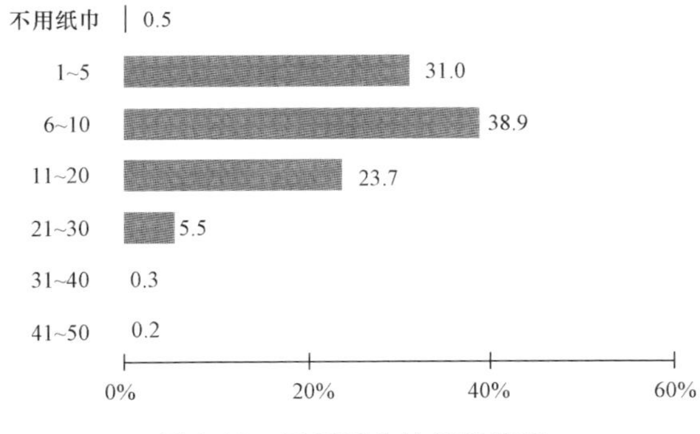

图 2-15 日用纸巾的使用情况

资料来源：2009 年 2 月在北京、上海、广州、西安、武汉和成都 6 地针对 649 位年龄在 20 ~ 49 岁的居民进行的居住小区拦截访问。

其中，从年龄分布来看，35 岁以下的公众纸巾使用量略高于 35 岁以上的公众。从城市分布来看，成都在 6 个城市中的纸巾使用量最大，达到人均日使用 16. 3 张（图 2-16）。

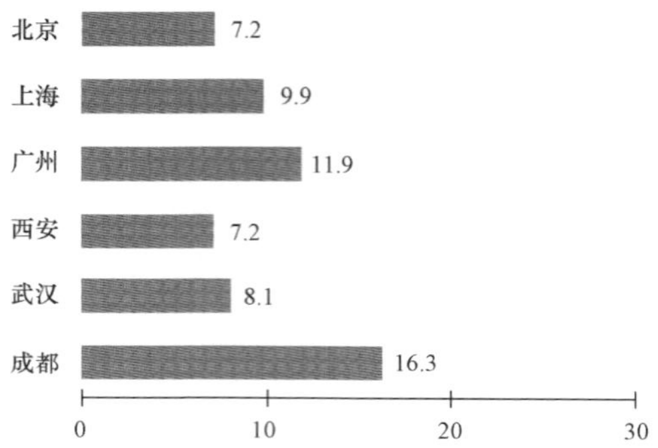

图 2-16　不同城市人均日用纸巾的情况

资料来源：2009 年 2 月在北京、上海、广州、西安、武汉和成都 6 地针对 649 位年龄在 20 ~ 49 岁的居民进行的居住小区拦截访问。

二、纸巾夺手绢之宠，方便乃制胜法宝

纸巾受青睐、手绢遭冷落的原因有很多，调查发现在产品本身特点、市场、社会环境等诸多因素中，产品本身特点是影响公众使用偏好的主要原因。纸巾本身具备的一些特点比较符合人们的需求，在调查中，89.8% 的公众选择纸巾是因其使用比较方便，54.0% 的纸巾使用者看中其不需要清洗的特性，携带方便也是一个重要的因素。当今社会的生活节奏日益加快，工作压力增大，人们在选择生活用品时更加偏爱那些易得易用的物品，这样可以大大节省时间。社会环境和市场供应情况也会影响公众的纸巾使用情况，14.0% 的公众认为自己使用纸巾是因为大家都在用，12.4% 的公众是因为纸巾购买比较方便（图 2-17）。

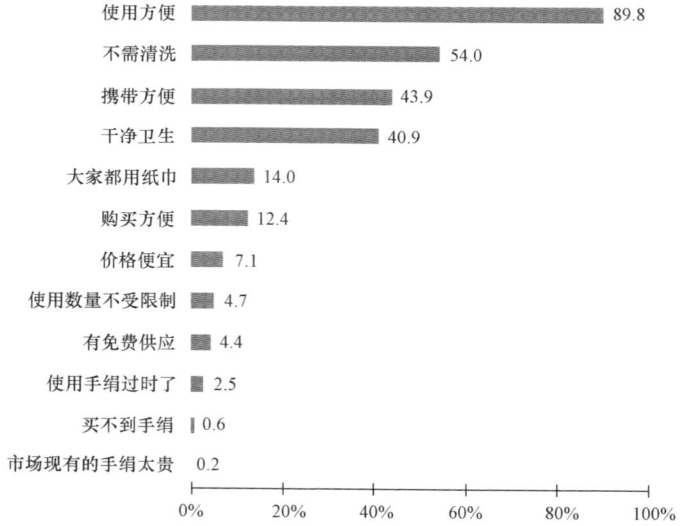

图 2-17　使用纸巾的原因

资料来源：2009 年 2 月在北京、上海、广州、西安、武汉和成都 6 地针对 649 位年龄在 20 ~ 49 岁的居民进行的居住小区拦截访问。

在调查中，55.4%的公众并不认同使用一次性纸巾不太卫生的说法，而且在被问及为何喜欢使用纸巾时，40.9%的公众看重纸巾“干净卫生”的优点。但是纸巾真的像大家认为的那么干净卫生吗?

近年来关于某些纸巾卫生不合格的报道比比皆是。一些小的纸巾加工厂的产品质量意识很低，部分宾馆和餐饮场所为了节约成本，用劣质卫生纸代替餐巾纸。而且一些纸巾中含有荧光增白剂、氯等化合物，长期使用不利于身体健康。

总的来说，手绢与纸巾相比，更加环保节能，但是目前手绢在性能、款式方面还有待改进。

案例5　中国人比美国人更快乐

最近，一门新显学研究颇受人关注，那就是“快乐力”研究。当以“快乐指标”作为衡量社会进步的标准时，也许“世界快乐版图”会与现在的“世界经济版图”完全不同。

2006年，一份包含全球178个国家以超过亚洲四小龙“国家快乐力”为指标的排名出炉，引发热议：中国排名第31位，在亚洲中排名靠前；而美国仅仅排在了第150位。这里且不论这个排名的科学性究竟有多大，但这个排名至少可以大致反映出中国的快乐指数还是比较靠前的。

零点研究咨询集团新近发布的一项关于城市居民“快乐指数”的调查结果——中国人的平均快乐指数为7.71——也印证了这个结论（图2-18）。可见，财富与快乐呈现出了有趣的“跑步机效应”：财富增长了，幸福水平还在原地，甚至有可能倒退。中国人的快乐感来源非常朴素：自己和家人身体健康、满意的经济收入、理想的工作构成快乐的三大主因。而生龙活虎的青年时期（19～23岁）是快乐感最强烈的时期，快乐指数高达7.87分。

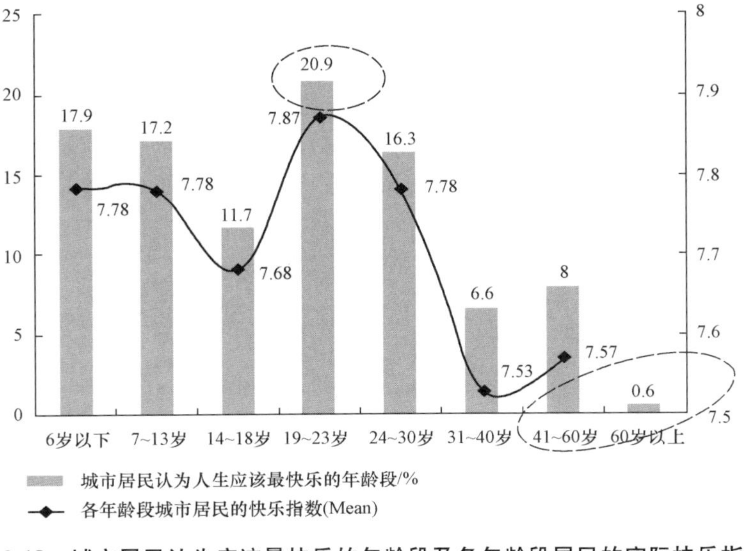

图2-18　城市居民认为应该最快乐的年龄段及各年龄段居民的实际快乐指数

资料来源：2008年5月进行的“快乐指数”小主题调查。

一、快乐指数："锯齿 N"形，迥异于美国的"U"形

总体看来，中国城市居民还是比较快乐的，在 10 分制下，各年龄段居民的快乐指数均值在 7.5 分以上，但年龄段之间呈现多个波峰波谷：13 岁以前是"快乐首峰"，14～18 岁进入第一个"快乐低谷"，19～23 岁达到一生的"快乐巅峰"，随后逐渐下降，而在 31～40 岁进入"快乐谷底"，步入老年后略有回升（图 2-18）。同样，从各年龄段人群心理上最认可的"快乐时期"来看，19～23 岁年龄段仍然拔得头筹。

而美国人的快乐指数在年龄阶段上的表现则成"U"形趋势：快乐的童年→负重的中年→颐养的老年。

与美国人一样，中国城市居民在中年期担负最重的家庭与社会责任，快乐感最低。但为什么中国人的快乐指数会在 14～18 岁这个花样年龄出现首个低谷呢？零点研究咨询集团早前专门针对"90 后"群体进行了专项群体研究，其间发现的"90 后"群体特质应该能提供一些解释。

首先，"90 后"有典型的"拟成人化"特征：他们身体发育上还是个孩子，但心智已经被熏陶得"成人化"了，他们机敏地观察并试图融入这个社会，所以他们比"80 后"的人更精于算计、更圆滑、更讲究实际，但相对而言，他们对情绪的掌控力还不到位。因此，这种身心的不对称发展往往给他们造成了一种精神上的撕扯，容易产生不快乐感。

其次，"90 后"是"松圈主义"群体。他们也有"圈"，但不像"60 后""70 后"的人是紧密的集体圈层，没了集体就没了个人。他们的圈层比较"松"，带一些"80 后""独"的色彩，他们渴望融合在一个同质化的圈子里，但同时又希望能够在这个圈子脱颖而出，这种既要维护好一个圈子又要有别于这个圈子的矛盾心理，往往让他们会有挫败感或疏离感。

二、快乐来源："身体"第一，"革命"第二

老话说：身体是革命的本钱，那么，"身体"与"革命"则是快乐的本钱，快乐感首先最容易从"身体健康""事业有成、经济优裕"中获得；其次，"家庭和睦""广交朋友"等小社交圈要素构成快乐之源的第二圈层；最后，"国际稳定""社会和平"等大社会圈要素能比较间接地带来快乐感（图 2-19、图 2-20）。有趣的是，这与美国人的快乐意识有所不同，美国人的快乐感较多来自"社会公平、贫富悬殊不大""社会保障制度完善"等方面。

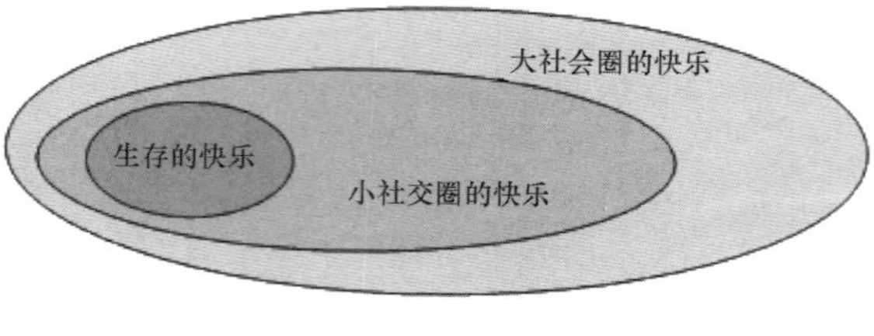

图 2-19 城市居民快乐感来源的圈层示意图

另外，这项研究显示，中国的父母把孩子视为重要的快乐来源，约 45.1% 的壮年和约 49.2% 的中年人都表示孩子有出息，他们会感到快乐。可见在中国父母的快乐中有很大一部分是来自孩子，在父母的眼中，孩子的成功就是对他们最大的回报。

但是"孩子们"并没有同等程度地认为父母是他们的快乐之源。此次调查中，最年轻

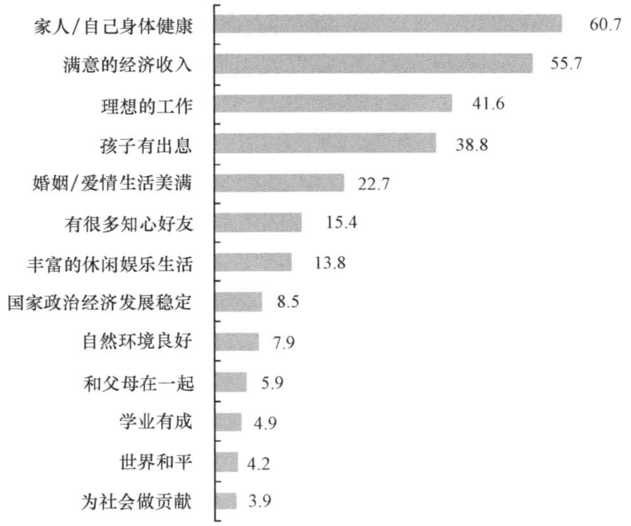

图 2-20　城市居民快乐感的来源（%，N = 1 883）

资料来源：2008 年 5 月进行的“快乐指数”小主题调查。

（18 ~ 23 岁）的受访者中，仅约有 11% 认为和父母在一起是他们一大快乐来源。而已为人父母的中年人群，同样较少视“与父母一起”为快乐来源。他们更多地从休闲娱乐生活和与朋友的交往中获得快乐（图 2-21）。

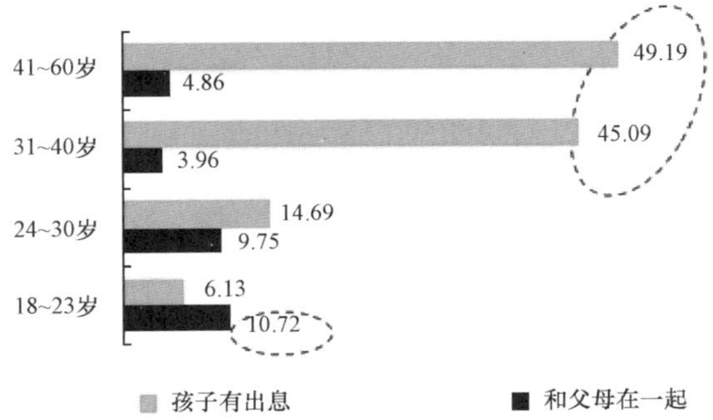

图 2-21　两类快乐感来源的代际反差（%，N = 1 883）

资料来源：2008 年 5 月进行的“快乐指数”小主题调查。

什么原因造成了父母和孩子快乐来源的“代际反差”？研究人员认为，主要有如下三个方面的原因：

首先，父母和孩子分处于两个不同的人生阶段。18 岁是成人阶段的临界点，年轻人开始逐渐脱离家庭，进入圈体性的社会化进程，他们渴望与外界沟通交流，获得信息，沟通情感，所以对于年轻人来讲，朋友是重要的社会资源，他们以与朋友交往为乐；而他们的父母身处以“事业家庭双丰收”评判是否取得成功的人生阶段，儿女作为家庭的核心，自然就成了父母的快乐之源。

其次，父母和孩子之间的平等交流模式还未真正建立起来。18 ~ 23 岁的年轻人，其父母大多出生于 20 世纪六七十年代，他们教育孩子的方式大多受自己成长模式的影响，普遍还没有建立起与孩子进行平等沟通的朋友式的关系，自然父母与儿女之间也没有形成和谐的互动关系。

除此之外，不容忽视的是，父母与儿女之间快乐的代际差异也是中国传统儒家文化的生动体现。薪火相传的中华文化中“一代一代单向向下无私奉献”的情感传递路线，也潜移默化地造就了这一代际反差的现状。

如今，40岁的女性希望自己能打扮得像30岁的女性一样年轻，越来越多的父母开始关注时尚信息，而他们身边的儿女自然就成了最好的老师，当父母能真正虚心向年轻人学习的时候，父母与儿女建立共同爱好的机会就真正到来了。我们相信，随着父母与子女沟通开放性和平等性的日益提高，快乐指数的代际差异一定能得到弥合。

在这里，我们还是应该为中国人难能可贵的“高快乐指数”鼓掌，即使有“青少年裂变期”的心理困惑、即使只是“小家子气”的快乐感、即使快乐来源的代际反差仍很明显，但至少别人问我们“你快乐吗”？我们能够大喊一声“我很快乐”！

技术说明：此次调查是采用多阶段随机抽样方式于2008年5月针对北京、上海、广州、武汉、沈阳、西安、成都7个城市共1 883名18～60岁居民的入户访问，数据结果已根据各地实际人口规模加权处理，在95%置信度下本次调查抽样误差为±2.76%。

案例6　危机中的购车者“不太冷”

在国际金融海啸的冲击下，中国车市曾连续9年保持两位数高速增长的势头在2008年戛然而止。中国汽车工业协会于2009年1月12日对外公布的数据表明，2008年中国汽车产销（含出口）量分别为934.51万辆（产）和938.05万辆（销），同比增长5.21%和6.70%，分别较2007年回落16.81个百分点和15.14个百分点。产销未破千万大关，让不少“车市乐天派”大跌眼镜。回顾2008年，从原材料、制成品涨价，到国际原油价格飙升，再到国际金融危机，给中国车市带来接二连三的打击，这使很多“车市寒心派”预言中国车市即将持续萎靡。

2009年的中国车市在一片唏嘘声中惨淡开局，但2月份汽车销量大幅反弹，3月份中国车市继续保持上涨势头。公安部于2009年4月初对外公布的数据表明，2009年第一季度中国私人汽车保有量与2008年同期相比，增长7.11%，中国车市的“冬天”似乎并未来到。究竟是什么原因导致中国车市在2009年第一季度出现繁荣的局面呢?

零点研究咨询集团与新浪汽车频道联合于2009年4月3日至4月6日，进行了一次关于金融危机对人们购车决策影响的网络调查。本次调查共有4 370名新浪网友参与，通过筛选，最终有效样本量为3 448个。本次调查发现，人们的刚性需求是导致2009年第一季度中国车市繁荣的一个原因。调查发现，近六成受访者在2009年有购车计划，经济型轿车和中级车是购车者的首选，但大多数购车者的需求属于“浅层”购车需求，“浅需求”导致了需求的“弱刚性”。

一、购车者需求呈刚性，近六成人在2009年有购车计划

在本次调查中，虽然有11%的受访者表示目前的金融危机会使自己个人（或家庭）收入有所下降，但仍有59.3%的人表示自己在2009年度有购车计划。其中，58.5%的人认为目前的金融危机不会影响到自己的购车计划。也就是说，2009年有购车打算的人中，近六成不会因为金融危机的影响推迟或调整自己的购车计划（图2-22）。

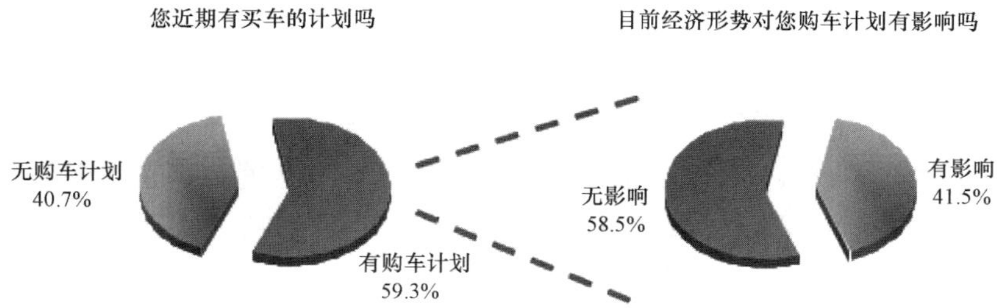

图 2-22　危机下购车者的购车需求

资料来源：2009 年 4 月 3—6 日在新浪汽车频道上进行的网络调查，有效样本 3 448 个。

经济“寒冬”来临，人们为何还有如此高涨的购车热情？研究人员认为，这一现象主要是由中国汽车普及浪潮的推动和人们汽车消费信心的启动这两大原因导致的。首先，中国当前处于汽车大规模普及的浪潮中，汽车的角色已经从奢侈品变为家庭日常生活工具，很多中等收入以上家庭都有购买汽车的能力，汽车市场的需求还很旺盛；其次，从整体车市来看，不论是原材料价格的急剧下降导致汽车生产成本降低，价格优势凸显，还是政府出台一系列政策措施（如调整购置税、出台燃油税等），都利好中国车市，都使人们看到了危机下车市的希望，启动了人们的消费信心；最后，在前两年经济迅猛增长中，这些中等收入以上家庭储蓄了一部分资金，而近期不管投资股市还是基金，都很难获得较高的收益，随着车价的持续下降，以前的观望变成了当前的行动。这些都导致了 2009 年第一季度的车市繁荣。

二、经济型轿车和中级车是危机下购车者的首选

人们的购车信心启动后，哪些车型会在危机下迎来发展机遇呢？通过研究发现，经济型轿车和中级车将会迎来较好的发展机遇。调查数据显示，近八成（78.7%）购车者青睐这两类车型。其中，价格在 5 万 ~ 15 万元的车型的需求最为集中，32.1% 的人打算购买价格在 5 万 ~ 10 万元的经济型轿车，29.9% 的人打算购买价格在 11 万 ~ 15 万元的中级车（图 2-23）。

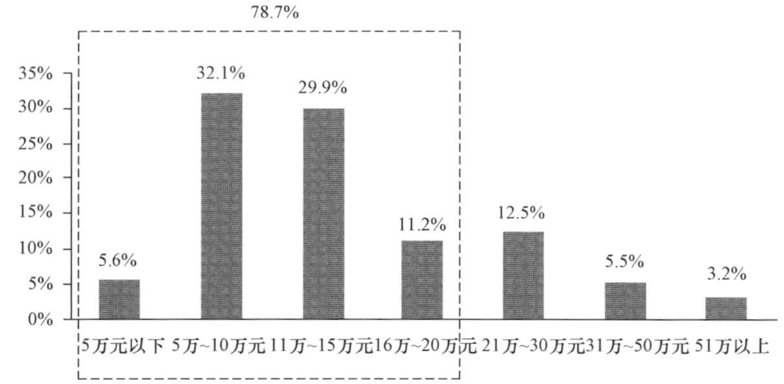

图 2-23　2009 年购车者的购车预算

资料来源：2009 年 4 月 3—6 日在新浪汽车频道上进行的网络调查，有效样本 3 448 个。

仔细分析 2009 年第一季度汽车销量的数据（中国汽车工业协会公布）可以发现，这一

时期中国车市的繁荣主要表现为经济型轿车和1.6 L以下中级车销量的强势反弹。尤其是汽车振兴规划政策的刺激、购置税的调整和燃油税的实施，使1.6 L及以下排量的轿车成为车市的购买热点。中国消费者在危机来临之前对经济型轿车和中级车强烈的购买意愿，终于在危机来临之时，借助国家振兴车市的各种政策的支持，转化为对这两种车型的疯狂购买。上海、重庆、广州的汽车卖场中，北京现代、东风悦达起亚、东风日产等4S店内人潮如织，伊兰特、悦动等车型甚至出现热销断货、售价纷纷上涨的情况。

三、超过七成购车者的需求属于“浅层”购车需求

所谓“浅层”购车需求，是指购车者仅产生了购车打算，或者初步确定了购车预算，或者刚开始比较各种车型，这类需求属于不稳定需求，购车者受外界影响比较大，在任何一个阶段都有可能转换需求或结束需求。

本次调查中仅有25.5%的购车者表示自己已经选定目标准备出手购买，74.5%的人还处于初步打算、确定预算、了解车型的阶段，尤其是近两成（18.7%）购车者只是初步产生了购车意愿（图2-24）。

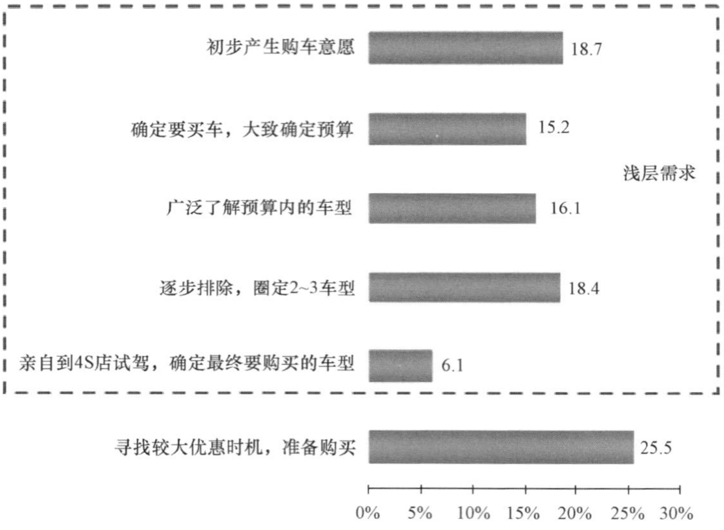

图2-24　购车者所处的购车阶段

资料来源：2009年4月3—6日在新浪汽车频道上进行的网络调查，有效样本3 448个。

虽然在金融危机的背景下，中国车市至今仍持续看涨，但不可忽视超过七成购车者的购车需求是“浅层”需求这一现象。人们虽然已经重新建立起对中国车市的消费信心，但不稳定的“浅层”需求说明了人们消费信心的脆弱性。本质上来说，人们对车市的刚性需求是一种“弱刚性”需求，金融危机的影响依旧不可忽视 。如果在未来8个月内出现一些影响较大的事件，购车者是否会转移甚至结束购车需求，人们对中国车市的信心能否继续保持，中国车市能否继续增长，还有待第二季度的市场表现来验证。

技术说明：本次调查是零点研究咨询集团与新浪汽车联合于2009年4月3日至4月6日在新浪汽车频道上进行的网络调查，共有4 370名网友参与了本次调查，其中有效样本3 448个。

案例7　利用研究报告数据进行分析师评选

评选与挖掘中国最优秀的证券分析师和研究机构，对提升中国证券研究行业水平，促进资本市场健康发展有积极意义。

每年新财富、第一财经、今日投资财经资讯有限公司等都会进行分析师评奖或推出排行榜。

评选对象应满足规定条件（分析师相关资格）。

参赛流程：

（1）海选；

（2）排位阶段（如选出前10名）；

（3）人气排位（网络投票）；

（4）评审组评定（利用研究报告数据）；

（5）揭晓最终结果。

分析师评奖包括个人和机构两大奖项，采用主客观结合的评选方式，旨在发现和表彰优秀的证券研究服务机构与研究服务人才。

研究报告是卖方分析师将研究观点推荐给各买方机构的载体。卖方分析师将对上市公司的调研成果及预测结果表述在研究报告中，市场各类投资者通过阅读研究报告来获取信息，并将研究报告中的研究结果作为投资判断的依据。因此，研究报告的优劣是判断分析师研究能力的良好途径。

分析师客观评选，就是以分析师研究报告的客观数据为基础，通过数学统计模型进行跟踪，对分析师进行考察与量化打分。

一、分析维度介绍

分析师客观评选主要从以下三个维度进行。

（1）准确性。预测的准确性是判定一篇研究报告预测性的好坏、判断分析师研究能力强弱的首要标准。主要从绝对准确度和相对准确度两个角度考察分析师研究报告中预测的准确性。

①绝对准确度，注重于分析师对个股某次预测结果相对上市公司每股盈利实际披露值的偏离程度。预测结果与实际值越接近，说明准确度越高。

②相对准确度，注重于分析师预测偏离程度所超出同行业分析师预测偏离程度的幅度。预测结果与实际值的误差相对于同行业分析师的误差越小，说明该分析师比同行业其他分析师更加优秀。

（2）前瞻性。除预测准确性外，预测时间也是一个判断分析师预测能力的重要标准，在通常情况下，距离时间越远，准确预测的难度越大，在相同的准确度下，预测时间越是提前，说明分析师的预测能力越强，前瞻性越高，研究报告对投资者作用越大；反之，说明预测师的预测能力相对较弱，前瞻性较低，研究报告对投资者作用越小。

（3）连续性。连续性反映研究分析师对某只股票调研的紧密度，一般情况下，研究得越多，相对来说研究程度也越深，分析师研究报告的可信度也就越高。

二、评分流程（图 2-25）

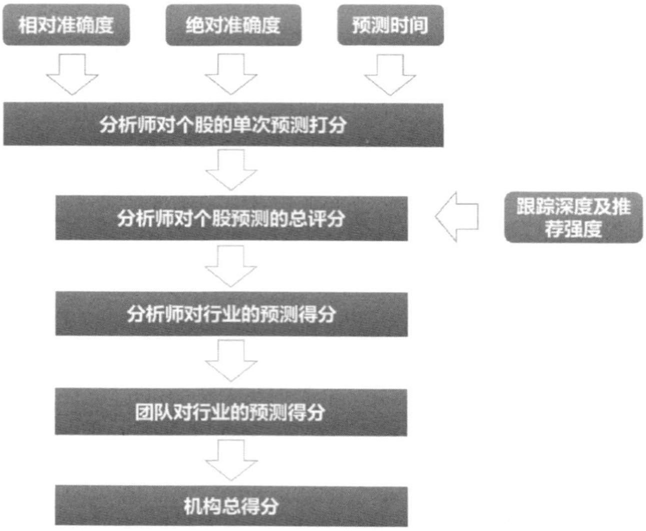

图 2-25　评分流程

三、有效性检验

图 2-26 为所有报名分析师个股预测得分的分布情况，条形图为各分数区间内的频率，折线图为各分数区间内的频率占比累计和。

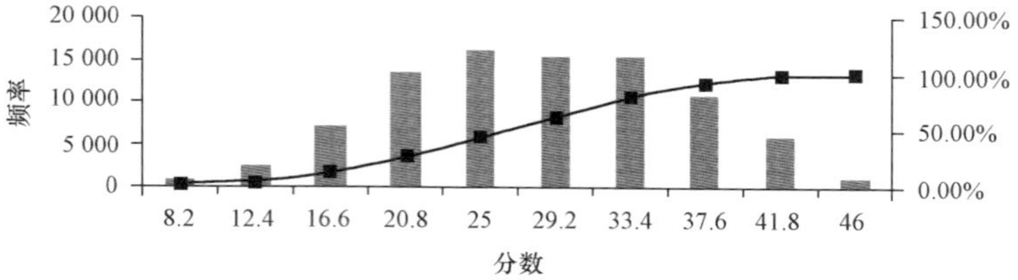

图 2-26　分析师个股预测得分的分布情况

图 2-27 为所有报名分析师对报名行业预测得分的分布情况，条形图为各分数区间内的频率，折线图为各分数区间内的频率占比累计和。

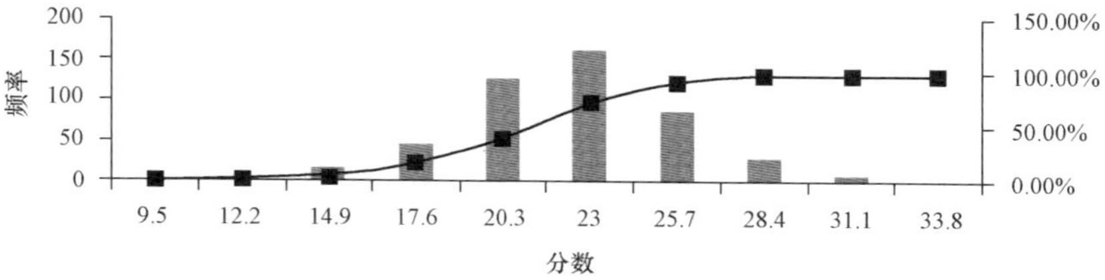

图 2-27　分析师对报名行业预测得分的分布情况

由图 2-26 和图 2-27 可知，分析师个股预测得分和行业预测得分的分布都比较接近于正

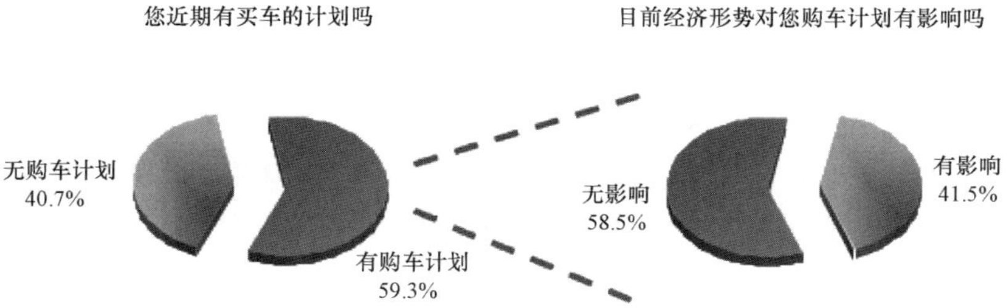

图 2-22　危机下购车者的购车需求

资料来源：2009 年 4 月 3—6 日在新浪汽车频道上进行的网络调查，有效样本 3 448 个。

经济“寒冬”来临，人们为何还有如此高涨的购车热情？研究人员认为，这一现象主要是由中国汽车普及浪潮的推动和人们汽车消费信心的启动这两大原因导致的。首先，中国当前处于汽车大规模普及的浪潮中，汽车的角色已经从奢侈品变为家庭日常生活工具，很多中等收入以上家庭都有购买汽车的能力，汽车市场的需求还很旺盛；其次，从整体车市来看，不论是原材料价格的急剧下降导致汽车生产成本降低，价格优势凸显，还是政府出台一系列政策措施（如调整购置税、出台燃油税等），都利好中国车市，都使人们看到了危机下车市的希望，启动了人们的消费信心；最后，在前两年经济迅猛增长中，这些中等收入以上家庭储蓄了一部分资金，而近期不管投资股市还是基金，都很难获得较高的收益，随着车价的持续下降，以前的观望变成了当前的行动。这些都导致了 2009 年第一季度的车市繁荣。

二、经济型轿车和中级车是危机下购车者的首选

人们的购车信心启动后，哪些车型会在危机下迎来发展机遇呢？通过研究发现，经济型轿车和中级车将会迎来较好的发展机遇。调查数据显示，近八成（78. 7%）购车者青睐这两类车型。其中，价格在 5 万～15 万元的车型的需求最为集中，32. 1% 的人打算购买价格在 5 万～10 万元的经济型轿车，29. 9% 的人打算购买价格在 11 万～15 万元的中级车（图 2-23）。

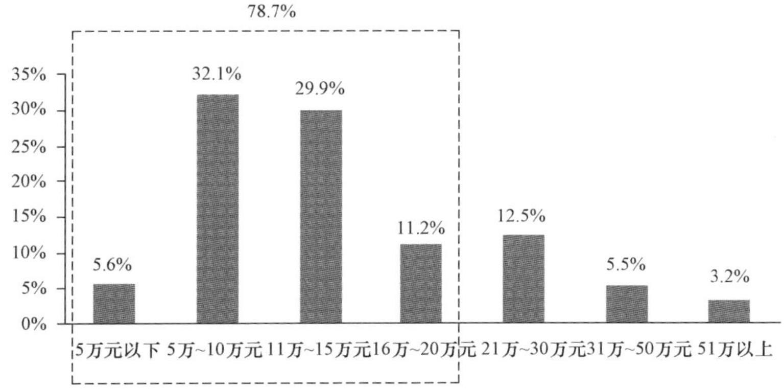

图 2-23　2009 年购车者的购车预算

资料来源：2009 年 4 月 3—6 日在新浪汽车频道上进行的网络调查，有效样本 3 448 个。

仔细分析 2009 年第一季度汽车销量的数据（中国汽车工业协会公布）可以发现，这一

态分布，代表评分的效果较好，能比较好地将分析师预测情况的好坏区分出来。

四、正确性检验

图 2-28 为 2015 年排名分析师在排名行业中排名百分比相对 2014 年变动情况。

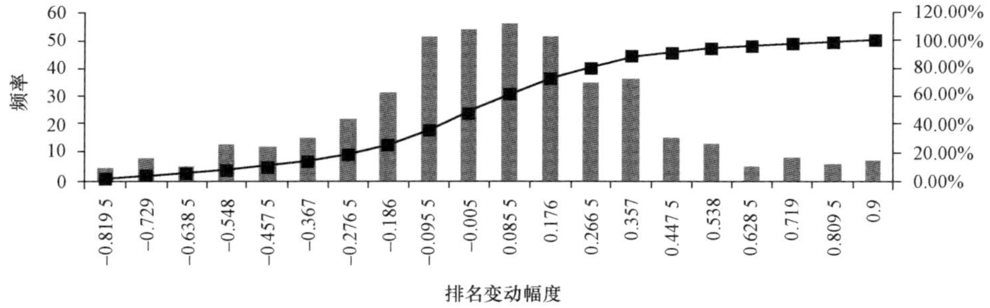

图 2-28　分析师排名比例变动情况

其中，2015 年的排名分析师及排名行业沿用 2014 年的报名信息；排名变动幅度 = 2014 年分析师在某一行业中的排名/2014 年该行业总排名数 – 2015 年分析师在该行业中的排名/2015 年该行业总排名数，即该值为正时，2015 年相对 2014 年排名提前；该值为负时，排名向后。

由图 2-28 可知，排名变动幅度主要集中在［ –0. 186，0. 176］，大部分分析师行业排名变动较小；整体分布趋向于正态分布，中心趋向于 0；代表 2014 年的分析师排名情况到 2015 年有着较好的延续性，采用的评分方式有着较好的准确性。

案例 8　3E 视角下的公交补贴政策与公交运营成本分析——以 A 地区公交运营补贴政策为例

第三方评价机构在评价财政对公交的补贴政策时，对公交运营成本的分析往往比较粗浅。闻政提出，在常规的绩效评价指标体系以外，还可以利用公交成本的不同测量方式，去深度分析公交补贴政策的经济性、效率性与效益性。本案例以 A 地区对轨道交通配套公交线的里程补贴为例，从成本角度为公交补贴政策绩效提供分析思路。

在本案例中，评价组梳理了 A 地区公交运营补贴政策，并从 3E 原则的各个维度出发分析 A 地区的公交运营成本：通过公交运营人力、车辆、燃料、管理四个方面的实际成本与规制标准的差异分析，考察公交运营补贴的经济性；通过按里程数计算的单位成本分析，考评公交运营补贴的效率性；通过按乘客人次计算的单位成本分析，验证公交运营补贴的效益性。最后，评价组还提出成本分析在公交补贴政策评价中进一步深化的思路。

一、A 地区公交运营补贴政策简介

（1）A 地区公交享有优惠乘车补贴、老年人乘车补贴、油价补贴、购车补贴等市级公交补贴。伴随着 A 地区轨道交通 × 号线路开通试运营，A 地区为加强传统汽电公交与轨道交通的配套和相互补充，从2010年开始实施线路层面的公交运营补贴政策。

（2）A地区公交运营补贴的对象是轨道交通配套线路，即首站或末站位于轨道交通枢纽站的公交线路；途经轨道交通，即经过轨道交通站点的公交线路；以及一般区域线路，即区域内与轨道交通无直接关联的公交线路。

（3）A地区公交运营补贴基于线路运营里程核算。具体来说，是对上述线路当年运营里程数剔除自然增长后，补贴其运营里程较2009年增长的部分。

（4）A地区公交补贴的标准发生过一些变动。2010年A地区公交补贴政策执行伊始，补贴标准依据有关部门意见设为4.4元/千米，由A地区财政承担。自2012年起，为适应公交事业的迅速发展，在线路逐渐增多的情况下，实现事权与财权的统一，A地区调整了公交补贴资金承担的主体，资金变为由中心区域、非中心区域两级财政共同承担；同时调整了补贴标准，部分线路改为按2.2元/千米补贴。本次研究的对象是A地区2014年公交运营补贴政策，当年执行的公交线路运营补贴详见表2-1。

表2-1　A地区2014年公交运营补贴标准

类别	中心区域	非中心区域
配套线路	轨道交通配套线路 4.4元/千米，中心区域财政承担	轨道交通配套线路 4.4元/千米，两级财政各承担一半
途经线路	途经轨道交通站点线路 2.2元/千米，中心区域财政承担	途经轨道交通站点线路 4.4元/千米，两级财政各承担一半
其他	其他线路 不予补贴	一般线路（轨道交通不配套线路） 2.2元/千米，非中心区域财政承担

A地区2014年公交运营补贴预算金额为8 576万元，其中6 936万元由中心区域财政承担，1 640万元由非中心区域财政承担。2014年涉及区级运营补贴线路为60条，补贴运营里程数为1 798万千米。

二、经济性视角：公交成本规制

经济性指的是成本与投入的关系，是指以最低的费用取得一定数量和质量的资源。公交补贴政策的经济性通过公交行业成本规制予以体现，需考察人工、车辆、燃料和管理等公交运营的基本投入成本是否合理。评价组通过差异性分析对上述四个方面的成本说明如下。

（1）人工成本差异分析。根据当地公交行业成本规制的相关规定，公交公司职工年收入不得低于工资集体协商确定的最低工资水平，也不得超过当地职工平均工资水平。从已收集的2009—2014年的数据来看，A地区公交公司职工收入在其间有较大增长，从33 210元上升到49 280元，但数额和年均增长率均低于当地职工平均水平，该公司人工成本的增长在合理的范围内（图2-29）。

（2）车辆保养修理费成本差异分析。由表2-2可知，A地区公交公司2009—2014年保养修理费（不含人工）成本增长较快，平均每年增长15%左右。在此期间，公交行驶里程增幅较大。但即使将修理费分摊到每辆车行驶的每千千米上，其成本也较高，在2009—2014年，始终超过当地公交行业成本规制框定的标准。

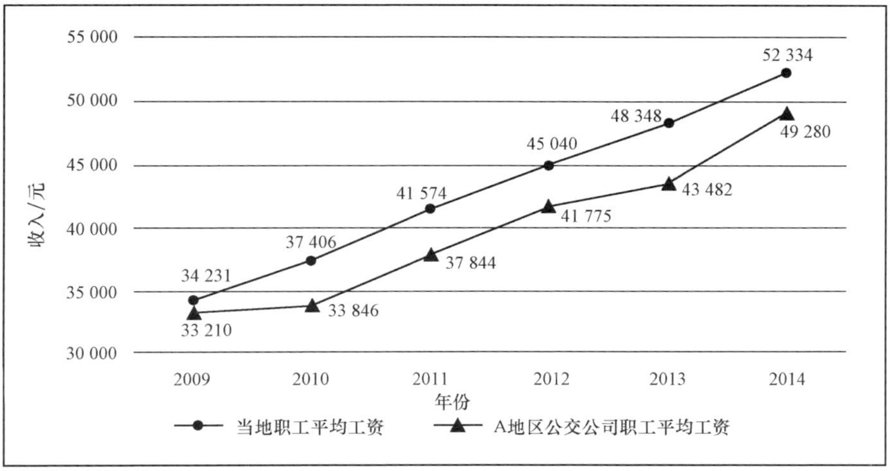

图 2-29　A 地区公交公司 2009—2014 年度人工成本差异图

表 2-2　A 地区公交公司 2009—2014 年度保养修理费成本差异分析表

项目＼年份	2009	2010	2011	2012	2013	2014	年均增长率
车辆数/辆	353	449	453	447	548	585	10.63%
行驶里程/万千米	2 284	2 983	3 231	3 462	3 665	3 765	10.51%
保养修理费/万元	1 161	1 484	1 816	1 869	2 471	2 342	15.07%
千千米修理费/元	506	498	562	540	674	622	4.21%
成本规制数	430～480 元/（千千米·辆）						
结论	六年全部超标准						

（3）燃料成本差异分析。通过整合燃料能源耗用表，2010—2014 年 A 地区公交公司百千米油耗与当地公交行业成本规制标准的对应情况见表 2-3。从中可以看出，该公司 8.5～10 米长度车辆百千米油耗超过成本规制数，而 10～11 米和 11～12 米长度车辆百千米油耗皆低于成本规制数。8.5～10 米长度的车辆主要配置在通往城区线路上，而城区的拥堵情况较为严重，因此此类车型的百千米油耗量偏高。

表 2-3　A 地区公交公司 2010—2014 年度燃料成本差异分析表　单位：升/百千米

年份＼车型	8.5～10 米（不含 10 米）	10～11 米（不含 11 米）	11～12 米（含 12 米）
2010	31.35	34.14	37.21
2011	31.7	34.78	37.17
2012	32.44	34.47	37.72
2013	32.89	34.96	37.41
2014	31.31	33.72	34.29
成本规制数	27～29	34～36	38～40
结论	全超标	全符合标准	全较标准低

（4）管理费用（不含人工）成本差异分析。由表2-4可知，管理费用（不含人工）占直接成本的比例，按照当地成本规制的标准，2010年前应为3.0%～3.3%，2011年起应为2.7%～3.0%。2009—2012年，A地区公交公司各年指标低于标准水平，但2013和2014年皆超过标准。2014年管理费用占比过高的原因之一是当年存在一次性缴纳社保摊销费用，使管理费用（不含人工）增长很大。

表2-4　A地区公交公司管理费用（不含人工）成本差异分析表　　单位：万元

类别＼年份	2009	2010	2011	2012	2013	2014
成本费用	14 265	19 604	20 291	22 841	22 924	24 478
管理费用（不含人工）	272	297	422	563	823	1 251
管理费用占比（不含人工）	1.91%	1.52%	2.08%	2.47%	3.59%	5.11%
成本规制标准	3%～3.3%		2.7%～3.0%			
结论	较标准低		较标准低		超标	

注：2008年成本规制标准中，计算公式分母（即本表中的成本费用）为总成本，2011年成本规制标准中分母改为直接成本，即除营运业务费、车队经费、管理费用、财务费用、营业税金及附加和营业外支出以外的支出。

三、效率性视角：公交补贴与运营里程单位成本

决策者关注运营成本，其实关注的是单位成本，而非总成本。单位成本有不同的测算方式，例如按每车/小时、每人次、每千米计算等。按运营里程计算单位成本，与效率性的内涵最一致，可考察投入与产出的关系。

为分析公交补贴与线路单位运行成本的关系，评价组根据补贴政策，将2014年运行的71条公交线路分为以下六类：A类（非中心区域配套轨道交通补贴线路）；B类（中心区域配套轨道交通补贴线路）；C类（非中心区域途经轨道交通补贴线路）；D类（中心区域途经轨道交通站点补贴线路）；E类［中心区域补贴线路（轨道交通不配套线路）］；F类（未补贴线路）。

按运营里程计算单位运营成本，根据各线路每千米运营成本、标准差，发现六类线路的每千米运营成本之间并没有显著的差异，都为6.5～8元，见表2-5；通过绘制箱线图（图2-30），可以更加直观地反映出各类线路的每千米运营成本分布情况。

表2-5　公交线路每千米运营成本

线路类型	每千米运营成本/元	标准差/元	线路数量
A类（非中心区域配套轨道交通补贴线路）	7.40	0.83	31
B类（中心区域配套轨道交通补贴线路）	6.51	3.13	5
C类（非中心区域途经轨道交通补贴线路）	6.87	0.94	11
D类（中心区域途经轨道交通站点补贴线路）	7.66	1.68	4
E类［中心区域补贴线路（轨道交通不配套线路）］	6.91	1.75	6
F类（未补贴线路）	7.57	1.64	14

续表

线路类型	每千米运营成本/元	标准差/元	线路数量
合计	7.26	1.39	71

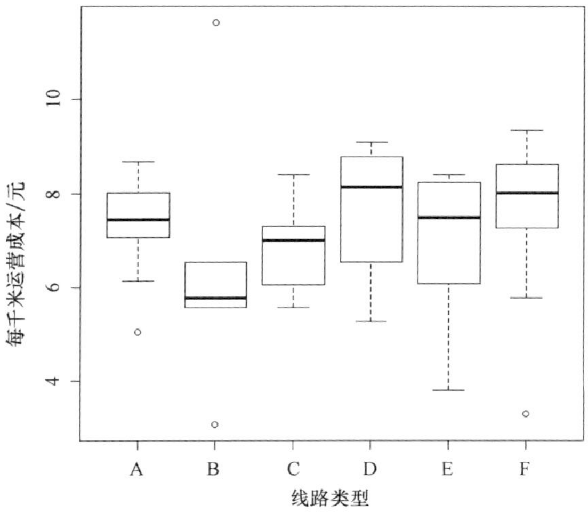

图 2-30　公交线路每千米运营成本箱线图

注：在箱线图中，每个“箱子”中间的加粗横线标示的是中位数，而非平均数。

评价组使用单因素方差分析（One - way ANOVA）进一步验证，$p = 0.55$，远远大于评价组设定的显著水平 $\alpha = 0.05$，表明六类线路的每千米运营成本没有显著的差异。A、B、C、D 类线路，往往行驶在较为拥堵的路段，理论上每千米的油耗等成本可能偏高，但实际上这些线路的单位里程成本与未被补贴的 F 类线路相比，并没有显著差别，见表 2-6。

表 2-6　因变量为每千米运营成本的多元线性回归模型

自变量名称	系数	标准差	t	p
里程补贴单价/（元・千米$^{-1}$）	0.10	0.14	0.68	0.50
补贴里程总数/千米	0.00	0.00	−0.40	0.69
运营里程总数/千米	0.00	0.00	−1.88	0.07
燃油补贴总价值/元	0.00	0.00	4.20	0.00
燃油消耗总量/升	0.00	0.00	−2.49	0.02
A 类（非中心区域配套轨道交通补贴线路）	−0.37	0.76	−0.49	0.63
B 类（中心区域配套轨道交通补贴线路）	−1.33	0.85	−1.56	0.12
C 类（非中心区域途经轨道交通补贴线路）	−0.80	0.89	−0.90	0.37
D 类（中心区域途经轨道交通站点补贴线路）	0.48	0.76	0.63	0.53
E 类［中心区域补贴线路（轨道交通不配套线路）］	−0.70	0.96	−0.73	0.47
F 类（未补贴线路）	（线路分类的基准线）			
常数项	7.15	0.54	13.19	0.00
多元线性回归模型归纳				

续表

自变量名称	系数	标准差	t	p
观测数	71			
F（自由度：10，60）	3.60			
p	0.00			
R^2	0.38			
修正 R^2	0.27			
残差标准差	1.19			

注：受制于可获得数据，本模型的出发点并不在于解释里程单位成本的差异原因，而在于验证 A ~ F 类线路的里程单位成本之间是否存在差异。

评价组又运用多元线性回归模型进行进一步验证，模型中因变量为每千米运营成本，自变量在 A ~ E 分类（以 F 类未补贴线路作为基准线）的 5 个哑变量（Dummy Variable）之外，又添加运营里程数、补贴里程数、每千米补贴单价、市级燃油补贴额、燃油消耗量等作为控制变量，用以剥离规模效应以及市级燃油补贴对运营成本的影响。多元线性回归模型再次印证了单因素方差分析的结果，在其他控制变量保持不变的情况下，六类线路的每千米运营成本没有统计意义上的显著差异（$\alpha = 0.05$）。

以上分析显示，被补贴的线路，尤其是 A、B、C、D 类线路往往在较为拥堵的路段运营，但是运营里程的单位成本与未补贴线路相比没有显著差别，单位成本控制较好。说明 A 地区对公交线路的补贴没有在运营成本上产生负面激励，效率性较好。

四、效益性视角：公交补贴与服务人次单位成本

在本案例中，考虑到 A 地区公交线路补贴政策的目的是加强公交与轨道交通配套，方便市民出行，评价组认为按载客人次计算单位成本，与效益性的内涵更为一致，可以考察产出、效果与政策目标是否匹配。

按照人次计算运营成本，六类线路之间存在显著差异，详见表 2-7。

表 2-7　公交线路每人次运营成本

线路类型	每人次运营成本/元	标准差/元	线路数量
A 类（非中心区域配套轨道交通补贴线路）	3.64	1.62	31
B 类（中心区域配套轨道交通补贴线路）	4.80	4.16	5
C 类（非中心区域途经轨道交通补贴线路）	2.27	0.84	11
D 类（中心区域途经轨道交通站点补贴线路）	3.21	0.92	4
E 类［中心区域补贴线路（轨道交通不配套线路）］	2.55	1.17	6
F 类（未补贴线路）	12.12	9.90	14
合计	5.06	5.78	71

单因素方差分析表明，A、B、C、D、E 五类线路之间没有显著差异，而 F 类线路的人

均成本显著高于 A、C、D、E 四类（$\alpha=0.05$）；就平均数来看，F 类线路的人均成本也高于 B 类线路，但由于评价组选择的显著性水平是 0.05，所以 F 类和 B 类之间的差异（$p\approx0.06$）不被认为是统计显著的，详见表 2-8。

表 2-8　各类公交线路每人次运营成本差异分析（Bonferroni 检验）

Row Mean-Col Mean	A	B	C	D	E
B	1. 161 55 1. 000				
C	-1. 361 91 1. 000	-2. 523 45 1. 000			
D	-0. 428 952 1. 000	-1. 590 5 1. 000	0. 932 955 1. 000		
E	-1. 081 45 1. 000	-2. 243 1. 000	0. 280 455 1. 000	-0. 652 5 1. 000	
F	8. 482 12 0. 000	7. 320 57 0. 059	9. 844 03 0. 000	8. 911 07 0. 021	9. 563 57 0. 001

注：第一行数值表示两类线路之间的成本差异；第二行数值表示该差异在 B 检验中的 p。

评价组运用多元线性回归模型对以上结果进行进一步验证，发现在控制了运营里程数、补贴里程数、每千米补贴单价、市级燃油补贴额、燃油消耗量等变量后，被补贴的五类线路（A、B、C、D、E）的人次单位成本都显著低于未被补贴的 F 类线路（$\alpha=0.05$），见表 2-9。

表 2-9　因变量为每人次运营成本的多元线性回归模型

自变量名称	系数	标准差	t	p
里程补贴单价/（元·千米$^{-1}$）	-0. 13	0. 52	-0. 24	0. 81
补贴里程总数/千米	0. 00	0. 00	0. 99	0. 33
运营里程总数/千米	0. 00	0. 00	2. 32	0. 02
燃油补贴总价值/元	0. 00	0. 00	1. 72	0. 09
燃油消耗总量/升	0. 00	0. 00	-2. 85	0. 01
A 类（非中心区域配套轨道交通补贴线路）	-9. 74	2. 79	-3. 49	0. 00
B 类（中心区域配套轨道交通补贴线路）	-13. 35	3. 09	-4. 32	0. 00
C 类（非中心区域途经轨道交通补贴线路）	-12. 17	3. 23	-3. 77	0. 00
D 类（中心区域途经轨道交通站点补贴线路）	-8. 32	2. 78	-3. 00	0. 00
E 类［中心区域补贴线路（轨道交通不配套线路）］	-12. 16	3. 49	-3. 48	0. 00
F 类（未补贴线路）	（线路分类的基准线）			
常数项	15. 26	1. 98	7. 72	0. 00
多元线性回归模型归纳				
观测数	71			

续表

自变量名称	系数	标准差	t	p
F（自由度：10，60）	6.48			
p	0.00			
R^2	0.52			
修正 R^2	0.44			
残差标准差	4.33			

注：受制于可获得数据，本模型的出发点并不在于解释人次单位成本的差异原因，而在于验证 A ~ F 类线路的人次单位成本之间是否存在显著差异。

由表 2-9 可知，被补贴的线路所承担的平均里程客运量远远超过未补贴线路，人均运营成本显著低于未补贴线路，与政策目标相一致，效益性较好。一方面，补贴线路客流量大的直接原因是其途经轨道交通站点或与轨道交通线路相配套。另一方面，A 地区对已有线路的新增里程进行补贴的方式，确实激励了这些服务人次多、社会效益好的线路增加其运营里程。为了扩大这种激励效果，并避免将来出现运营里程增加过度而导致规模效益递减的情况，评价组建议，可以考虑采用以里程数和客运量相结合的方式补贴公交线路。

五、成本分析在公交补贴政策评价中深化运用展望

受制于可获得数据，评价组对 A 地区公交补贴与运营成本间的关联性分析有一定的局限性。为进一步深化研究，评价组呼吁政府、公交行业与公共绩效评价方建立数据共享机制。

就公交系统的内部数据而言，在投入方面，除了“人、财、物”中的“财”即资金，还应该囊括人力和物力投入的质量和数量。在产出方面，除了考核数量以外，还应该增加可达性、舒适性、便捷性等维度。

就公交系统的外部数据而言，应适度增加沿线居民人数、途经轨道交通站点的客运量等变量，用以剥离环境因素对公交运营造成的影响。对数据类型来说，横截面数据和时间序列数据积累并重。尤其是时间序列模型，可以更好地推断公交补贴和运营成本之间的因果关系。

在公交补贴与运营成本间的关联性分析基础上，可以深化对公交政策的激励研究。在肯定 A 地区公交补贴政策产生的效果的同时，也需要承认，对运营里程进行补贴的模式存在一种风险：公交线路为了扩大补贴额，可能过度增加运营里程，超出最佳公交服务供给规模，导致边际效益递减。评价组建议进一步研究以里程数和客运量相结合的方式补贴公交线路，并使用数据仿真模拟等技术测算出最佳补贴方案。

案例 9　“双十一”某品牌服饰电子邮件营销

电子邮件营销是以订阅的方式将行业及产品信息通过电子邮件的方式提供给所需要的用户，以此建立与用户之间的信任和信赖关系。大多数公司及网站都已经利用电子邮件营销方

式。毕竟邮件已经是互联网基础应用服务之一。

在美国前总统奥巴马竞选过程中，电子邮件营销费用占到网络营销团队费用的62%。这些邮件不只针对美国白人，奥巴马还用中文写了一篇《我们为什么支持奥巴马参议员——写给华人朋友的一封信》，署名全美华人支持奥巴马委员会，通过电子邮件营销自动传播，奥巴马竞选团队获得了大量200美元以下的小额捐款，最终奥巴马获得竞选所需要的巨额资金，也赢得了总统宝座。

艾瑞咨询通过整理E－tailing Group在2011年年初对158家美国电子零售商所做的调查数据后发现，电商用于付费搜索的营销预算占比最多，达30.0%。紧随其后的是用于电子邮件的营销预算，占16.0%。搜索营销，包括付费搜索和搜索引擎优化（SEO），合计占比为41%（图2-31）。

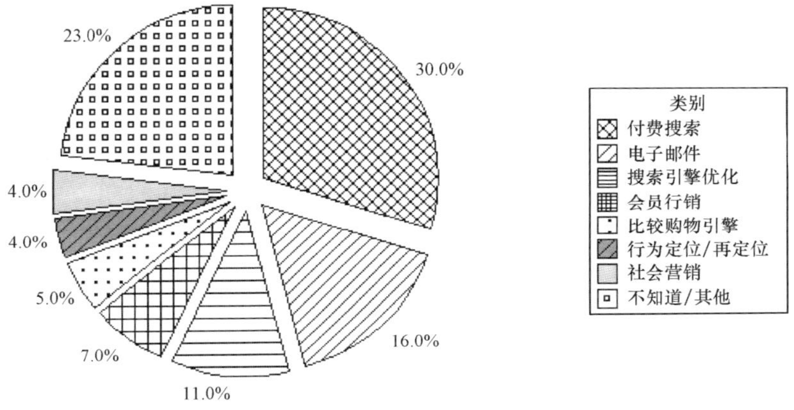

图2-31　2011年美国电子零售营销预算分配情况

2010年以后电子邮件是美国企业营销首选（图2-32）。

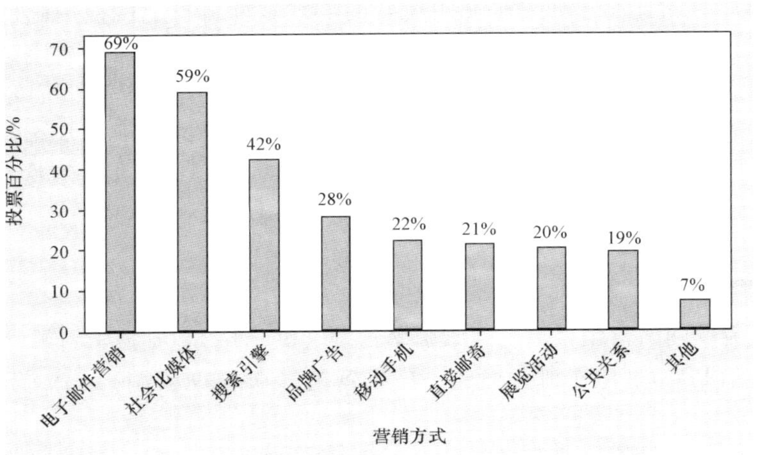

图2-32　2010年美国企业营销方式评选

根据艾瑞咨询的统计，2010年中国个人电子邮箱用户规模达2.59亿，同比增长

18.8%，邮箱用户占网民总数的比重为56.7%（图2-33）。由于其他网络活动往往与邮箱关联，如在线注册、网络购物、订阅服务等，因此电子邮箱用户的绝对规模仍会继续扩大。

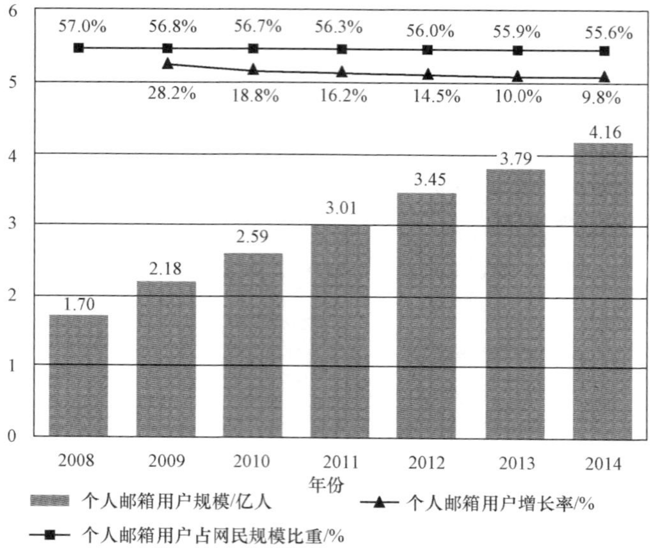

图2-33　2008—2014年中国个人电子邮箱市场发展分析

一、电子邮件营销的特点

（1）覆盖范围广。只要用户有邮箱，就能覆盖到，不管他在世界的哪个角落。

（2）操作简单，效率高。下载一个免费的邮件群发工具，就可以马上进行电子邮件营销，无须掌握复杂的技术或经过烦琐的流程。在群发过程中，也无须人工干预，完全自动化。而且其效率非常高，一天可以发送大量的邮件。

（3）成本低，性价比高。如果是使用免费的群发软件自行上网搜集邮件地址，那电子邮件营销的成本仅限于基本的电费和一点人工费用，非常低。

（4）适用性强。不适合做电子邮件营销的行业很少，几乎任何企业都可以采用这种方法。

（5）精准度高。由于电子邮件是点对点的传播，所以可以实现非常有针对性、高精准的传播。比如可以针对某一特定的人群发送特定的邮件，也可以根据需要按行业、地域等进行分类，然后针对目标客户进行邮件群发，使宣传一步到位。

二、各种营销方式比较

当下比较主流的网络营销渠道有搜索引擎营销（Search，包括搜索引擎优化SEO和搜索页面付费广告营销PPC）、电子邮件营销、广告营销（Display营销）、SN营销（Social Network营销）等。

SEO是通过对网站结构（内部链接结构、网站物理结构、网站逻辑结构）、高质量的网站主题内容、丰富而有价值的相关性外部链接进行优化，以获得在搜索引擎上的优势排名为网站引入流量。PPC是指购买搜索结果页上的广告位来实现营销目的，各大搜索引擎都推出了自己的广告体系，相互之间只是形式不同而已。搜索引擎广告的优势是相关性，由于广告只出现在相关搜索结果或相关主题网页中，因此，搜索引擎广告比传统广告更加有效，客户转化率更高。

广告营销就是到一些流量很大的门户网站购买网络的横幅广告（banner advertisement）。这种营销方式如果设计得好，营销成本会较传统媒体低，当然还是需要相当预算的。

SN 营销（Social Network 营销），即社会化网络营销，是互联网 Web 2.0 的特点之一。SN 营销是基于圈子、人脉、六度空间这样的概念而产生的，即主题明确的圈子、俱乐部等进行自我扩充的营销策略，一般以成员推荐机制为主要形式，为精准营销提供了可能，而且实际销售的转化率高（图 2-34）。

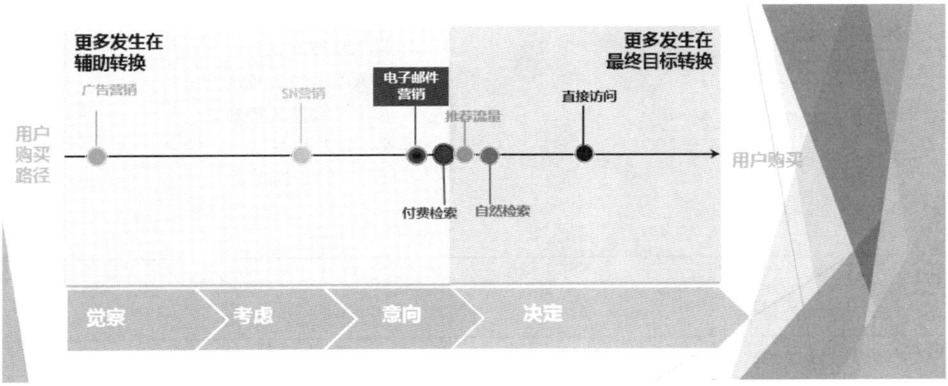

图 2-34　各营销方式在电子推广中所扮演的角色

三、开展电子邮件营销的步骤

开展电子邮件营销的步骤如图 2-35 所示。

图 2-35　开展电子邮件营销的步骤

（1）计划（内容、目的、时间、接收者、如何实现）。

（2）收件人员名单管理（创建、维护、用户分组细分：基于历史表现与收集途径，对用户进行划分）。

（3）创建邮件（邮件抬头、品牌营销、个性化定制、图片、响应按钮、其他更多链接）。

（4）自动触发（自定义、明确触发流程、创建营销活动、测试）。

（5）评价与提升（营销活动整体表现、提升计划）。

通常使用如下公式来衡量与评价电子邮件营销：

公式 1：送达率 = 送达数/发送数 ×100%

公式 2：开启率 = 邮件开启数/送达数 ×100%

公式 3：点击率 = 邮件点击数/送达数 ×100%

公式 4：转换率 = 自定义目标事项数/总数 ×100%

其中，未送达可能是由于临时发生的“软跳出”和永久存在的“硬跳出”。“软跳出”包括用户邮箱已满、接受邮箱所在服务器崩溃或下线、邮件文本太大导致的拒接。硬跳出包括用户邮箱地址错误、域名不存在、接收邮箱所在服务器锁定。

例 1 韦博英语。

发送对象	发送内容（图片网页） 不要试听！就要免费！ 我们相信学好英语的本质在于习惯与坚持， 更相信学好英语的过程能积蓄改变人生的能量。 1. 轻松变身商务达人； 2. 真人外教课堂； 3. 每天 5 分钟，英语充电； 4. 商务礼仪达人手册。 注册链接与信息
1. QQ 用户； 2. 年龄在 25 ~ 35 岁的年轻人，月收入 1 000 ~ 3 000 元； 3. 每日发送 30 万封	
投放效果	
1. 邮件打开率高达 40%，点击率 25%； 2. 推广每月带去注册会员 1.2 万； 3. 用户次月活跃率高达 47%	

例 2 7 天连锁酒店。

发送对象	发送内容（图片网页） 住 7 天连锁酒店过冬礼品连连送， 欢天喜地浓情春意， 住一送一大优惠。 体验、注册链接与信息
1. 年龄在 18 ~ 50 岁； 2. 商旅人士、学生； 3. 共计发送邮件 1 000 万	
投放效果	
1. 带去注册会员 15 万； 2. 带去有价值活跃会员 3 万	

例 3 “双十一”某品牌服饰电子邮件营销。

（1）背景：电子邮件营销是将电子邮件作为专业的网络营销工具，将企业的产品信息以邮件的形式发送给目标用户，从而实现与顾客的快速高效沟通。电子邮件营销正成为一种发现并留住顾客的有效手段。淘宝商城的“双十一”促销活动是最近热门的一种促销方式，两者结合能产生巨大商机。

（2）目的：借“双十一”东风，有效实现目标用户精准定位，努力提高营销邮件的送达率、点击率、开启率，从而提高客户转化率进而带动收益增长，同时服务于企业的客户关系管理、品牌认知提升、客户忠诚度培养等。

（3）实现：基于公司自有客户关系数据与购得第三方数据，通过客户生命周期模型与用户等级评分模型，筛选高质量目标用户接受名单，并设置触发邮件，围绕“双十一”活动分为预热、发生、回温三个环节。

（4）评价。

①支出与盈利：与其他营销渠道相比，电子邮件营销投入更少，收益更多（图 2-36、图 2-37）。

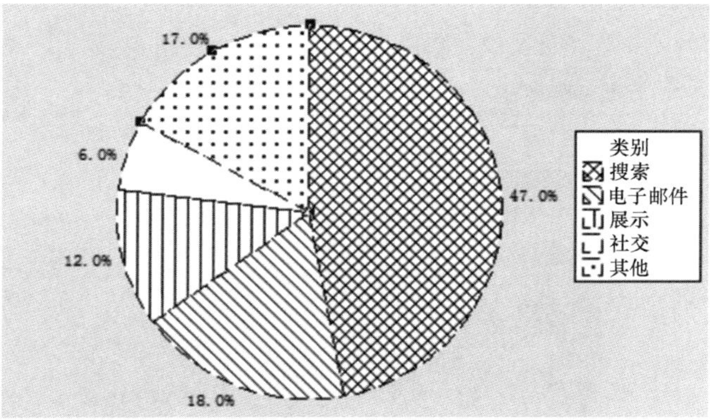

图 2-36　数字营销支出份额

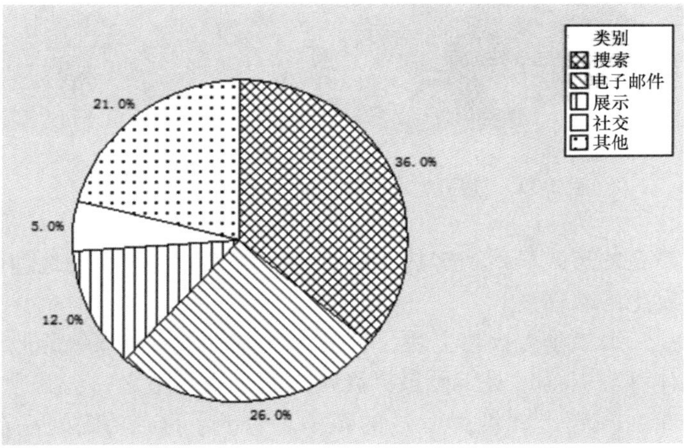

图 2-37　数字营销收入份额

②邮件表现：与其他电子邮件推广活动相比，双“十一”带动更大购买力（图 2-38）。

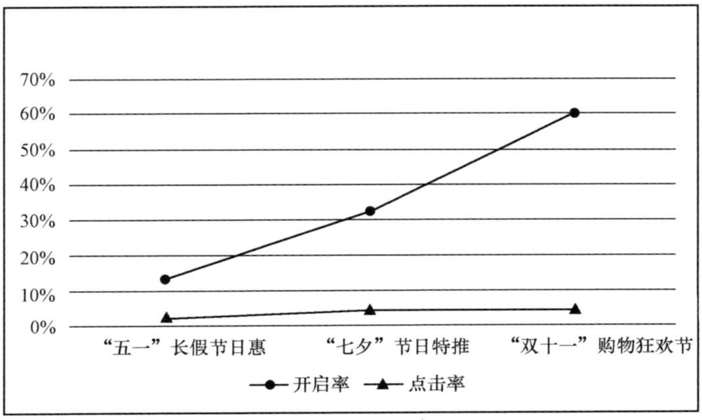

图 2-38　某品牌 2016 年度电子邮件营销推广表现

③热力图：经 AB 测试，缩短页面篇幅，活动页面获得更多点击量，有助于目标转化

（图 2-39）。

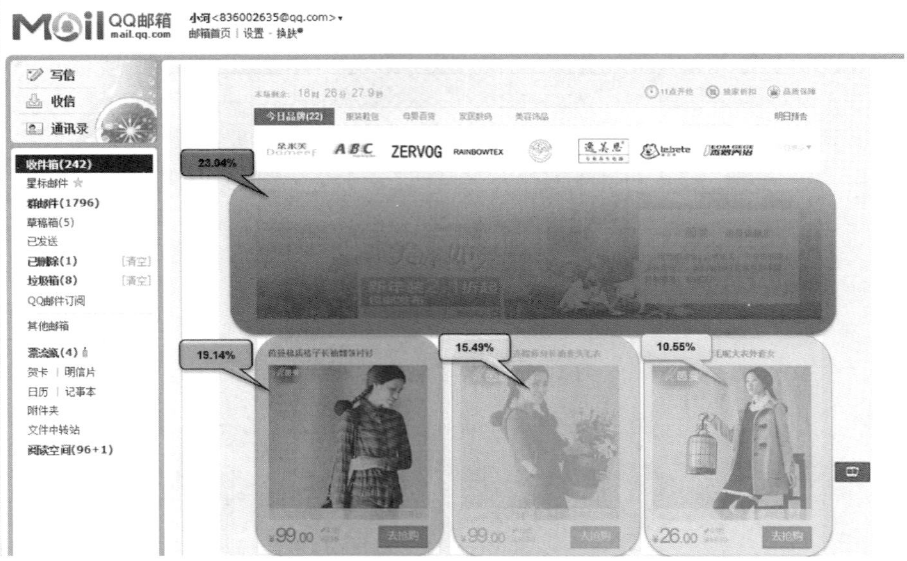

图 2-39　某品牌 2016 年度电子邮件营销热力图

热力图以特殊高亮的形式显示访客热衷的页面区域和访客所在的地理区域的图示，可以显示不可点击区域发生的事情。

例 4　《纸牌屋》第二季大火热上映，吸引了世界各地的观众争相收看。《纸牌屋》的制作方、美国流媒体巨头 Netflix 是美国最具影响力的影视网站之一，其通过对 3 000 万个用户行为的大数据分析，预判出《纸牌屋》的卖座。Netflix 的成功之处就在于其强大的推荐系统 Cinematch。该系统将用户视频点播的基础数据如评分、播放、快进、时间、地点、终端等储存在数据库后，通过数据分析计算出用户可能喜爱的影片，并为其提供定制化的推荐。全球邮件营销服务机构 Webpower 对在美国本土有约 2 900 万的订阅用户的 Netflix 一直细心观察，那么它是如何运用邮件与用户沟通的？以下通过 Webpower 的详细分析，解读 Netflix 的邮件营销秘诀。

1. 新会员欢迎及引导

在注册之后，用户就进入了 Netflix 的新会员生命周期计划中。Netflix 对新加入用户，首先发送欢迎邮件，并重新对用户的名字、邮寄地址、合同条款等个人内容信息进行确认；然后鼓励用户往自己的 queue（movies list）中加入至少 6 部喜好的电影，以便日后进行个性化推荐。在这个过程中，Netflix 会不断发邮件告诉用户还需要加入多少电影，并告知用户哪里可以找到更多自己喜好的电影。

2. 日常邮件中，保持与用户互动

Netflix 每发出去一个 DVD，随之会发出一封邮件让用户了解将会收到什么，以及什么时候将收到，在归还 DVD 后它们还将发送另外一封邮件。这些邮件都非常有意义，因为通过类似零售商的送货确认通知，可以保持整个过程与用户互动。同时在归还邮件中，还提供给用户对影片直接评价的权利，增加了邮件的趣味性和互动性。根据五星评级系统，Netflix 强大的数据分析能力方便其再次向用户推荐更加精准的内容。

3. 越简单越好

在全球邮件营销服务商 Webpower 看来，Netflix 的电子邮件不是最具有视觉吸引力的，其突出的是功能性和效率，如一致和恰当的名字、好的主题行、图像的最佳显示，以及电子邮件中的文案和创意，越简单越好。在所有的 Netflix 邮件中，用户永远找不到长篇累牍的文案复制或繁复的图片。文案被限制在短短的句子、电影封面和一些简单的 Netflix 公司的广告中，页面和布局都非常简单。

4. 基于个性化数据，让用户重新回来

数据正是 Netflix 的优势所在，根据点击、调查问卷等方式获取用户偏好数据，可为用户喜欢的内容提供参考，使 Netflix 在流媒体服务方面拥有强有力的竞争优势，而基于数据对不同的群组以不同频率发送相关的主题邮件，已经成为 Netflix 许多年来的实践。如果用户订阅了流媒体服务，但是有一段时间没有光顾，那么，Netflix 将做些什么呢？它会基于用户以往的收视习惯（如以往观看过什么、观看的进程、离上次登录多长时间等信息）发送给用户相关的邮件，让用户重新回到 Netflix 观看。

5. Netflix 电子邮件营销的成功秘诀

过去 Netflix 是一家 DVD 租赁公司，之后涉足线上视频，而《纸牌屋》的出现令 Netflix 和大数据捆绑在一起，Netflix 正在不断尝试创新商业模式。据全球领先邮件营销服务商 Webpower 中国区观察，Netflix 在邮件营销应用实践中也不断改进，并依靠大数据，很好地丰富用户数据库。使用数据并做出及时预测及响应，开展邮件及多渠道营销自动化，也许将成为其下一个爆发点。Netflix 其他邮件营销策略体现在：

（1）个性化邮件。为单个用户准备邮件内容，而不是每个人。

（2）提供下一步操作指导。让用户知道下一步该干什么，特别是当发送一些其他内容信息时，告知用户其目的所在。

（3）注意回顾。用邮件鼓励/刺激那些还没有采取行动的用户。

（4）让用户了解关键事件，并利用这些事件开展相关的营销。

（5）让用户对邮件内容感兴趣，并鼓励互动，使邮件成为与用户进行双向通话的渠道。

（6）表达切实的关心之情，同时提高用户从服务中获得的价值。

案例 10　利用 Adobe 检测机器人流量

根据 Imperva Incapsula 公司公布的 2015 年 Bot Traffic Report（Bot 流量报告），人类五年来首次线上流量超过机器人流量，占全部线上流量的 51.5%，而在 2013 年的时候仅仅为 38.5%。但人类线上流量占多的情况比较短暂，最新公布的 2016 年 Bot 流量报告显示，人类线上流量降到 48.2%，机器人流量达到 51.8%。

一、机器人流量概述

当下电子商务的发展越来越迅速，很多大型品牌不再满足于在淘宝、京东等大型网购平台开店，纷纷选择建设自己的官方网上商城，如阿迪达斯、耐克、李维斯等。独立构建网上商城带来的最直接的好处是能够获得用户的网络购买行为的数据，并以此类数据为基础，进行相关网站营销，这就是网站分析的用途之一。

网站分析（web analytics）是一种对网站访客行为的研究。对于商务应用背景来说，网站分析特别指依据来自某网站收集来的资料，以决定网站布局是否符合商业目标。例如哪个登录页面（landing page）比较容易刺激顾客购买欲。这些收集来的资料几乎总包括网站流量报告，也可能包括电子邮件回应率、直接邮件活动资料、销售与客户资料、使用者效能资料（如点击热点地图），或者其他自订需求资讯。这些资料通常与关键绩效指标比较以得到效能资讯，并且可用来改善网站或者行销活动里观众的反应情况。当下最流行的网站分析工具有 Google Analytics 和 Adobe Ominiture 等。随着计算机技术的进步，尤其是爬虫技术的进步，许多网站开始出现所谓的“机器人流量”。Imperva Incapsula 2015 年年底发布的 Bot Traffic Report 显示，机器人流量占全部线上流量的 48.5%，其中恶意机器人流量占 59.8%，造成了过百亿元的广告费损失。而作为优质资源的视频媒体广告，也同样存在严重的机器人流量欺诈，美国广告主协会的一项研究表明，近 1/4 的视频广告被软件查看，而非真人。机器人流量的存在最直接的影响是会造成广告费损失，一个网站往往会在流量最多的渠道进行广告投放。举个简单的例子，如通常意义上来讲，单击“加入购物车”选项后的用户，有 50% 会进行“在线支付”，而如果存在大量机器人流量，则这个比例可能降低到 1%，这会对网站分析造成极大的负面影响。

根据 Solve 的数据，非人类的流量这些年一直在增加，从 2011 年只有 5.7% 增加到 26%。广告主当然是最大的冤大头，本来广告是要做给人看的，但被机器人给消耗了，支付了不必要的费用。根据不同机构的估计，广告主的广告费用中有 4% ~31% 打了水漂。

要反击机器人流量，广告主有五个方法：①选择按互动收费的媒体；②选择有反机器人机制并且有良好声誉的发布商；③要求第三方参与广告验证；④在购买流量时，要求网站有足够透明性；⑤部署监测和分析技术。

二、剔除机器人流量的方法

剔除网站流量中的机器人流量，是进行有效网站分析的重要前提之一。在此介绍利用 Adobe Ominiture 工具对机器人流量进行监测分析。

首先，如果一个网站是利用 Adobe 进行标签管理的，用户的所有行为都会被 Adobe 记录，并传输至后台。如一个人单击了“加入购物车”这样一个选项，那么这个行为会被记录（比如记录为 event1），那么在 Adobe 生成的报告里，可以按天、按小时、按周来观测 event1 的数量（在图 2-40 和图 2-41 中用条形块表示，细线为相应的折线图，粗线为趋势图）。除非是网站出现重大改版，或者说有规模很大的促销活动，否则 event1 的数量一般是相对稳定的。

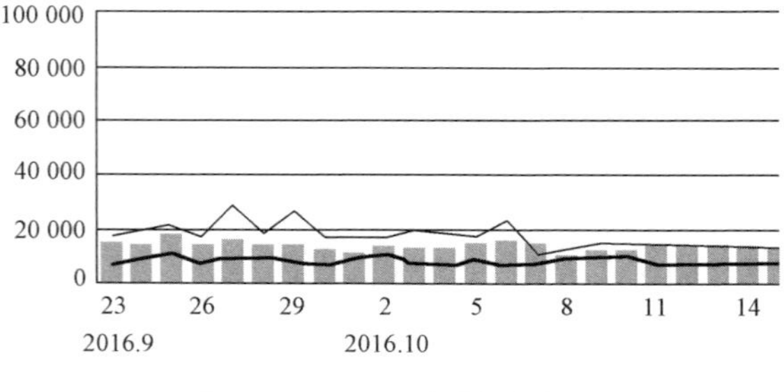

图 2-40　event1 数量变动

如图 2-40 所示，event1 维持在 20 000 左右，偶尔出现波动。这些波动量级较小，通常是由于线上的打折促销活动带来的。总而言之，这种情况表明，在这一阶段每天“加入购物车”这样一个点击事件的触发次数是相对稳定的。

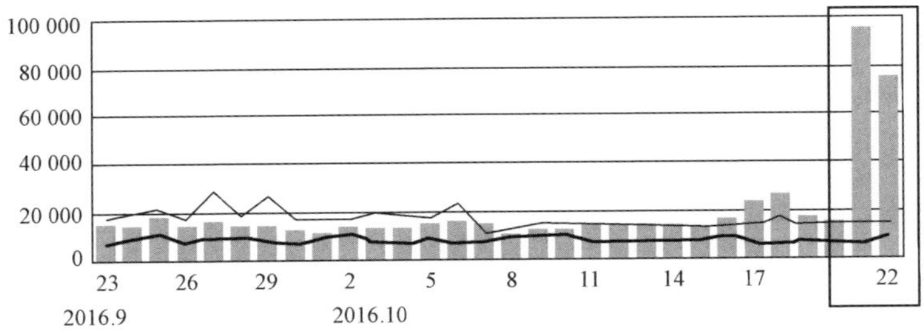

图 2-41　event1 数量变动

如图 2-41 所示，event1 出现了极大的波动，从不到 20 000 直接增长到接近 100 000。如果出现了这样的情况，则表明网站可能出现了机器人流量。那么如何测试其是否为机器人流量呢？通常的做法是通过 IP 对 event1 这样一个事件进行分解。

如图 2-42 所示，单击 Adobe 的“Data Warehouse”选项。

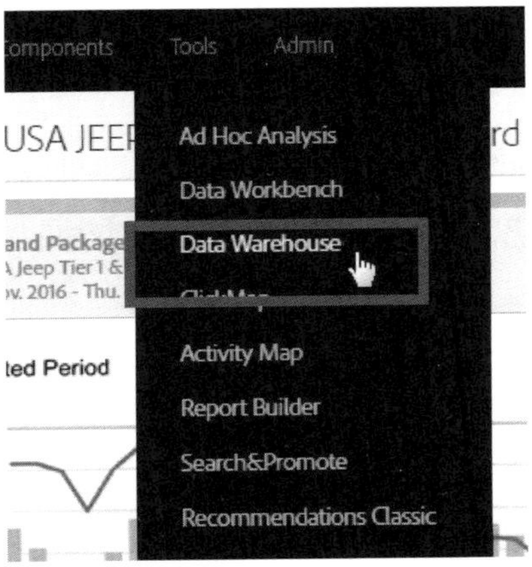

图 2-42　Adobe 的 Data Warehouse 选项

如图 2-43 所示，可以在界面中给此次 request 命名，并选择将要分解的 event1 的时间跨度。在本例中，由于在一天中 event1 有着急剧的增长，因此选择以 10 月 21 日为分界目标。

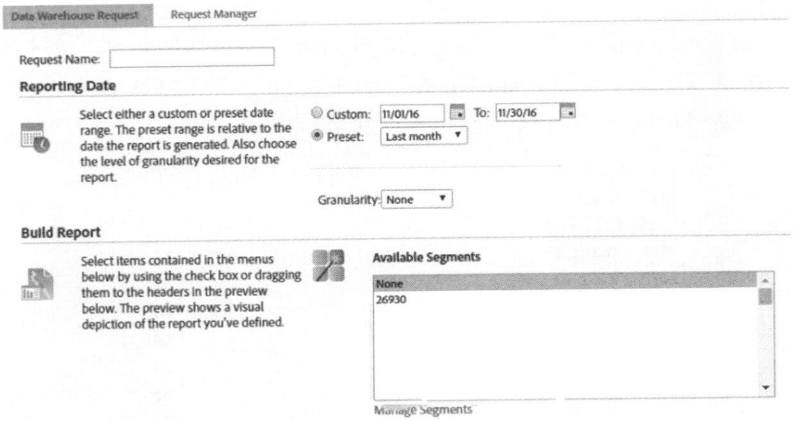

图 2-43　给 request 命名

如图 2-44 所示，需要在“Breakdowns”中选择 IP，在“Metrics”中选择 event1。

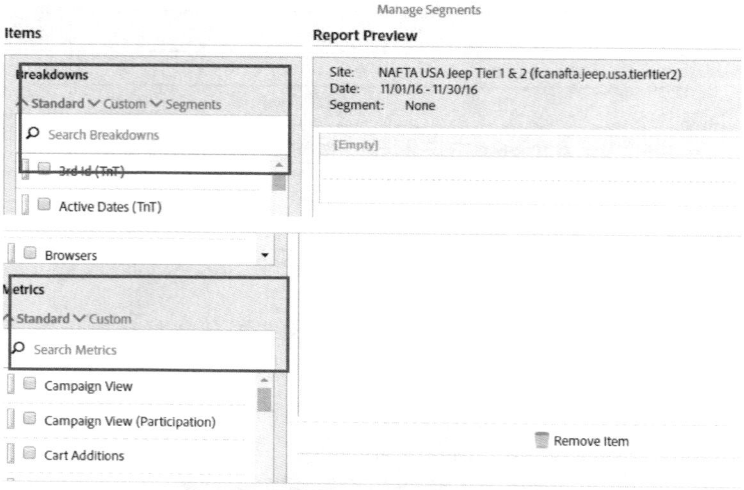

图 2-44　管理部分

如图 2-45 所示，需要在“Send To”一栏填写此次请求所发送的邮箱。应当指出的是，将 event1 按照 IP 进行分解，暂时仍需要通过邮件的方式获取结果（因为所需时间可能较长）。

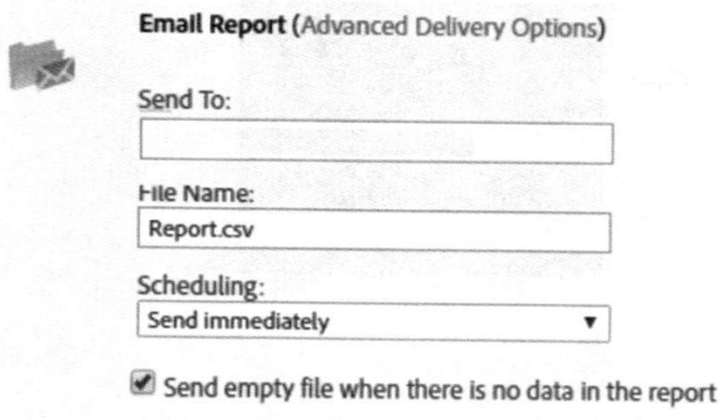

图 2-45　在 Send To 一栏填写此次请求所发送的邮箱

如图 2-46 所示，Adobe 会发送一份 csv 的文档，通过一些筛选条件，得到如图所示的结果。可以看出，IP 为 99. 112. 5. 233 的 URL 在一天中进行了 62 179 次点击，很明显就是机器人流量，在进行网站分析时需要将这一部分予以排除。

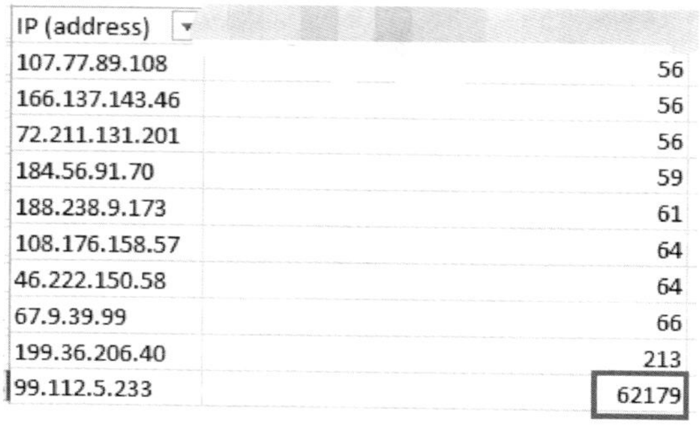

IP (address)	
107.77.89.108	56
166.137.143.46	56
72.211.131.201	56
184.56.91.70	59
188.238.9.173	61
108.176.158.57	64
46.222.150.58	64
67.9.39.99	66
199.36.206.40	213
99.112.5.233	62179

图 2-46　event1 按照 IP 进行分解

案例 11　基于大数据的人才算法——人力资源招聘的试金石

一、谷歌公司概况

作为全球最大的搜索引擎、互联网上最受欢迎的 5 大网站之一，谷歌以其优越的工作环境、独特的企业文化、较高的薪酬水平和良好的发展前景吸引着全球求职者的目光。谷歌每年都会收到超过 200 万份的求职申请。面对每月超过 10 万份的求职简历，谷歌公司充分发挥其搜索引擎赖以成功的秘诀——计算机算法，建立起一套在海量简历中自动搜罗人才的方法，在人力资源招聘模式创新方面取得了显著的成效。

二、实施步骤

（1）问卷调查，确立公司选才基线。向全公司 10 000 多名员工进行全方面、多层次问卷调查，确立选才基线。

（2）建立算法，量化目标人才需求。通过对基础数据的整理和分析，建立搜寻人才和识别人才的算法，描绘出不同岗位的高绩效人才的“数字画像”。

（3）测试评估，精准快速识别人才。根据招聘职位创建调查问卷，通过对求职者的问卷评估，精准快速地识别人才并自动化完成人岗匹配工作。

（4）实施效果。

①在申请获聘率达到 130∶1 的情况下，谷歌仍可轻松高效地发现人才。

②保持平均每个员工每年能够生成将近 1 000 000 美元价值的惊人生产力水平。

通过个性化推荐引擎，深度挖掘数据，科学地量化员工的性格特征以及行为，帮助人力资源管理部门更加科学客观地分析员工。数据已然成为人力资源管理系统发展和转型的有效载体。

统计咨询项目实践

项目 1　请进入八家咨询公司网站或通过其他途径（如直接去访问、实习或者同学兄学姐咨询等）了解并学习它们的统计咨询业务，写一篇关于该公司统计咨询三问题（是什么、为什么、怎么咨询的）的小报告。

项目 2　在微信中订阅狗熊会或进入以下网站学习并做统计咨询案例的模仿研究：http://www.xiong99.com.cn/。

项目 3　在微信中订阅 KPMG 大数据挖掘或进入以下网站学习并做统计咨询案例的模仿研究：http://mp.sohu.com/profile?xpt=a3BtZ2JpZ2RhdGFAc29odS5jb20=。

项目 4　食品行业质量改进统计咨询模拟。一般统计咨询顾问常担当的角色有三种：①协助者；②领导者；③合作者。

其中，协助者的主要工作是提供资讯，回答顾客的问题及承担技术人员执行计划的分析部分，对整个计划的涉入程度不深，属于被动的角色，所以担任此工作须注意不要造成错误的咨询。领导者则全权处理整个计划的进行，而不参与分析的过程，这容易造成许多错误。因为资料的分析可能涉及不同领域的知识，而领导者又无法全部了解，所以可能会发生分析上的一些错误。合作者是最理想的咨询角色，不像协助者和领导者只进行单向沟通，而是可以与顾客进行双向沟通。这对专业性的计划分析更有帮助，且双方都能得到不少好处。顾客通过学习，可在下次遇到类似问题能够自行处理；而统计咨询顾问不仅成为计划的共同负责人，同时能获得许多不同领域的新知识。

最近几年，烘焙食品行业质量事故频繁发生，出现巨大损失的企业已经屡见不鲜，持续不断的质量改进已经成为企业在激烈竞争中生存的关键，在一定程度上“产品质量”决定了企业是否能够生存下去。请以本地区的烘焙食品行业为例，按①咨询企业质量情况；②了解质量问题及其背景；③进行调查与分析；④得出统计咨询结果（如质量改进方案、提升质量报告、客户满意度调查与分析报告等）4 个步骤，以合作者角色模拟改进食品质量的统计咨询。

项目 5　考研生选择专业和学校统计咨询模拟。随着前些年来高校的扩招，就业压力的增大，越来越多的人加入考研大军，近几年考研人数不断增加。然而“如何科学地选择专业和学校?”已成为一个令考研生头痛的问题。

请以本校本专业为例，按①咨询以往考生选专业与学校质量情况；②了解质量问题及其背景；③进行调查与分析；④得出统计咨询结果（如质量改进方案、提升质量报告、客户满意度调查与分析等）4 个步骤，以合作者角色模拟考生选择专业和学校的统计咨询。

项目 6　如何拥有 4 年高质量的大学的统计咨询模拟。2017 年我国首份专题性的本科教育质量报告《中国本科教育质量报告》发布报告显示，截至 2016 年，我国普通高校达到 2 596 所，普通本科高校达到 1 237 所。随着大学生的增多，很多本科院校出现了本科生学习成绩状况较差、第二课堂参与度不高、对于职业与未来发展的规划处于模糊状态等问题，最终许多学生感觉 4 年大学质量较低。

请以本校为例，按①咨询学校的学生在校 4 年质量情况；②质量问题与背景；③调查与分析；④统计咨询结果（如质量改进方案、提升质量报告、客户满意度调查与分析等）4 个步骤，模拟如何拥有 4 年高质量的大学的统计咨询。

参考文献

[1] Pucher J, Markstedt A, Hirschman I. Impacts of Subsidies on the Costs of Urban Public Transport [J]. Journal of Transport Economics & Policy, 1983, 17 (2): 155 - 176.

[2] 黄海南，翁剑成，刘力力，等．基于多源数据的常规公交运营成本测算方法研究［J］．交通信息与安全，2013，31（6）：6 - 10.

[3] 刘国永，王萌．预算绩效管理概述［M］．镇江：江苏大学出版社，2014.

[4] 杨德明．城市公交运营成本分析及计算方法研究［D］．成都：西南交通大学，2014.

[5] 周宇飞，李文思．绩效评价与公交企业的财务管理探析——以 A 市公共交通绩效评价为例［J］．财政监督，2015（17）：57 - 59.

[6] 谢邦昌．统计咨询顾问［J］．中国统计，1991（1）：32 - 34.

[7] 韩之农．论统计咨询［J］．统计与决策，2006（7）：71 - 72.

[8] 庄艳．浅谈信息时代的统计咨询［J］．中国商界，2009（4）：224.

[9] 戢运丽. 市场需要统计咨询服务 [J]. 商场现代化, 2008 (1): 319 – 320.
[10] 陈伟峰. 信息时代的统计咨询分析 [J]. 现代商贸工业, 2011 (11): 231 – 232.
[11] 陶用之. 统计咨询——一个值得重视的统计应用领域 [J]. 统计研究, 2001 (10): 61 – 62.
[12] 零点研究咨询集团, http://www.horizon-china.com/.
[13] 毕马威中国, https://home.kpmg.com/cn/zh/home.html.
[14] 第一财经最佳分析师评选, http://cbsa.yicai.com/2015/index.html.
[15] 新财富最佳分析师评选, http://www.xcf.cn/ljbd/zjfxs/201504/t20150427_744137.htm.

第三篇

统计工程实验课程介绍与选题说明

名人名言

数据科学家是懂得获取、清洗、探索、建模、解释数据的人。数据科学家不仅要处理数据，还要把数据制作成一个五星产品。

——Hillary Mason，Fast Forward Labs 的创始人

数据科学家都做些什么呢？简单来说，他收集数据，清洗、创建数据集，分析数据然后提出新观点。他也尝试用现有的数据预测未来，帮助提高产品、服务的质量和顾客黏性。更好的质量意味着更能取悦顾客，获得更多收益。

这里有数据科学家最应该具备的 3 个特质：

（1）一个优秀的数据科学家知道如何提出好问题。

（2）理解他手上的数据的结构。

（3）能够很好地解读这些数据。

简单来说，数据科学就是关于提出合适的问题，然后提出有意义的见解来指导正确决策的科学。

——摘自 36 大数据

第一部分　统计工程实验课程内容与安排

南京财经大学经济统计学专业5年前就对专业实践进行了教改，由原本暑期2周在机房学生选题完成一份统计分析报告的模式，改为大三上学期（即第五学期）每周二由两位专任老师指导的课程统计工程实验。

统计工程实验课程本质上是统计学实践，它是一种崭新的专业课程实践方式。

一、课程概述

在学生系统学习统计专业相关课程后，通过开设统计工程实验课程，进一步加深对统计学的基本理论和方法的理解，提高学生运用所学的理论分析和解决实际问题的能力。本门课程的最大特点是通过实践与实验教学，提高学生的科研和动手能力。本课程一共分为四章：第一章是数据采集，学生要直接参与统计调查方案设计、统计实验设计、调查问卷设计，从而切身体会统计学的精妙。第二章是数据处理，重点进行数据的审核、筛选、输入、分组等训练。第三章是数据分析，运用学过的定性与定量分析方法对数据进行分析。第四章是统计报告撰写，指导学生完成统计分析报告撰写。

二、教学目的

该门课程立足于理论性与实践性相结合，突出应用性学习，积极寻求教学与实务的契合点，加强实用性的研究和操作性的训练。其目的在于注重培养学生在实际工作中的应用能力，旨在培养出能够胜任统计工作的合格人才。

三、教学方法

本课程以项目为出发点，通过实验数据库、案例以及舆情热点训练加强学生的实际操作能力。通过网络系统与学生互动式讨论和研究，有限的教学得以有效地延伸，并结合挑战杯、市场调查大赛、统计建模大赛及社会实践等方式，有效地锻炼了学生的实践能力，为学生掌握和运用学过的理论知识提供了有益的帮助。

四、教学内容与安排

课程性质：专业综合实践

学分：3学分

考核方式：统计工程实验报告一份

成绩构成：30%×平时成绩+70%×统计工程实验报告成绩

学生：1~3人一组

统计工程实验报告类型：数据采集实验报告、统计实验设计报告、统计调查报告、数据分析报告统计工程实验报告工作程序安排见表 3-1。

表 3-1　统计工程实验报告工作程序安排

序号	学生工作	教师工作
1	阅读文献	提供参考文献目录、指导阅读（精读、粗读、浏览）
2	上网络课程（如慕课）	统计咨询、属性数据、大数据类等
3	确定选题和方案	与学生见面或 QQ 或微信讨论
4	搜集数据（方案、实验、问卷）	指导并提供一些数据库网址、网站链接
5	撰写、完成课程报告或课程论文	对初稿提出修改意见、定稿
6	按格式编辑和排版， 提交纸质版和电子版各一份	收稿、评分、报告展示

第二部分　统计工程实验课程选题说明

一、一级选题（选编）

1. 统计工程实验题目（一级 80 分起，要求回答正确 2 小题，正确数超过 2 小题加分）

题目选自全国大学生或研究生数学建模竞赛的统计问题，具体题目见 Spoc 网址（https：//mooc1－1. chaoxing. com/course/200008606. html）或全国大学生或研究生数学建模竞赛网址。

2. 统计工程实验开放式选题题目（一级 80 分起）

（1）某高校某专业毕业生调查一。

①目前的工作是自己喜爱的（有兴趣的）吗？

②目前的工作是自己所擅长的（可发挥特长的）？

③目前的工作是因为什么而选择的？

④你认为自己的工作成就是什么？未来能做出什么样的成就？

请通过各种途径（如通过 E-mail、微信群、QQ 群等）调查收集数据，并分析好工作与什么因素有关。

（2）某高校某专业毕业生调查二。

①目前的工作是什么？

②往届生目前的工作分类，如银行、证券、企业（数据分析、质量管理、其他）、统计部门、学校等。

③往届生目前的工作（地域）分布（按国外、省市等）。

请通过各种途径（如通过 E-mail、微信群、QQ 群等）调查收集数据，并做工作行业统计，分析就业地域分布的特点与什么因素有关。

（3）统计分布研究一：近 5～10 年我国或世界上发生的战争近似于参数为多少的什么统计分布？

（4）统计分布研究二：近 5～10 年我国或世界上发生的灾难（航空、火车、轮船）近似于参数为多少的什么统计分布？

（5）统计分布研究三：近 5～10 年我国或世界上发生的灾难（汽车）近似于参数为多少的什么统计分布？

（6）统计分布研究四：近 5～10 年我国或世界上发生的自然灾难（地震、火山、海啸等）近似于参数为多少的什么统计分布？

（7）统计分布研究五：近 5～10 年我国或世界上发生的重大疾病灾难（SARS、登革热、鼠疫等）近似于参数为多少的什么统计分布？

（8）统计分布研究六：针对近 5～10 年我国或某省市或某行业几次工资改革，分析讨论工资改革前后职工工资是近似于参数为多少的什么统计分布。

（9）经济高速发展伴随着一些有趣的现象的出现，请以我国为例收集数据分析肥胖与GDP的关系。

（10）经济高速发展伴随着一些有趣的现象的出现，请以我国为例收集数据分析高楼的数量以及高度与GDP的关系。

（11）经济高速发展伴随着一些有趣的现象的出现，请以我国为例收集数据分析公园、大剧院的数量以及规模与GDP的关系。

（12）经济高速发展伴随着一些有趣的现象的出现，请以我国为例收集数据分析公路、高速公路、大桥的数量以及规模与GDP的关系。

（13）经济高速发展伴随着一些有趣的现象的出现，请以我国为例收集数据分析奢侈品消费的数量以及规模与GDP的关系。

（14）经济高速发展伴随着一些有趣的现象的出现，请以我国为例收集数据分析贪腐案件量与GDP的关系。

（15）请以我国消费情况为例，建立评价指标体系，对家电品牌进行排名（总排名、分排名）。

（16）请以我国消费情况为例，建立评价指标体系，对手机品牌进行排名（总排名、分排名）。

（17）请以我国消费情况为例，建立评价指标体系，对计算机品牌进行排名（总排名、分排名）。

（18）请以我国消费情况为例，建立评价指标体系，对汽车品牌进行排名（总排名、分排名）。

（19）请以我国中学生情况为例，建立痛苦指数。

（20）请以我国大学生情况为例，建立快乐指数。

（21）请以我国职工情况为例，建立休闲指数。

（22）请以苹果公司为例，收集数据，分析其分布、规模，并建立模型预测其未来三年的销售额和销售量的增长率。

（23）请以苏宁为例，收集数据，分析其分布、规模，并建立模型预测其未来三年的销售额和销售量的增长率。

（24）请以餐饮业为例，收集数据，分析其分布、规模，并建立模型预测其未来三年的销售额和销售量的增长率。

（25）网址 http：//58921. com/为电影数据库网，请应用统计方法分析每年或最近几年的流行概念或热点主题，并对前三名的电影在一个周期内的总票房和相关指标进行预测。

（26）《飞碟说》由原创视频自媒体——飞碟视界传媒科技（上海）有限公司出品，是一档选取社会热点为话题，用有趣的方式对各种热点知识进行视频化科普解说的动画脱口秀节目。因为风格诙谐，一路走红，创造了亿级流量神话，成为公认的网络视频百科精品。

《飞碟说》中大部分是应用统计调查和描述性统计进行分析的，例如国人阅读习惯报告、手机动物生存报告等。请自选一个主题设计一类似于《飞碟说》的作品（有剧本即可，能制作成自己的《飞碟说》就更好了）。

（27）“一带一路”的影响研究（可选择某一角度或某一方面切入，收集相关数据，做统计研究）。

（28）模仿第一篇中大型案例部分，做平行研究（如票房预测、大学生幸福指数等）。

（29）模仿第二篇咨询案例部分，做平行研究（如电子营销）。

（30）找一热点现象，做统计调查研究（如共享单车）。

（31）最近微信看到“微信大数据看中国人的国庆长假”“大数据舆情分析：全方位解读《战狼2》”“大数据告诉你，中国女人有多勤奋”等，请就此做平行研究。

（32）查阅中国历史绘制中华古今（如五千年）人口数量或GDP或某一指标的发展变化统计图，并做趋势预测（若能与世界或地区比较更好!）。

二、二级选题（选编）

统计工程实验一般选题（28个）具体题目见Spoc网址（https：//mooc1－1. chaoxing. com/course/200008606. html）。

三、三级选题（选编）

央视调查的统计研究（多个）见Spoc网址（https：//mooc1－1. chaoxing. com/course/200008606. html）（具体题目自拟）。

四、网络舆情分析及选题

以下为网络舆情分析理论、方法、报告的例子与素材（见Spoc网址，https：//mooc1－1. chaoxing. com/course/200008606. html），请你学习，然后选一个相似的主题制作一份网络舆情分析报告。

网络舆情分析涉及三个问题：何谓舆情、网络舆情、舆情分析？舆情分析有什么意义？如何进行舆情分析？

舆情是“舆论情况”的简称，从传统的社会学理论上讲，舆情本身是民意理论中的一个概念，它是民意的一种综合反映。但是，从现代舆情理论的严格意义上讲，舆情本身并不是对民意规律的简单概括，而是对“民意及其作用于执政者及其政治取向规律”的一种描述。即舆情是民意集合的反映，其所要反映的民意是那些对执政者决策行为能够产生影响的“民意”。舆情因变事项是舆情产生的基础，舆情空间对舆情传播有重要作用。

网络舆情是社会舆情在互联网空间的映射，是社会舆情的直接反映。网络舆情是以网络为载体，以事件为核心，是广大网民情感、态度、意见、观点的表达、传播与互动，以及后续影响力的集合。其带有广大网民的主观性，未经媒体验证和包装，直接通过多种形式发布于互联网上。

网络舆情包含六大要素：网络、事件、网民、情感、传播互动、影响力。

舆情分析就是根据特定问题的需要，对针对这个问题的舆情进行深层次的思维加工和分析研究，得到相关结论的过程。

（一）舆情分析的意义

1. 规避风险

互联网的日益普及和社会化媒体的爆发式发展，使每个企业、机构、个人等都可能陷入舆情危机或社交危机，舆情监测分析服务为用户及时发现、预警、跟踪负面信息，助力企业健康发展。

2. 侦查竞争

在全球经济一体化的背景下，能否及时掌握同行的动态信息至关重要，舆情分析可以及时捕捉同行各个企业的产品动态、新闻动态、年报数据、战略动态等，以利于企业把握发展方向。

3. 了解用户

社会化媒体的爆发式发展，为每个人赋予了话语权。舆情分析通过对互联网信息的深度挖掘，为企业分析用户的需求偏好、产品使用评论，从而分析出其需求趋势，帮助改进产品或开发新产品，以更好地满足用户需求。

4. 认识自己

在产品同质化的时代，企业是否了解自己在同行中的口碑与品牌影响力至关重要。舆情分析可通过对互联网信息的深度挖掘，综合评估企业在同行中的口碑与品牌影响力。

5. 洞察趋势

在我国经济调结构、转方式的关键时期，面对后金融危机时期的国际经济环境，企业亟须提升核心竞争力。舆情分析助力企业及时掌握行业热点、技术趋势、政策倾向，从而保持创新的原动力。

6. 创造价值

电子商务爆发式发展，使企业产品的销售渠道更加宽广，及时发现用户、掌握商机，对企业的发展十分重要。舆情分析独有的商机发掘服务，可帮助企业及时捕捉商机、发现用户，为企业创造价值。

（二）舆情分析的价值

有句古语，“防民之口甚于防川”，一句很简单的话却深刻地体现出民众舆情的重要性。在信息传递极其不便的古代，舆情就相当于一条大江，那么在现代信息高度发达的年代，舆情已经从一条大江变成了汪洋大海，其重要性不言而喻。

正是在这样的背景下，舆情分析的价值凸显了出来。在某个事件发生后，广大群众会通过各种途径了解事情的真相，随后便是纷纷进行评论，或支持或反对、或理性或感性、或热情参与或冷眼旁观。当一种论调得到大家的认同后，舆情甚至可以对事件的走向产生重大影响。而一旦有心人可以从这舆情分析中得到有价值的内容，就可以此为依据做出决策。舆情分析就是一个风向标。

（三）舆情分析的方法

舆情分析有以下两大方法。

（1）内容分析法。内容分析法是一种对信息内容做客观系统的定量分析的专门方法，其目的是弄清或测验信息中本质性的事实和趋势，揭示信息所含有的隐性情报内容，对事物发展做情报预测。

（2）实证分析法。实证分析法是通过分析大量案例和相关数据后试图得出某些结论的一种研究方法。

（四）分期与类型界定

首先，对舆情的分析要明确事件或话题本身所处的阶段，其一般分为引发期、酝酿期、发生期、发展期、高潮期、处理期、平息期和反馈期等。其次，在分析某一舆情热点时还应对其进行科学的类型界定。热点事件一般主要分为突发自然灾害事件、生产安全事故、群体性事件、公共卫生事件、公权力形象事件、司法事件、经济民生事件、社会思潮事件、境外涉华突发事件等。

（五）基本框架

针对舆情的影响力、民众的关切度和对公共部门形象的破坏程度，舆情分析的观点参数设置与数据分析框架应注意反映以下情况：事件发展的概况与脉络，民众的主要观点与情绪，民众处于认知、态度表达还是处于行动阶段；引起民众从认知到社会运动，甚至社会骚乱的程度；组织化程度与有无行动计划性；慎用政治化解读，分析有无明确的利益诉求；有没有对现存社会体制构成巨大冲击；被反华势力支持或利用的可能性有多大；行动的对象目标明确与否，其具体指向是哪些部门等；舆情分析研究人员要成为“非参与性的观察者”，但要防止成为“非观察性的参与者”，既要保持中立，又要敏锐。

（六）舆情分析的制作

1. 利用平台

如百度指数、乐思网络舆情监测平台、红麦舆情监测系统、云鸽全媒体舆情监测分析服务、软云神州舆情监测平台、优讯全媒体舆情监测服务系统、图灵舆情监测服务平台、安徽晨安舆情等。

2. 自己制作

（1）学习几个案例（见课程慕课 https：//mooc1 － 1. chaoxing. com/course/200008606. html）。

（2）根据舆情素材，制作舆情分析报告。

附　　录

统计工程实验课程论文评分标准

1. 字数要求：2 000 字以上。（注：一级起步 80 分、二级起步 70 分、三级起步 60 分）

2. 评分标准：100 分（注：①不选上届已完成的题；②若公开发表直接记 95 分）

具体评分标准如下：

（1）论文结构：50 分。

A. 论文层次分明，内容组织有序：40 ~ 50 分；

B. 论文层次一般，内容组织一般：30 ~ 39 分；

C. 论文层次不合理，内容组织不合理：29 分以下。

（2）语言组织：20 分。

A. 语言简练、通顺：16 ~ 20 分；

B. 语言一般，基本通顺：12 ~ 15 分；

C. 语言不通顺，有错字：11 分以下。

（3）创新：10 分。

A. 论文具有前瞻性，有较多的创新见解：8 ~ 10 分；

B. 论文具有前瞻性，有少数的创新见解：4 ~ 7 分；

C. 论文没有前瞻性，无创新：0 ~ 3 分。

（4）使用价值：20 分。

A. 论文有较高的使用价值，能够解决实际问题：16 ~ 20 分；

B. 论文使用价值一般，有一定的参考价值：8 ~ 15 分；

C. 论文没有使用价值：0 ~ 7 分。

参 考 文 献

［1］袁卫，刘超．统计学——思想、方法与应用［M］．北京：中国人民大学出版社，2011.

［2］高敏雪，蒋妍．统计学专业课程教学案例选编［M］．北京：中国人民大学出版社，2011.

［3］［美］D·R·安德森．商务与经济的统计［M］.9 版．张建华，译．北京：机械工业出版社，2009.

［4］［加］杰拉德·凯勒．统计学：在经济和管理中的应用［M］.6 版．李君，冯丽君，译．北京：中国人民大学出版社，2006.

［5］［美］D·伯特西马斯．数据、模型与决策：管理科学基础［M］．李新中，译．北京：中信出版社，2004.

［6］杨轶莘．大数据时代下的统计学［M］．北京：电子工业出版社，2015.

［7］韦博成．漫话信息时代的统计学［M］．北京：中国统计出版社，2011.

［8］李帅．大数据时代的概率统计学［M］．北京：清华大学出版社，2017.

［9］王庚．现代工业统计与质量管理［M］．北京：中国人民大学出版社，2011.

［10］管于华．统计学［M］．北京：高等教育出版社，2009.

［11］王庚，詹鹏．统计模型与统计实验［M］．北京：清华大学出版社，2014.

［12］王庚．现代数学建模方法［M］．北京：科学出版社，2007.

［13］王庚．统计科学及其文化魅力［J］．科学，2010，62（6）：54－58.

［14］胡平．应用统计分析教学实践案例集［M］．北京：清华大学出版社，2007.

［15］王庚．实用计算机数学建模（修订本）［M］．合肥：安徽大学出版社，2003.

［16］王梓坤．科学发现纵横谈［M］．北京：北京师范大学出版社，1993.

［17］魏振军．探访随机世界［M］．北京：中国统计出版社，2010.

［18］魏振军．漫游数据王国［M］．北京：中国统计出版社，2010.

［19］王静龙，梁小筠．魅力统计［M］．北京：中国统计出版社，2012.

［20］汤旦林，柯惠新．统计使人更聪明［M］．北京：中国统计出版社，2011.

［21］姜启源．数学模型［M］.6 版．北京：高等教育出版社，2003.

［22］李金林．管理统计学应用与实践——案例分析与统计软件应用［M］．北京：清华大学出版社，2007.

［23］张西成．从“钟摆轰炸计划”说开去［N］．中国国防报，2006－06－29.

［24］李子旸．战争中的经济学［J］．新世纪周刊，2008（10）：104－105.